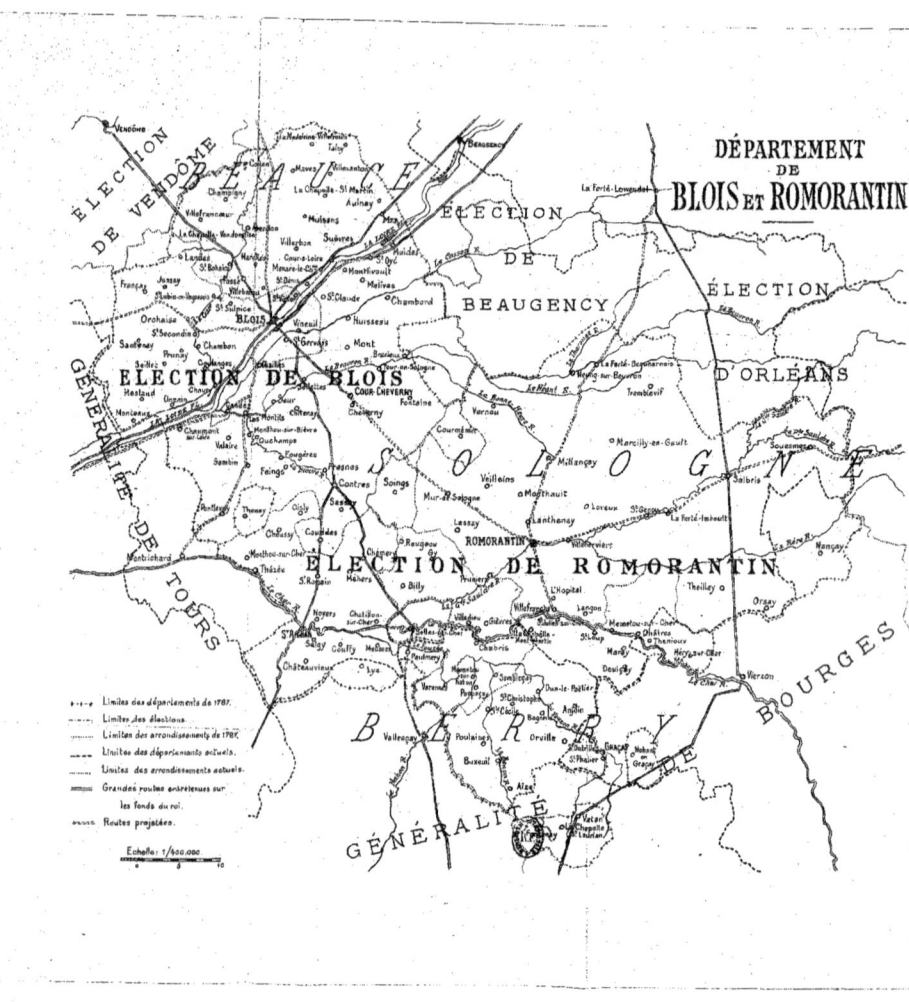

L'Assemblée de Département

de

Blois et Romorantin

et son Bureau intermédiaire

(1787-1790)

par

Le Dʳ F. LESUEUR

SOURCES HISTORIQUES ET BIBLIOGRAPHIE

Ce travail s'appuyant surtout sur quelques séries de documents particulièrement importants pour notre sujet, nous pensons qu'il est utile de les signaler en commençant.

Le registre contenant les procès-verbaux des séances de l'Assemblée du département de Blois et Romorantin (assemblée préliminaire d'octobre 1787, session de novembre 1787 et session d'octobre 1788) est conservé aux *Archives départementales de Loir-et-Cher, C* 4 : c'était, bien entendu, un document indispensable pour l'exécution de ce travail. Nous ne possédons pas, malheureusement, le registre de délibérations du Bureau intermédiaire du département, dont la connaissance eût considérablement facilité notre tâche ; il est, d'ailleurs, fort probable que ce registre n'a jamais existé. Nous avons reconstitué les travaux du Bureau intermédiaire, surtout à l'aide de la correspondance et des autres pièces conservées pour la plupart aux *Archives de Loir-et-Cher, série C.*

Étant donné les relations constantes de l'Assemblée de département et de son Bureau intermédiaire avec l'Assemblée provinciale de l'Orléanais et sa Commission intermédiaire, les délibérations de ces deux dernières assemblées nous ont aussi été d'un très grand secours. Le *Procès-verbal des séances de l'Assemblée provinciale de l'Orléanais, tenue à Orléans, le 6 septembre* 1787, fut imprimé à Orléans, chez Couret de Villeneuve, en 1787, par les soins de l'administration provinciale elle-même ; le registre original des procès-verbaux de cette assemblée est conservé aux *Archives départementales du Loiret, C* 892 et 893 (1). Les procès-verbaux des séances de sa Commission intermédiaire sont conservés aux *Archives*

---

(1) Le classement de la série C aux Archives du Loiret est provisoire.

départementales du Loiret, en un registre et plusieurs cahiers, C 894 et 895.

Enfin, les recherches faites dans les autres séries des *Archives de Loir-et-Cher et du Loiret*, dans les *Archives communales* des principales villes de la région et aux *Archives nationales*, nous ont permis de compléter notre documentation.

Les Assemblées de département ont été jusqu'ici peu étudiées ; signalons cependant le récent ouvrage de M. Tézenas du Montcel sur l'*Assemblée de département de Saint-Étienne*, Paris, Champion, 1903. — Parmi les ouvrages traitant des Assemblées provinciales, il faut citer en première ligne celui de M. de Luçay : *Les Assemblées provinciales sous Louis XVI et les divisions administratives de 1789*, Paris, Georges de Graet, 1871. M. de Lavergne, dans son étude sur *les Assemblées provinciales avant 1789*, Paris, Michel-Lévy, 1864, consacre un court chapitre à l'Assemblée de l'Orléanais (ch. III, § IV). Notons encore : Sémichon, *Les réformes sous Louis XVI, Assemblées provinciales et parlements*, Paris, 1876, et : de Girardot, *Essais sur les Assemblées provinciales et en particulier celle du Berry*, Bourges, 1865.

La présente étude était entièrement terminée quand parut l'intéressant et consciencieux ouvrage de M. Henry Fromont, intitulé : *Essai sur l'administration de l'Assemblée provinciale de la généralité d'Orléans* (1787-1790), Paris, Imp. de la Faculté de Médecine, 1907. Nous n'avons donc pu en tenir compte ici ; mais le travail de M. Fromont et le nôtre ayant forcément quelques parties communes pourront se compléter mutuellement sur différents points.

Toutes les références seront d'ailleurs indiquées en notes au bas des pages. Pour éviter des répétitions inutiles, nous avons adopté dans ces notes, pour les sources le plus fréquemment citées, des abréviations dont voici la liste :

A. N.	Archives nationales.
A. L.-et-Ch.	Archives départementales de Loir-et-Cher.
A. Loiret.	Archives départementales du Loiret.
A. Blois.	⎫ Archives communales de Blois, de Romo-
A. Romorantin.	⎬ rantin, de Mer.
A. Mer.	⎭

Ass. pr. Pr.	*Procès-verbal des séances de l'Assemblée provinciale de l'Orléanois, tenue à Orléans le six septembre mil sept cent quatre-vingt-sept* (Assemblée préliminaire), Orléans, Couret de Villeneuve, 1787.
Ass. Pr.	*Procès-verbal des séances de l'Assemblée provinciale de l'Orléanois, tenue à Orléans aux mois de novembre et décembre 1787*, Orléans, Couret de Villeneuve, 1787.
	N. B. — Ces deux procès-verbaux sont publiés en un seul volume, mais avec une pagination différente.
A. Loiret C 894.	Registre des procès-verbaux des séances de la Commission intermédiaire provinciale de l'Orléanais, conservé aux archives du Loiret, sous la cote C 894.
A. Loiret, C 895.	Cahiers formant le supplément du précédent registre et contenant les procès-verbaux des dernières séances de la Commission intermédiaire provinciale, conservés aux archives du Loiret, sous la cote C 895.
A. L.-et-Ch., C 4.	Registre des procès-verbaux de l'Assemblée de département de Blois et Romorantin, conservé aux archives de Loir-et-Cher, sous la cote C 4.
A. Blois, BB 31. A. Blois, BB 33.	Registres de délibérations municipales de la ville de Blois, conservés aux archives communales de cette ville, sous la cote BB 31 et BB 33. Le premier de ces registres devait être consacré aux assemblées générales et le second aux assemblées particulières des échevins, mais cette distinction n'a pas été observée.
A. Romorantin, BB 11.	Registre de délibérations municipales de la ville de Romorantin, conservé aux ar-

	chives communales de cette ville, sous la cote BB 11.
	N. B. — Les références concernant ces publications ou registres de procès-verbaux seront toujours suivies du numéro de la page ou du folio (excepté pour le registre « A. Blois, BB 33 » qui n'est pas folioté) et de la date de la séance.
Règl. 18 juillet 1787.	*Règlement fait par le Roi, sur la formation et la composition des assemblées qui auront lieu dans la généralité d'Orléans,* du 18 juillet 1787.
Règl. 5 août 1787.	*Règlement fait par le Roi, sur les fonctions des Assemblées provinciales et de celles qui leur sont subordonnées, ainsi que sur les relations de ces assemblées avec les intendants des provinces,* du 5 août 1787.
Instr. nov. 1787.	*Instruction adressée par le Roi à l'Assemblée provinciale de la généralité d'Orléans, convoquée au 17 novembre 1787.*
Dir. gén.	Directeur général des finances.
Contrôl. gén.	Contrôleur général des finances.
C. i.	Commission intermédiaire de l'Assemblée provinciale de l'Orléanais.
P.-s. pr.	Procureur-syndic provincial de l'Orléanais.
B. i.	Bureau intermédiaire de l'Assemblée de département de Blois et Romorantin.
P.-s. dép.	Procureur syndic du département de Blois et Romorantin.
Mun.	Municipalité.
Isambert.	*Recueil général des anciennes lois françaises,* par Isambert, Jourdan et Decrusy.

INTRODUCTION [1]

Jusqu'en 1787, dans notre pays comme dans presque tous les pays d'élection, les habitants n'avaient jamais pris part à l'administration de la province (2). Tandis que, dans les pays d'États, les États provinciaux avaient encore des attributions importantes, bien que très diminuées à cette époque, pour le vote et la répartition des impôts ainsi que pour la direction de différents travaux d'intérêt général, les pays d'élection étaient entièrement soumis au pouvoir presque absolu des intendants.

L'administration des intendants était cependant, depuis longtemps déjà, l'objet de vives critiques, et plusieurs projets de réformes auraient voulu confier l'administration des pays d'élection à des assemblées rappelant plus ou moins exactement celles qui existaient dans les pays d'États. Rappelons, par exemple, le plan de Fénelon (1711), qui semble avoir été accepté par le duc de Bourgogne, le *Mémoire sur les États provinciaux* du marquis de Mirabeau (1750), l'ouvrage de Le Trosne intitulé : *De l'Administration provinciale et de la réforme de l'impôt* (1779).

---

(1) Nous tenons au début de ce travail à adresser tous nos remerciements à M. Trouillard, archiviste de Loir-et-Cher, qui nous a aidé de ses conseils et nous a grandement facilité, par sa complaisance, la recherche des documents aux archives de Loir-et-Cher et dans les dépôts voisins.
(2) Cf. toutefois p. 45.

Turgot, pendant son trop court ministère, eut aussi le projet d'organiser dans les pays d'élection une série d'assemblées successives ou municipalités, s'engendrant l'une l'autre et recrutées par voie d'élection : municipalités de villages et de villes, composées de chefs de familles possesseurs de biens fonds produisant un revenu de 600 livres, sans distinction d'Ordres, puis municipalités d'élections, municipalités provinciales, et grande municipalité ou municipalité générale du royaume. On sait que Turgot dut bientôt quitter le pouvoir avant d'avoir pu mettre à exécution les importantes réformes qu'il avait proposées. Ce fut Necker qui, le premier, put faire accepter au pouvoir royal la création d'Assemblées provinciales, mais dans deux provinces seulement, le Berry (arrêt du Conseil du 12 juillet 1778) et la Haute-Guyenne (arrêt du Conseil du 11 juillet 1779). Une partie des membres étaient nommés par le Roi et devaient nommer les autres. Ils étaient pris parmi les trois Ordres ; le Tiers état avait une représentation double et les votes devaient être comptés par tête. Après le ministère de Necker, sa politique fut pendant quelque temps complètement abandonnée et on ne songea plus à créer de nouvelles assemblées. Cependant, quand, poussé par les embarras financiers, Calonne dut reprendre les réformes de ses prédécesseurs, il proposa d'étendre à tous les pays d'élection l'institution des Assemblées provinciales, qui avaient donné d'excellents résultats dans le Berry et la Haute-Guyenne, et reprit à peu de choses près le projet de Turgot. L'Assemblée des Notables de 1787, qui amena la chute du ministère, adopta pourtant ce projet, tout en le modifiant assez sensiblement, et des Assemblées provinciales furent établies, dans toutes les généralités où il n'y avait point d'États provinciaux, par l'édit de juin 1787, que vinrent bientôt compléter les règlements ultérieurs sur la formation et la composition des Assemblées (18 juillet 1787 pour la généralité d'Orléans) et sur leurs fonctions (5 août 1787) (1).

Les Assemblées de 1787 étaient assez différentes de celles du Berry et de la Haute-Guyenne. Une des principales innovations était la création d'assemblées inférieures subordonnées aux Assemblées provinciales. Tandis qu'en 1778 et 1779 une seule assemblée avait été réunie dans chaque province, en 1787, chaque généralité était divisée en un certain nombre de départements dotés d'*Assemblées de département* subordonnées à l'Assemblée de la province ; enfin chaque paroisse eut une *Assemblée municipale* subordonnée à l'Assemblée de département. Ce plan se rapprochait en cela beaucoup de celui qui avait été naguère proposé par Turgot.

La généralité d'Orléans fut d'abord divisée en six départements composés chacun de deux élections : c'étaient les départements d'Orléans et Beaugency, de Chartres et Dourdan, de Blois et Romorantin, de Châteaudun et Vendôme, de Pithiviers et Montargis, et de Gien et Clamecy (2). Mais, peu de temps après, sur la demande de l'Assemblée provinciale (3), les élections de Pithiviers et de Clamecy formèrent chacune un département séparé, et les élections de Gien et de Montargis furent réunies pour former un septième département. C'est l'Assemblée d'un de ces départements, celui de Blois et Romorantin, qui fera l'objet de cette étude.

La grande réforme administrative de 1787, depuis si longtemps demandée par les adversaires de la centralisation excessive de l'ancien régime, trouva parmi nos compatriotes, appelés pour la première fois à la direction des

---

(1) Ce dernier règlement fut complété et modifié par l'instruction adressée par le Roi lors de la réunion des Assemblées provinciales en novembre 1787.
(2) Règl. 18 juill. 1787. Ass. pr. Pr., p. 20.
(3) Ass. Pr., pp. 205-206, 1ᵉʳ déc. 1787.

affaires de leur province, nombre d'hommes instruits des questions politiques et administratives, capables de rendre de réels services à la chose publique et désireux d'employer leur travail et leurs connaissances au bien du royaume et de la province.

Aussi nos députés aux Assemblées provinciales et de département conçurent-ils de suite un vaste projet d'utiles et importantes réformes. Le temps leur manqua pour les mettre à exécution : après leur première réunion en novembre et décembre 1787, les Assemblées provinciales ne devaient plus être convoquées. Plus heureuses, les Assemblées de département, qui s'étaient réunies une première fois en novembre 1787, tinrent leurs assises une seconde fois en octobre 1788 ; les circonstances politiques dans lesquelles fut tenue cette seconde session, à la veille de la convocation des États généraux, contribuent à donner à l'étude de ces assemblées un intérêt tout particulier.

D'ailleurs les Assemblées de département constituaient un rouage important de la nouvelle administration et, à maintes reprises, l'Assemblée provinciale et sa Commission intermédiaire durent rendre hommage aux services rendus par les députés des départements. « C'est à vous, écrivaient les députés de la Commission intermédiaire de l'Orléanais à l'Assemblée de département de Blois et Romorantin, à diriger son activité [de l'Assemblée provinciale] en faveur des objets qui pourraient échapper à son zèle, s'il n'était pas averti par vos demandes et vos représentations ; c'est par vous qu'elle parviendra à connaître tous les besoins, les malheurs et les ressources de cette province, ce qu'il faut y corriger, établir et retrancher ; c'est enfin de cet ensemble que doit naître l'ordre et la justice qui doivent caractériser notre administration et la faire aimer par les peuples qui lui sont confiés » (1).

(1) A. L.-et-Ch., C 35.

L'Assemblée de département, administrant un territoire plus restreint, correspondant journellement avec les municipalités, était plus directement en contact que l'Assemblée provinciale elle-même avec les habitants des villes et des campagnes, se trouvait peut-être plus à portée de connaître les intérêts et les besoins de ses administrés. C'est à l'Assemblée de département que s'adressaient la paroisse et le simple contribuable qui se trouvaient surchargés d'impôts, la municipalité qui avait des difficultés avec les pouvoirs publics ou avec quelque personnage influent. Une paroisse voulait-elle entreprendre quelques travaux, ouvrir un chemin, réparer son église, c'est à l'Assemblée de département qu'elle adressait sa demande. Quand les campagnes étaient dévastées par la grêle ou par la rigueur de l'hiver, quand la disette des grains faisait craindre la famine et que les ouvriers ne trouvaient pas d'ouvrage, c'est encore à l'Assemblée de département que s'adressaient les villes et les paroisses pour dépeindre leurs besoins et leur misère, exposer leurs récriminations et demander des secours. L'Assemblée de département recevait ainsi de tous les points de son territoire des lettres, des suppliques, des mémoires sur les questions les plus diverses. Aussi son étude, tout en nous permettant de suivre les travaux de l'administration provinciale de 1787, nous fournira-t-elle aussi de précieux renseignements sur l'histoire économique et sociale de notre région au moment où commençait la Révolution.

Ce n'est d'ailleurs pas le seul intérêt que ces assemblées présentent au point de vue de l'histoire de la Révolution, dont elles sont en quelque sorte le prélude. Si, sous bien des rapports, elles se rattachent encore entièrement à l'ancien régime, il serait sans doute tout à fait arbitraire de vouloir assigner une limite précise à ces deux périodes ; l'établissement des Assemblées provinciales et de département, la série de réformes qu'elles avaient entreprises ou simplement projetées, étaient certainement un pas de plus vers le renouvellement complet de toutes nos institutions qu'allait bientôt entreprendre l'Assemblée nationale.

Enfin, on ne saurait justement apprécier les réformes de la Révolution, si l'on ne connaissait suffisamment les institutions qu'elle a remplacées. Or, quelle source plus riche d'information sur la plupart des institutions de l'ancien régime que les rapports si documentés que nous ont laissés, à leur sujet, les députés des Assemblées de 1787, et que l'étude des travaux des Commissions et Bureaux intermédiaires, qui nous font connaître tous les détails de leur application ?

CHAPITRE PREMIER

FORMATION ET RÉUNION DE L'ASSEMBLÉE DE DÉPARTEMENT

I. *Formation de l'Assemblée de département.* — L'édit de juin 1787 et le règlement du 18 juillet 1787. — L'Assemblée de département ; son mode d'élection d'après le règlement du 18 juillet. — Le Bureau intermédiaire. — L'Assemblée provinciale ; son mode d'élection d'après le règlement du 18 juillet. — Nomination des membres de l'Assemblée provinciale. — Choix du président et des premiers membres de l'Assemblée de département. — Récit des *Mémoires* de Dufort. — L'assemblée préliminaire. — Discours du président — Élections. — Liste des membres de l'Assemblée, procureurs-syndics, greffier et membres du Bureau intermédiaire.

II. *Composition et renouvellement de l'Assemblée de département.* — Double représentation du Tiers état. Les privilégiés sont cependant en majorité dans l'Assemblée. — Protestations de l'élection de Romorantin qui est en minorité dans le Bureau intermédiaire et de la ville de Romorantin qui n'est pas représentée à l'Assemblée de département. — Renouvellement de l'Assemblée de département. Doit-on faire les élections dans les Assemblées d'arrondissement ? — Projet de Necker. — Importance de la création des Assemblées ; abandon du système de centralisation de l'ancien régime. — Rapport des nouvelles assemblées et des intendants — La réforme reste incomplète, les Assemblées n'ayant pas été électives.

III. *Réunion de l'Assemblée de département.* — Première réunion de l'Assemblée. — Messe du Saint-Esprit. — Discours du procureur-syndic Pajon de Chambeaudière. — Division de l'Assemblée en bureaux.

IV. *Division du territoire.* — On conserve les limites des anciennes élections. — Leur imperfection ; Selles en-Berry et autres paroisses forment des enclaves isolées du reste de leur élection. — Division des élections en arrondissements ; rapport du procureur-syndic. — Décision de l'Assemblée. Tableau des paroisses du département réparties par élections et par arrondissements. — Divisions municipales. — La ville de Blois et ses paroisses taillables.

I. — *Formation de l'Assemblée de département*

L'édit du mois de juin 1787, qui créait les Assemblées provinciales et leurs subordonnées, se bornait seulement à tracer les grandes lignes de cette institution et à énoncer les principes généraux qui devaient la régir. Le pouvoir royal se réservait « de déterminer par les règlements particuliers, ce qui regarde la première convocation desdites Assemblées, leur composition et celle des Commissions intermédiaires, ainsi que leur police et tout ce qui peut concerner leur organisation et leurs fonctions » (1). La formation et la composition des nouvelles assemblées furent en effet déterminées par des règlements spéciaux envoyés à chaque province du 23 juin au 15 août 1787 et qui sont tous ou à peu près semblables. Celui de la généralité d'Orléans parut le 18 juillet 1787 (2).

Il faut distinguer dans ce règlement deux ordres d'instructions distinctes bien que constamment unies dans les diverses parties de sa rédaction. Il expose, d'une part, les règles qui devaient présider dans l'avenir à la formation des Assemblées ; nous verrons que ces règles ne furent en

---

(1) Édit de juin 1787, art. VI. Ass. pr. Pr., p. 5.
(2) Nous croyons inutile de reproduire *in-extenso* ce règlement qui a déjà été publié plusieurs fois (notamment : Ass. pr. Pr., pp. 16 à 29); nous ne signalerons pas non plus différents détails qui n'intéressent pas particulièrement notre département.

fait jamais appliquées, ni pour leur formation, ni pour leur renouvellement, mais elles nous montrent quelles avaient été les intentions du législateur qui les avait créées et ce qu'auraient été ces assemblées, si aucun événement n'était venu entraver leur fonctionnement : c'est ce que nous allons d'abord étudier. Le règlement prescrit, d'autre part, des règles particulières pour la formation des premières assemblées en 1787, règles qui ne ressemblent en rien à celles qui devaient être appliquées ultérieurement : c'est ce que nous montrerons ensuite. Enfin, quand nous étudierons le renouvellement de l'Assemblée de département, nous verrons que les règles indiquées par le règlement du 18 juillet pour le renouvellement des diverses assemblées ne furent en fait jamais appliquées.

« L'administration de la généralité d'Orléans, disait le règlement du 18 juillet 1787, sera divisée en trois espèces d'assemblées différentes, une municipale, une de département et une provinciale.

« L'Assemblée provinciale se tiendra dans la ville d'Orléans ; celle de département, dans le chef-lieu qui sera indiqué par Sa Majesté ; enfin les Assemblées municipales, dans les villes et les paroisses qu'elles représentent.

« *Elles seront élémentaires les unes des autres*, dans ce sens que les membres de l'Assemblée de la province seront choisis parmi ceux des Assemblées de département, et ceux-ci pareillement parmi ceux qui composeront les Assemblées municipales.

« Elles auront toutes leur base constitutive dans ce dernier élément, formé dans les villes et les paroisses. »

Nous verrons plus loin que ces Assemblées municipales se composaient, dans chaque paroisse, du seigneur, du curé et de plusieurs membres élus au suffrage censitaire (1).

(1) Sur les municipalités ; v. chapitre II.

Nul ne pouvait faire partie de l'Assemblée de département s'il n'était membre d'une Assemblée municipale, soit de droit comme le seigneur et le curé, soit par élection ; dans les villes qui avaient des municipalités déjà établies, les députés devaient être choisis parmi leurs membres, et parmi les seigneurs et curés de ces villes. L'Assemblée de département de Blois et Romorantin devait comprendre vingt-quatre membres ; moitié devaient être pris « en nombre égal parmi les ecclésiastiques et les seigneurs laïcs ou gentilshommes les représentant, et moitié parmi les députés [du Tiers état] des villes et des paroisses. »

Le département était divisé en six arrondissements (1), qui devaient envoyer chacun quatre députés à l'Assemblée, un de la Noblesse, un du Clergé et deux du Tiers état. On devait éviter, autant que possible, de prendre deux députés dans la même paroisse, et ils devaient être choisis moitié dans les villes et moitié dans les paroisses. Le renouvellement devait avoir lieu par quart, de manière qu'il sortît tous les ans un représentant de chaque arrondissement. Pour les remplacer, il devait se former dans chaque arrondissement « une assemblée représentative des paroisses », « composée des seigneurs, des curés et des syndics desdites paroisses, et de deux députés pris dans l'Assemblée municipale, et choisis à cet effet par l'Assemblée paroissiale », c'est-à-dire par l'assemblée de tous les électeurs de la paroisse (2).

Le président de l'Assemblée devait être un membre du Clergé ou de la Noblesse ; il devait être choisi par le Roi, parmi deux membres de chacun de ces deux Ordres, désignés par l'Assemblée.

L'Assemblée de département avait deux procureurs-syn-

---

(1) Pour la division du territoire en arrondissements, v. chapitre I, § IV.
(2) Cf. chapitre II.

dics, pris l'un parmi les représentants du Clergé et de la Noblesse, l'autre parmi les représentants du Tiers. Ils devaient être nommés pour trois ans par l'Assemblée et rééligibles deux fois, sans cependant que les deux puissent être changés à la fois. Un greffier était nommé par l'Assemblée et révocable à volonté.

Pendant l'intervalle des sessions de l'Assemblée de département, un Bureau intermédiaire permanent (1), composé d'un membre du Clergé, un de la Noblesse et deux du Tiers état et ayant le même président que l'Assemblée elle-même, était chargé avec les syndics de toutes les affaires que celle-ci leur avait confiées. En fait, c'est ce Bureau intermédiaire qui allait jouer le rôle le plus important. Tandis que l'Assemblée ne se réunissait qu'une fois par an, dans une session d'une quinzaine de jours, et devait forcément se borner à des vues très générales sur les nombreuses questions qui lui étaient confiées, le Bureau intermédiaire était véritablement chargé de presque toute l'administration du département et se trouvait journellement aux prises avec toutes les difficultés de la pratique. C'est lui qui s'occupait de toutes les questions relatives aux impositions, aux élections municipales, aux travaux de routes, aux distributions de secours, etc. ; il avait même certaines attributions contentieuses. C'est lui qui recevait les ordres de la Commission intermédiaire de l'Assemblée provinciale, et par elle ceux du ministre. D'ailleurs il ne se contentait pas d'ordonner, mais il devait par lui-même surveiller activement les Assemblées municipales, les collecteurs d'impôts, les adjudicataires de travaux, etc.

---

(1) Le règlement du 18 juillet 1787 porte « Commission intermédiaire »; mais ce terme fut ensuite réservé à la Commission intermédiaire provinciale et on adopta celui de « Bureau intermédiaire » pour le département. Toutefois, la première année, les deux expressions sont souvent confondues.

Dans toutes ces questions le Bureau intermédiaire se conformait bien au plan général tracé par l'Assemblée de département, mais celui-ci était souvent bien incomplet et était loin d'avoir tout prévu : aussi devait-il le plus souvent agir de sa propre autorité et conservait-il une grande initiative. L'importance et l'étendue de ses fonctions apparaîtront manifestement à chaque page de cet ouvrage.

Chaque département devait être représenté à l'Assemblée provinciale par huit députés (sauf le département de Chartres et Dourdan qui en avait douze), deux membres du Clergé, deux de la Noblesse et quatre du Tiers état. Ils devaient également être remplacés par quart, chaque département devant nommer tous les ans deux nouveaux députés. Le président de l'Assemblée provinciale devait être choisi par le Roi, tous les quatre ans, parmi quatre des présidents de département présentés par l'Assemblée, deux du Clergé et deux de la Noblesse. Il y avait, comme dans les Assemblées de département, deux procureurs-syndics, un greffier et une Commission intermédiaire chargée de l'expédition des affaires dans l'intervalle des séances de l'Assemblée.

Il est impossible dès maintenant de dire avec précision quels étaient les rapports de l'Assemblée de département et de l'Assemblée provinciale (1) ; d'ailleurs leurs réunions furent si éphémères que les relations eurent à peine le temps de s'établir entre les deux Assemblées. Il en fut autrement de leurs Bureau et Commission intermédiaires. Nous verrons, au cours de cette étude, quand le Bureau intermédiaire prenait lui même des décisions et quand il

---

(1) Une entente parfaite ne régna pas partout entre ces différentes assemblées. L'Assemblée de département d'Orléans et Beaugency, notamment, se montra nettement hostile à l'Assemblée provinciale et le rapport de son procureur-syndic en 1788 est une violente critique de l'administration de la Commission intermédiaire provinciale. Nous n'avons rien à signaler de semblable pour le département de Blois et Romorantin.

se bornait à exécuter les ordres de la Commission provinciale ; le plus souvent, le Bureau intermédiaire lui envoyait son avis et tous les renseignements qui lui étaient nécessaires, et elle lui adressait des instructions sur les mesures qu'il devait prendre. Dans l'ensemble, l'action de la Commission provinciale paraît nettement prépondérante.

Ces règlements sur la formation des Assemblées, que nous venons d'exposer, ne devaient être appliqués qu'après quatre ans, et, en fait, ne le furent jamais. Les dispositions adoptées pour la formation des premières Assemblées, les seules qui aient existé, étaient tout autres. Ce fut le Roi qui nomma le président et la moitié des membres de l'Assemblée provinciale. Suivant la règle adoptée dans toutes les provinces, il choisit pour la présidence un personnage considérable : ce fut le duc de Luxembourg (1). Les membres choisis pour représenter les élections de Blois et de Romorantin étaient (2) : le président de Salaberry (3), l'abbé Desprades, abbé de la Vernusse (4),

(1) Règl. 18 juill. 1787. Ass. pr. Pr., p. 26. — *Anne-Charles-Marie de Montmorency-Luxembourg*, duc de Luxembourg, Piney et Chatillon-sur-Loing. « Il avait fait partie de l'Assemblée des Notables comme second pair de France et premier baron chrétien. Nommé en 1789 président de la Chambre de la Noblesse aux États généraux, il fut de ceux qui combattirent le plus vivement la réunion au Tiers état ; un ordre exprès de Louis XVI put seul le contraindre à céder ; il se le fit même répéter plusieurs fois avant de l'exécuter, et donna presqu'aussitôt sa démission pour se retirer en Portugal ». (Lavergne. *Les Assemblées provinciales avant 1789.*)
(2) Ass. pr. Pr., p. 8, 6 sept. 1787.
(3) *Charles-Victoire-François Irumberry de Salaberry*, seigneur de Pezay, Fossé et Saint-Bohaire, président de la Chambre des comptes de Paris, beau-frère de Dufort de Cheverny, le président de notre Assemblée de département. C'était, dit M. de Crévecœur (*Mémoires de Dufort*, introduction, p. XII), un optimiste, un homme à idées généreuses, qui avait accepté toutes les fonctions électives, qui était adoré dans le pays. Il fut, pendant la Révolution, juge de paix de la ville de Blois, puis officier municipal de cette ville. Traduit devant le tribunal révolutionnaire de Paris, il fut condamné à la peine de mort par jugement du 12 germinal an II. (A. L.-et-Ch., Q 6.569, classement provisoire.)
(4) La Vernusse, abbaye de l'ordre de Saint-Augustin, paroisse de Bagneux (Indre).

Boesnier de L'Orme (1) et Lavoisier (2). L'Assemblée se compléta elle-même ; elle nomma donc quatre nouveaux députés pour notre département ; c'étaient : le comte d'Orléans de Rère, l'abbé de Thorame, chanoine et sous-doyen de Blois, Thuault de Beauchêne, lieutenant-général au bailliage de Blois, et de la Noue (3). Sur les six députés composant la Commission intermédiaire, trois furent pris dans le département de Blois et Romorantin ; c'étaient : le président de Salaberry, Boesnier de L'Orme et Lavoisier (4). Mais Lavoisier, qui avait pris une part assez active aux travaux de l'Assemblée provinciale, cessa bientôt d'assister aux séances de la Commission intermédiaire (5).

L'Assemblée provinciale devait élire la moitié des

---

(1) *Paul Boesnier de L'Orme*, auteur de *L'Esprit du gouvernement économique* (1775), d'*Essais sur les principes de la morale universelle* (1792), est surtout connu comme économiste. Ami de Diderot et de d'Alembert, fréquentant chez le baron d'Holbach et chez Mme Geoffrin, il était lié avec la plupart des savants et des philosophes de son époque. Né à Blois, il fut d'abord maître particulier des eaux et forêts, puis de 1769 à 1773 maire de Blois dont il était échevin depuis 1758. Membre du Conseil supérieur de Blois pendant quelques jours seulement au moment du parlement Maupou, il fut ensuite précepteur du prince polonais Massalski. Mais il s'adonnait surtout à l'agriculture dans sa terre de Guélaguette en Sologne. Il mourut en 1794 après avoir accueilli la Révolution avec enthousiasme. (Cf. *Mémoires de Dufort*, publiés par R. de Crèvecœur, 1886, t. I, pp. 338-340, 397, 407-408, 410-411, t. II, pp. 140, 141, et Bergevin et Dupré, *Histoire de Blois*, t. II, p. 578.)

(2) *Antoine Laurent de Lavoisier*, le célèbre chimiste dont les immenses découvertes scientifiques ont éclipsé ses travaux d'économiste et d'administrateur. Seigneur de Freschines, Villefrancœur, la Chapelle-Vendômoise et Toizy, il dirigeait lui-même la culture de ses vastes propriétés. Il avait été fermier général et connaissait à fond le mécanisme des impôts et du crédit public. « A ces talents universels, dit justement M. Lavergne, il joignait l'âme la plus noble, la plus bienfaisante, la plus ardemment dévouée aux intérêts de l'humanité ». *(Les Assemblées provinciales avant 1789)*. Il serait superflu de retracer ici sa biographie.

(3) Ass. pr. Pr., pp. 50-51, 10 sept. 1787.

(4) Ass. pr. Pr., p. 61, 13 sept. 1787.

(5) V. les procès-verbaux des assemblées de la Commission intermédiaire provinciale de l'Orléanais, A. Loiret, C 894 et 895.

membres de la première Assemblée de département ; ceux-ci devaient ensuite se compléter eux-mêmes. Quant au président de l'Assemblée de département, il fut nommé par le Roi (1), qui choisit le comte de Dufort de Cheverny (2).

Le public accueillit très favorablement la création des nouvelles assemblées, et les plus grands seigneurs comme les hommes les plus distingués briguèrent l'honneur d'en faire partie. Aussi leur formation fut-elle l'objet de nombreuses intrigues, dont le comte de Dufort nous donne une idée dans ses *Mémoires* (3).

« M. de Cypierre (4), dit-il, me manda à Cheverny, où je vivais à l'ordinaire, qu'il était question d'Assemblée provinciale, qu'on le consultait, qu'il me prévenait que le duc de Luxembourg en serait le président, et qu'il paraissait qu'on désirait avoir mon vœu pour être appelé par..... la cour. Je fis sentir à mon ami combien ce déplacement me déplaisait, que lui n'étant plus à Orléans et mes talents

---

(1) Règl. 18 juill. 1787. Ass. pr. Pr., pp. 22-23.

(2) *Jean-Nicolas Dufort de Saint-Leu, comte de Cheverny* (1731-1802). Né d'une famille de robe, il fut, à vingt ans, introducteur des ambassadeurs. Il dépensa à la cour une partie de sa fortune et dut se retirer à Cheverny où il acquit la lieutenance générale du Blésois, Dunois, Vendomois et bailliage d'Amboise. Après avoir été président de l'Assemblée de département, il ne fut plus mêlé aux affaires politiques et vécut retiré à Cheverny, sauf quelques mois passés en prison pendant la Terreur. Ruiné par les mesures révolutionnaires, il vit vendre avant sa mort sa terre de Cheverny. (V. ses *Mémoires*, publiés par M. de Crèvecœur, 1886). Il se montre, on le comprend, dans ses Mémoires, tout à fait hostile aux idées de la Révolution.

(3) *Mémoires* du comte Dufort de Cheverny. Bibl. mun. de Blois, ms. 92-96. Ces mémoires ont été publiés par M. de Crèvecœur (Paris, Plon, Nourrit et Cie, 1886) ; mais, l'auteur de cette édition ayant fait quelques suppressions et de nombreuses corrections au texte original, nous croyons intéressant de publier intégralement d'après le manuscrit le passage qui nous intéresse.

(4) *Adrien-Philibert Perrin de Cypierre de Chevilly*, chevalier, baron de Chevilly, conseiller du Roi en ses conseils, maître des requêtes ordinaire de son hôtel, intendant de la généralité d'Orléans depuis 1785.

dans cette nouvelle administration aussi douteux pour les autres que pour moi, je le priais de tourner toute proposition.

« Le président de Salaberry, homme ardent, se livrant à toute nouveauté, influencé par M. Boesnier de L'Orme qui avait mal digéré toute sa vie les phrases les plus alambiquées (1) des Diderot, Rousseau et Voltaire, courut à Paris, fit démarche sur démarche et fut appelé par la cour pour former le noyau de cette Assemblée provinciale. Il m'en fit part, m'invita de me faire nommer, et alors je lui contai ce qui s'était passé et mes réponses.

« Alors M. de Cypierre m'écrivit que la présidence de l'Assemblée départementale était offerte à M. de Thémines (2), qu'il y avait grande apparence qu'il n'accepterait pas, puisqu'il n'avait pas la place supérieure à Orléans, que, s'il acceptait, il me conseillait d'être appelé par la cour le premier au rang de la Noblesse, et que, s'il n'acceptait pas, malgré les démarches les plus actives du sieur Mesnard de Chousy (3), si je le voulais, il ne doutait pas que le choix tombât sur moi. Je lui répondis que, si l'évêque était nommé, je me ferais autant de plaisir que d'honneur de coopérer avec lui à la chose publique, mais que, si Mesnard

---

(1) Le texte porte : « ambiliquez ».

(2) *Alexandre-François Amédée-Adon-Anne-Louis-Joseph de Lauzières de Thémines* (1743-1829), né à Montpellier, le 13 février 1743, d'une noble et riche famille du Languedoc. Evêque de Blois en 1776, il tenta quelques réformes qui rencontrèrent une vive résistance de la part du clergé et de la population. Il fit partie de l'Assemblée des Notables de 1788 où il combattit la double représentation du Tiers état. A la Révolution il dut laisser la place à l'évêque constitutionnel Grégoire et se retirer à l'étranger. Ayant refusé en 1801 de reconnaître le Concordat et de donner sa démission, il fut le chef des dissidents de la *Petite Église*. Il mourut à Bruxelles le 2 novembre 1829. Il a laissé à Blois le souvenir d'un prélat éclairé, ami des lettres et des arts.

(3) *Didier-François-René Mesnard de Chouzy*, chevalier, comte de Chouzy, conseiller d'État, contrôleur général de la maison du Roi, ministre plénipotentiaire près le Cercle de Franconie en 1774, commandeur de la première classe des ordres royaux du Mont-Carmel et de Saint-Lazare.

de Chousy était nommé, jadis premier commis dans le ministère qu'avait mon beau-frère, avec de l'esprit verbeux et vaniteux, je refuserais net. Les choses en restèrent là pendant trois semaines ; on disait dans la ville que le maître de la poste avait un paquet tout prêt à remettre au président inconnu. M. de Cypierre m'écrivait que l'évêque avait refusé et que j'étais nommé ; je gardai tellement le secret qu'obligé d'aller à Blois, je fus dans plusieurs sociétés, où je fus passé en revue ainsi que beaucoup d'autres et où j'en détournai l'idée. Enfin la nomination arriva, et je reçus ministériellement l'ordre de ma nomination, une lettre du Roi, du ministre (1), et je partis le lendemain de grand matin pour me faire remettre ce qui était déposé pour le président anonyme. Ma première démarche fut de me rendre à l'évêché, d'ouvrir le paquet devant lui (2). Il avait plus de droit que moi ; d'ailleurs la connaissance qu'il avait de son clergé ne pouvait que m'être utile. Je fus entièrement satisfait des renseignements qu'il me donna. J'appris par une autre lettre ministérielle que, le Roi s'étant réservé de nommer plusieurs membres de cette administration, dans la Noblesse il avait appelé le sieur de Chouzy Mesnard, le vicomte de Beauharnais (3), dans le Tiers état de l'Arche et de Coinces (4),

(1) Cette lettre de nomination, signée du baron de Breteüil, est conservée aux A. L.-et-Ch., C 34.
(2) Devant l'évêque.
(3) *Alexandre-François-Marie, vicomte de Beauharnais* (1760-1794). Né à la Martinique, marié en 1779 à Joséphine Tascher de la Pagerie, dont le second mariage devait rendre son nom si célèbre, il fit la guerre d'Amérique et était à cette époque (1787) major en second du régiment de la Fère (infanterie). Député de la Noblesse du bailliage de Blois aux états généraux, un des premiers de son Ordre il se réunit au Tiers état et prit une part importante à l'abolition des privilèges dans la nuit du 4 août. Il fut membre du comité militaire et plusieurs fois président de l'Assemblée constituante. Envoyé à l'armée du Nord comme adjudant général, il fut nommé, le 21 août 1793, général en chef de l'armée du Rhin ; destitué comme noble, sa conduite à l'armée du Rhin fut vivement attaquée et il fut traduit devant le tribunal révolutionnaire et guillotiné le 23 juin 1794.
(4) Le texte porte : de Coins.

et un M. d'Autroche d'Orléans, et M. Rangeard de La Boissière (1), ancien officier ayant joué un rôle dans le parlement Maupeou (2), mais estimé, considéré et très riche.

« Toute cette première opération ne formait qu'un noyau ; six de la Noblesse, six du Clergé, douze du Tiers état ; deux procureurs-syndics, l'un dans le Clergé ou la Noblesse, l'autre dans le Tiers état, devaient former l'entière administration.

« J'allai faire part à M. de La Boissière de sa nomination, et, nous étant concertés, nous jugeâmes que nous devions appeler le sieur Pajon de Chambeaudière, maître de la poste aux lettres, dont l'esprit et les connaissances étaient connus. Je pris la maison de M. Gauvilliers à Blois, qu'il voulut bien me céder, s'y réservant son logement, et alors, ma femme s'y fixant, je pris l'état convenable que cette nouvelle place sans aucune rétribution m'obligeait décemment à prendre.

« Le soir même arriva le vicomte de Beauharnais, que je n'avais connu que fort jeune. L'air noble, fait au tour, d'une propreté et d'une tenue très élégante, il resta une heure tête-à-tête avec moi. Agé de 29 ans, il parla avec facilité, avec amabilité, avec beaucoup d'esprit et une réflexion qui m'étonnèrent. Il n'avait pas encore le germe d'ambition qui l'a perdu et qui l'a rendu si coupable aux yeux de tous les honnêtes gens.

« Assez pour appeler les autres membres, nous ne tardâmes pas à former cette assemblée. Tous nos choix furent approuvés généralement. L'évêque me nomma plusieurs sujets du Clergé. Impartial comme la loi, il me dit : Prenez un tel — c'était l'abbé Raoult, chanoine. — Il est toujours en opposition avec moi, mais, malgré cela, je

---

(1) Le texte porte : « de la Bossière ».
(2) Dufort, dans ses Mémoires, se montre nettement hostile aux réformes de 1771.

l'aurais pris parce que je connais ce qu'il vaut. Je regarde l'homme en grand, et jamais dans les choses où je puis malgré moi mettre de la partialité. Ce fut un des meilleurs choix. »

Les souvenirs de Dufort ne sont pas toujours très exacts. Les premiers députés de l'Assemblée de département nommés par l'Assemblée provinciale étaient : le marquis de Guercheville, le vicomte de Beauharnais, l'abbé Aubert, curé de Marolles, l'abbé Juchereau, doyen du chapitre de Saint-Aignan, Boesnier, maire de Blois, Rangeard de La Boissière, ancien procureur général de la Chambre des Comptes, de L'Arche, lieutenant particulier au bailliage de Blois, Baguenault de Villebourgeon, de Coinces, conseiller au présidial d'Orléans, et de L'Orme, procureur fiscal à Vatan (1). L'Assemblée provinciale, ne sachant pas encore si le président serait choisi dans le Clergé ou dans la Noblesse, n'avait nommé que dix députés au lieu de douze, laissant ainsi une place vacante dans chacun de ces deux Ordres (2). Le comte de Guercheville et Baguenault de Villebourgeon n'acceptèrent pas la place qui leur était confiée (3).

Les députés ainsi nommés tinrent une assemblée préliminaire pour se compléter et nommer les différents fonctionnaires de la nouvelle administration. La première séance eut lieu le 13 octobre 1787, à 10 heures du matin, dans une salle de l'hôtel de ville. Le comte de Dufort ayant « remis sur le bureau sa lettre de nomination à la place de président de l'Assemblée du département des élections de Blois et Romorantin, à lui adressée par Monsieur le Baron de Breteuil, en date du 14 septembre 1787,

---

(1) Ass. pr. Pr., pp. 64-65, 13 sept. 1787.
(2) Ass. pr. Pr., p. 60, 13 sept. 1787.
(3) A. L.-et-Ch., C 4, f. 13 r°, 15 oct. 1787.

et la lettre d'envoi (1) que lui en avait fait Monsieur le duc de Luxembourg, président de l'Assemblée provinciale de l'Orléanais, » lecture en fut faite, puis les députés remirent leurs lettres de convocation (2)

Le président prit alors place au fond de la salle, le Clergé à sa droite, la Noblesse à sa gauche et « les représentants des propriétaires des villes et campagnes suivant l'ordre des villes qui avait été déterminé d'après leurs contributions, la moitié joignant le Clergé, et l'autre moitié joignant la Noblesse, sous réserve expresse, ajoute le procès-verbal, que les rangs et séances ci-dessus pris ne pourront nuire ni préjudicier aux droits et qualités des susnommés » (3). Malgré cette réserve et bien que ces questions protocolaires aient été arrêtées par le pouvoir royal dans le règlement du 18 juillet, plusieurs députés crurent devoir protester de leurs qualités.

« M. Rangeard de La Boissière a observé, dit le procès-verbal, qu'en raison de sa qualité de procureur général honoraire de [la] Chambre des Comptes de Blois, il fait toutes réserves de ses droits, privilèges et prérogatives, déclarant que l'acceptation qu'il a faite dans l'Ordre du Tiers état ne pourra nuire ni préjudicier à ses dites qualités.

« M. Boesnier a exposé qu'il a la noblesse acquise quoique représentant le Tiers état.

« M. de Coinces a aussi déclaré qu'il avait également la noblesse acquise, mais, comme l'intention du Roi est que les rangs et séances des membres des Assemblées ne puissent préjudicier aux droits et qualités d'aucun d'eux, il croit que les réserves qu'il ferait à cet égard seraient superflues » (4).

1) Cette lettre, comme la précédente, est conservée aux A. L.-et-Ch., C 34.
(2) A. L.-et-Ch., C 4, f. 1 r°, 13 oct. 1787.
(3) A. L.-et-Ch., C 4, f. 1 v°, 13 oct. 1787.
(4) A. L.-et-Ch., C 4, f. 1 v°, 13 oct. 1787.

Le comte de Dufort prit alors la parole :

« Messieurs, dit-il, les Assemblées provinciales sont un des bienfaits les plus précieux du règne glorieux de Sa Majesté. Cette Assemblée de département subordonnée à celle d'Orléans est faite pour l'aider dans les éclaircissements qu'elle demandera et en même temps peut faire parvenir par des degrés insensibles jusqu'au pied du trône les plaintes du moindre des citoyens.

« Connaissance ces deux départements dont nous sommes chargés, connaissance de la différence de régime des deux élections dont les intérêts vous sont confiés, un détail exact des forces de chaque paroisse, une connaissance précise du local de chaque endroit, un intérêt général au bien de la chose tant pour celui de l'État que pour celui de chaque individu, voilà nos devoirs.

« Le choix éclairé que l'Assemblée provinciale a fait de vous, Messieurs, me persuade d'avance du bien qui en résultera.

« Nous nous sommes assemblés aujourd'hui pour associer à nos travaux de nouveaux membres ; vous ne serez embarrassés que du choix par le zèle, les lumières et le patriotisme qui règnent ici.

« Nous sommes aussi chargés de nommer deux syndics, de former la Commission intermédiaire, et de choisir un secrétaire greffier, choix d'autant plus important que sa correspondance continuelle avec l'Assemblée provinciale coopérera au bien général.

« Notre zèle à remplir nos devoirs, notre profond respect pour le Souverain, voilà nos moyens, et tous mes désirs sont, aidés de vos lumières et de vos conseils, de concourir avec vous au bien qui en doit résulter » (1).

Et après lecture des édits, règlements, procès-verbaux et

(1) A. L.-et-Ch., C 4, ff. 1 v° et 2 r°, 13 oct 1787.

instructions concernant la tenue de cette Assemblée, les députés se séparèrent.

Le lundi 15 octobre, à neuf heures du matin, les députés assistèrent en corps à la messe du Saint-Esprit célébrée par l'abbé Juchereau, doyen du chapitre de Saint-Aignan et membre de l'Assemblée. Puis, s'étant de nouveau rendus à l'hôtel de ville, ils procédèrent aux élections (1).

Nous n'entrerons pas dans le détail de ces élections. Plusieurs membres s'étant récusés, elles ne furent terminées qu'à l'assemblée du mois de novembre. Donnons seulement la liste des députés répartis dans les six arrondissements de Blois, Mer, Contres, Romorantin, Saint-Aignan et Graçay, en lesquels les députés partagèrent préalablement le département (2).

Président. — Comte de Dufort de Cheverny.

ELECTION DE BLOIS

Arrondissement de Blois

Clergé. — Abbé Rahoux, chanoine de la cathédrale de Blois.

Noblesse. — De Vezeaux, marquis de Rancougne (3).

Tiers état. — Boesnier, maire de Blois.

    Rangeard de La Boissière, ancien procureur général à la Chambre des comptes de Blois.

Arrondissement de Mer

Clergé. — Abbé Aubert, curé de Marolles (fut remplacé plus tard par l'abbé Samson, curé de Maves).

---

(1) A L.-et-Ch , C 4, f. 2 v°, 15 oct 1787.
(2) Pour la division en arrondissements, cf chapitre I, § IV. La liste que nous donnons résulte des nominations faites à diverses reprises. V. A. L.-et-Ch., C 4, ff. 2, 3, 4, 7, 8, 25 ; 13 et 15 oct., 3 et 11 nov. 1787.
(3) Seigneur d'Herbault en Beauce et de Landes.

Noblesse. — Guyon, comte de Montlivault.
Tiers état. — De L'Arche, lieutenant particulier au bailliage de Blois.
Druillon, lieutenant général au bailliage de Blois.

Arrondissement de Contres

Clergé. — Dom Bonnardeau, prieur de l'abbaye de Pont-Levoy.
Noblesse. — Mesnard, comte de Chousy.
Tiers état. — Porcher, négociant à Saint-Dyé.
Butel, chevalier de Saint-Louis, demeurant à Blois.

ELECTION DE ROMORANTIN

Arrondissement de Romorantin

Clergé. — Abbé de Belleval, chanoine de l'église collégiale de Romorantin.
Noblesse. — Vicomte de Beauharnais.
Tiers état — De Coinces, conseiller au présidial d'Orléans
D'Autroche, de Sailli.

Arrondissement de Saint-Aignan

Clergé. — Abbé Juchereau, doyen du chapitre de Saint-Aignan (nommé procureur syndic, sa place resta vacante).
Noblesse. — Comte de Dufort de Cheverny, président de l'Assemblée.
Tiers état. — Trottignon de Montenay, propriétaire à Chémery.
Goislard de La Picacellerie, propriétaire à Chabris.

Arrondissement de Graçay

Clergé. — Abbé Renaudin, curé de Poulaine.
Noblesse. — Crespin, chevalier de Billy.
Tiers état. — De L'Orme, procureur fiscal de Vatan.
             Cahu, propriétaire à Mennetou.

Procureurs-Syndics

Clergé et Noblesse. — Abbé Juchereau.
Tiers état.   Pajon de Chambeaudière.

Greffier

Moreau, commis-greffier au présidial de Blois.

Bureau Intermédiaire

Clergé. — Abbé Rahoux.
Noblesse. — Crespin de Billy.
Tiers état. — Boesnier.
            De L'Arche.

On avait d'abord offert à Beauharnais d'être membre du Bureau intermédiaire pour la Noblesse ; mais ses occupations à l'armée durent lui faire décliner cette offre (1) : il était alors major en second du régiment de La Fère (infanterie)

II. — *Composition et renouvellement de l'Assemblée de département*

Nous avons vu que les députés du Tiers état étaient, à l'Assemblée de département comme à l'Assemblée provinciale, en nombre égal à ceux des deux autres Ordres réunis. Les voix dans ces assemblées se comptaient par têtes et non par Ordres ; la représentation du Tiers se trouvait donc égale à celle des deux Ordres privilégiés réunis. On était

---

(1) A. L.-et-Ch., C 4, f. 3 r°, 15 oct. 1787.

encore loin, sans doute, de l'égalité politique, loin du système proposé par Turgot, par Le Trosne et par Calonne, qui auraient voulu voir figurer tous les membres des assemblées locales, sans distinction d'Ordres, comme simples citoyens; mais le résultat obtenu paraîtra cependant considérable, si l'on songe quelles difficultés on eut bientôt après pour faire adopter les mêmes mesures pour la convocation des États généraux.

Cependant, il suffit de consulter la liste des députés pour remarquer que l'Assemblée de département était composée en grande majorité de privilégiés. Même parmi les représentants du Tiers état, plusieurs étaient nobles, d'autres devaient leurs privilèges à leur qualité d'officiers de justice ou d'habitants d'une ville franche. On peut trouver abusif que, dans une assemblée qui devait jouer un rôle si important dans la répartition des impôts, on n'ait compté qu'un si petit nombre de membres, propriétaires ou négociants, pris dans la catégorie des taillables. Le fait semble d'autant plus étonnant que dans les paroisses, ainsi que nous le verrons plus loin, la répartition devait être faite par les seuls membres taillables des Assemblées municipales, qui devaient composer les deux tiers au moins de ces Assemblées. Cette observation ne semble cependant avoir soulevé aucune protestation.

Mais pour d'autres raisons la composition de l'Assemblée ne reçut pas l'approbation générale. L'élection de Romorantin, qui n'avait qu'un député au Bureau intermédiaire, tandis que celle de Blois en avait trois, se trouva lésée [1], et ce fut là le sujet d'interminables discussions. L'Assemblée de département refusa de donner satisfaction aux mécontents, objectant que, lors de l'assemblée préli-

---

[1] A. L.-et-Ch., C 4, fi. 8 v° et 9 r°, 5 nov. 1787.

minaire, la place de député du Tiers état dans le Bureau intermédiaire qu'on destinait à un des membres de l'élection de Romorantin « avait été successivement refusée par tous ceux de cette élection qui s'étaient trouvés à ladite assemblée »; que d'ailleurs, « si l'élection de Romorantin avait un membre du Tiers état dans ladite Commission, elle y aurait la prépondérance, puisque cette élection avait l'avantage d'avoir M. le président au nombre de ses représentants »; qu'il était enfin « essentiel d'observer que la masse des impositions de l'élection de Blois surpassait de plus d'un cinquième celle des impositions de l'élection de Romorantin » (1).

Mais la municipalité de Romorantin, qui reprochait aussi à la nouvelle assemblée de ne compter parmi ses membres aucun habitant du Tiers état de cette ville, reprit avec ardeur ces réclamations; un des échevins protesta en de longues périodes contre la prééminence accordée à l'élection de Blois, attendu que l'on ne peut supposer aux membres de l'Assemblée « une affection particulière pour un pays qui leur est étranger, que cette affection tient à la propriété, que ce droit de propriété est le ressort le plus actif qui conduit au devoir de protection en faveur de sa patrie et de ses compatriotes... », et alla jusqu'à déclarer « qu'il serait même avantageux à cette élection [de Romorantin] de solliciter sa désunion d'avec celle de Blois; que son éloignement du chef-lieu de département, le peu de rapport des facultés territoriales et commerçantes qu'il y a entre les deux élections unies semblerait conduire à cette désunion » (2).

Ces réclamations furent portées successivement devant la Commission intermédiaire provinciale, devant le Bureau

---

(1) A. L.-et-Ch., C 4, f. 9 r° et v°, 5 nov. 1787.
(2) A. Romorantin, BB 11, f. 19 v° et s., 11 déc. 1787. V. aussi f 27 r°, 31 août 1788.

intermédiaire du département (1), enfin à nouveau devant l'Assemblée de département à sa session de 1788. Celle-ci pensant que « le sentiment de fraternité qui doit établir une parfaite harmonie entre les deux élections » devait « faire même oublier le nom d'élection pour ne voir que le nom seul de département qui réunit une seule famille » (2), décida « que le Bureau intermédiaire resterait tel qu'il est formé jusqu'à sa régénération » (3), événement qui n'eut jamais lieu.

On peut d'ailleurs signaler d'autres réclamations analogues, adressées les unes à l'Assemblée de département à propos de « M. Mesnard, comte de Chouzy et de M. le chevalier de Billy, se trouvant classés dans des arrondissements où ils n'ont point de seigneuries » (4), les autres à l'Assemblée provinciale où cette fois l'élection de Romorantin avait la prépondérance étant représentée par cinq membres pour trois seulement à l'élection de Blois (5). Ces nombreuses discussions montrent au moins quelle importance on attachait partout alors aux nouvelles Assemblées et combien chaque région, chaque ville même, tenait à y être dignement représentées.

L'Assemblée de département ne fut d'ailleurs pas longtemps au complet (6). Le remplacement des places vacantes devait soulever une question importante. Allait on pour la première fois appliquer le règlement sur l'élection des députés ? L'Assemblée de département nommée par

(1) A. Loiret, C 894, f. 34 v°, 5 mai 1788, et f. 53 r° et v°, 16 juin 1788.
(2) A. L.-et-Ch., C 4, f. 42 v°, 29 oct. 1788.
(3) A. L.-et-Ch., C 4, f. 43 r°, 29 oct. 1788.
(4) A. L.-et-Ch., C 4, f. 23 r°, 10 nov. 1787.
(5) A. L.-et-Ch., C 4, f. 23 v°, 10 nov. 1787.
(6) Il y eut bientôt deux membres à remplacer : l'abbé Juchereau, qui avait été nommé procureur-syndic, et d'Autroche, démissionnaire. A. L.-et-Ch., C 4, f. 26 v°, 20 oct. 1788.

l'Assemblée provinciale qui tenait elle-même ses pouvoirs du Roi, serait-elle complétée par des députés nommés par les élus des paroisses dans les Assemblées d'arrondissement ? La Commission intermédiaire provinciale se prononça d'abord pour l'affirmative. Elle décida que c'était aux Assemblées d'arrondissement de nommer les nouveaux membres et au président de l'Assemblée de département de convoquer ces Assemblées d'arrondissement (1). Peu de temps après, pour plus de célérité, c'est le Bureau intermédiaire qu'elle chargeait de nommer les présidents d'arrondissement (2).

Mais, quelques jours plus tard, les ordres envoyés par Necker aux Assemblées provinciales en décidaient autrement. Dans une lettre adressée à l'Assemblée provinciale de l'Orléanais (3) le ministre indique d'abord que, pour le remplacement des présidents des Assemblées de département ou des membres de l'Assemblée provinciale décédés ou démissionnaires, il serait procédé conformément aux règlements. Mais, pour le remplacement des membres de l'Assemblée de département, il paraît hésiter et craindre les troubles que pourraient occasionner la grande consultation électorale prévue par le règlement ; et il semble que ces craintes lui aient été données par les Assemblées provinciales elles-mêmes.

Rappelant que le règlement de formation du 18 juillet 1787 (4) prescrivait pour le remplacement de ces membres la réunion d'une « assemblée représentative des paroisses

---

(1) A. Loiret, C 894, f. 95 v°, 16 sept. 1788.
(2) Lettre des p.-s. pr. aux p.-s. dép., 3 oct. 1788. A. L.-et-Ch., C. 34.
(3) Lettre du dir. gén. à la c. i., 2 oct. 1788 (copie). A. L.-et-Ch., C 35. Cette lettre est également transcrite dans le registre de l'Assemblée de département. A. L.-et-Ch., C 4, ff. 32 et 33, de même que le mémoire qui suit.
(4) V. Ass. pr. Pr., p. 23.

de chaque arrondissement » et indiquait les formes de la convocation et de la tenue de ces Assemblées d'arrondissement : « Toutes les Assemblées provinciales, dit-il, se sont réunies pour penser que ces formes seraient susceptibles des plus grands inconvénients ; que ces assemblées, auxquelles chaque municipalité doit envoyer cinq députés, seraient trop tumultueuses, et que d'ailleurs il n'avait point été pris sur l'article de la présidence de ces assemblées, sur leur police, et enfin sur les formes du scrutin, des précautions suffisantes pour y maintenir l'ordre et y préparer de bons choix.

« Sa Majesté, ajoute-t-il, a été frappée de la justesse de ces observations ; d'un autre côté, elle a considéré qu'il eût été difficile de combiner et de prescrire sur le champ des formes qui pussent s'adapter aux localités et aux circonstances particulières que présenteraient peut-être les différents arrondissements. »

D'après ces considérations, le Roi avait décidé d'ajourner la convocation des Assemblées d'arrondissement et priait les Assemblées de département de délibérer sur la forme à adopter dans l'avenir pour le renouvellement de leurs membres. Pour les aider dans cette tâche, Necker leur adressait un projet timidement intitulé : *Premières idées non encore arrêtées sur la forme des convocations d'arrondissement pour la nomination d'un représentant à l'Assemblée de département* (1).

Ce projet modifiait notablement les dispositions du premier règlement. Les élections devaient comprendre un degré de plus. En effet, les Assemblées d'arrondissement ne devaient plus se réunir tous les ans pour remplacer un membre de l'Assemblée de département, mais seulement tous les quatre ans pour choisir douze électeurs et huit

---

(1) A. L.-et-Ch., C 35, et A. L.-et-Ch., C 4, ff. 33 et 34.

adjoints qui procéderaient chaque année à l'élection des membres à remplacer (art. 2). Assemblées paroissiales (composées de tous les électeurs d'une paroisse), Assemblées municipales, Assemblées d'arrondissement, Assemblées des 12 électeurs choisis par ces dernières, Assemblées de département, Assemblées provinciales auraient donc formé une série d'assemblées successives élues entièrement ou en partie les unes par les autres, trois d'entre elles (Assemblées paroissiales, d'arrondissement et des 12 électeurs) étant d'ailleurs uniquement des assemblées électorales.

D'autre part, si les Assemblées d'arrondissement devaient toujours comprendre le seigneur, le curé (ou un autre bénéficier ou prieur, possédant au moins 1000 l. de revenu dans la paroisse et membre de la municipalité) et le maire ou syndic de chaque paroisse, les municipalités ne devaient plus y députer qu'un seul (au lieu de deux) de leurs autres membres (art. 4), ce qui restreignait singulièrement la représentation du Tiers état, qui, avec le premier règlement, devait avoir la majorité dans ces assemblées. Dans le même ordre d'idées, il était interdit aux seigneurs non ecclésiastiques et non nobles d'assister à ces assemblées autrement que « par un fondé de procuration » (art. 6).

Les douze électeurs nommés par l'Assemblée d'arrondissement devaient être pris : trois dans l'Ordre du Clergé, parmi les seigneurs ecclésiastiques, les bénéficiers ayant au moins 1000 l. de revenu, les prieurs et les curés; trois dans l'Ordre de la Noblesse, parmi les gentilshommes seigneurs laïcs et les gentilshommes propriétaires de fiefs, pourvu qu'ils aient été membres de la municipalité et aient 1000 l. de revenu au moins ; six dans l'Ordre du Tiers état, parmi les seigneurs non nobles, les maires, syndics et autres députés des municipalités (art. 12). Les huit adjoints devaient être répartis de la même façon dans les trois Ordres.

Pour chaque élection, les douze électeurs devaient d'abord présenter une liste de douze ou dix-huit sujets (suivant que l'arrondissement comprenait moins ou plus de quarante communautés) pris dans l'Ordre du membre à remplacer et, s'il était possible, dans l'arrondissement (art. 19). Dans un premier tour, ils devaient d'abord élire trois sujets pris dans cette liste, et enfin dans un second tour, le nouveau membre de l'Assemblée de département devait être définitivement élu parmi ces trois sujets (art. 23).

Les autres articles concernaient les procurations (art. 5 à 8), la présidence des Assemblées qui devait être occupée par deux membres du Bureau intermédiaire ou de l'Assemblée de département, un du Clergé ou de la Noblesse, l'autre du Tiers état (art. 9 et 17), le local, la police et le cérémonial (art. 10 et 11), les procès-verbaux (art. 14, 15, 24 et 25), etc.

Ce projet compliqué et restreignant la représentation du Tiers état ne fut pas approuvé par notre Assemblée de département (1). Il fut arrêté « d'une voix unanime que l'Assemblée était pénétrée de reconnaissance des marques de confiance dont M. le Directeur général l'honorait, que cependant elle n'était point d'avis d'admettre pour la régénération des Assemblées de département des électeurs et adjoints que leur inamovibilité pendant quatre ans exposait à la séduction ; qu'entre différents inconvénients il fallait prendre la forme qui en présentait le moins et, en conséquence, s'en tenir aux dispositions du règlement de 1787, en y appliquant néanmoins, pour celles qui n'avaient pas

---

(1) Il fut au contraire approuvé par toutes les autres Assemblées de département de la généralité.

été prévues par le dit règlement, les dispositions relatives indiquées par le projet » (1).

L'Assemblée faisait, en outre, quelques observations de détail, demandant : 1° que le revenu exigé pour qu'un prieur ou bénéficier puisse être convoqué et élu à l'Assemblée d'arrondissement, soit réduit de 1000 fr. à 700 fr., somme fixée pour la portion congrue ; 2° que l'option soit laissée aux seigneurs non nobles de siéger dans le Tiers état ou de s'y faire représenter ; 3° que le chiffre de 40 paroisses exigé pour former un arrondissement soit réduit à 25 (2) ; 4° qu'il soit spécifié « que dans le cas où un membre serait pris dans un autre arrondissement qu'il n'en serait pas moins représentant de l'arrondissement dans lequel il aurait dû être choisi ». Elle demandait enfin, comme elle l'avait fait pour l'élection des députés aux États généraux (3), « que chacun des trois Ordres s'assemblât séparément pour nommer des électeurs, lesquels réunis ensemble feraient l'élection définitive » (4).

Ces observations devaient être soumises à l'Assemblée provinciale ; mais celle-ci ne s'étant plus réunie, la question ne fut jamais résolue et l'Assemblée de département, qui elle-même ne devait plus être convoquée, ne fut jamais complétée. Aucun des députés des Assemblées provinciale et de département ne fut donc, comme en principe ils devaient l'être, l'élu des habitants des villes et des paroisses.

Cependant, quelqu'incomplète qu'ait été la réforme, la création de ces assemblées, qui répondait au vœu général, semble avoir été accueillie de tous avec la même faveur.

---

(1) A. L.-et-Ch., C 4, f. 35 r° et v°, 23 oct. 1788.
(2) Cette demande est fondée sur une interprétation défectueuse de l'art. 19 du projet de Necker qui ne dit pas que les paroisses de chaque arrondissement doivent atteindre ce chiffre de 40.
(3) A. L.-et-Ch., C 4, f. 29 v°, 23 oct. 1788. V. le dernier chapitre.
(4) A. L.-et-Ch., C 4, f. 35 r° et v°, 23 oct. 1788.

En fait, l'exposé que nous venons de faire de la formation et de la composition de ces assemblées permet de se rendre compte de l'importance de la grande révolution administrative qui venait d'être accomplie. A un système essentiellement centralisateur on substituait l'administration par des assemblées locales. Au pouvoir absolu d'un seul homme, l'intendant, qui dépendait directement du pouvoir royal, qui agissait sans contrôle et sans conseil, qui était tout puissant dans l'administration générale de sa province comme dans celle de chaque élection où le représentait son subdélégué, succédait une Assemblée provinciale indépendante et des Assemblées de département, subordonnées à celle-ci, il est vrai, mais qui allaient jouer par elles-mêmes un rôle fort important. Pour la première fois les habitants étaient appelés à prendre eux-mêmes une part active à l'administration de leur province.

Au Moyen-âge cependant notre pays avait bien eu dans quelques circonstances des assemblées représentatives ayant la faculté d'octroyer les impôts demandés par le comte ou par le Roi (1), et peut être au XVe siècle la France marchait-elle plutôt vers un système fédératif, avec le Roi comme clef de voûte, que vers la centralisation actuelle ; la théorie de la monarchie était encore le pouvoir limité (2).

(1) Dans les notices qu'il a publiées à la suite du *Cartulaire de Blois* (Mémoires de la Société des Sciences et Lettres de Loir-et-Cher, t. XVII), M. de Croy a eu soin de relever les traces, trop vagues, de ces assemblées. Il y en a trois exemples certains : En 1356, le gouvernement et le conseil « assemblent » les paroisses pour leur « requérir » le subside pour la guerre. Charles d'Orléans, au XVe siècle, envoie des lettres aux habitants de Blois pour demander une aide ; il ne l'impose pas d'autorité, il la demande, les habitants se réunissent, l' « accordent » et le duc en est très reconnaissant. En 1472, Marie de Clèves envie des commissaires dans les paroisses pour « plus agréablement » obtenir « le consentement » à l'octroi d'une aide. C'est la dernière trace, semble-t-il, qui se trouve de ces institutions.

(2) Cf. Imbart de la Tour, *Les origines de la Réforme*, t. I (*La France Moderne*, 1905), chapitres groupés sous la rubrique : *L'Absolutisme*.

Mais la doctrine de l'absolutisme, conçue et inaugurée au xvɪᵉ siècle, amena la ruine complète de ces institutions. Après deux siècles d'un régime autoritaire et centralisateur à l'excès, à la veille de la Révolution, la monarchie, sous l'influence des idées de l'époque, sous la pression de l'opinion publique, rentrait elle-même dans la voie depuis longtemps abandonnée ; elle faisait un pas immense vers le régime nettement décentralisateur de la Révolution. On peut d'ailleurs se demander si un tel système était bien compatible avec l'existence d'un gouvernement vraiment monarchique, et si la royauté en adoptant ces réformes ne marchait pas d'elle-même à sa perte. Après le règne désastreux de Louis XV, la politique énergique d'un Richelieu ou d'un Louis XIV aurait-elle été préférable pour rétablir l'autorité du pouvoir royal ? Il est difficile de le dire. En tout cas les grands ministres réformateurs de cette époque semblent avoir eu bien d'autres soucis que le salut de la monarchie, et le faible et indolent Louis XVI n'était pas homme à résister au grand courant qui l'entraînait.

Le pouvoir royal était loin cependant d'avoir entièrement abandonné aux nouvelles assemblées l'administration des provinces. Les intendants subsistent à côté d'elles ; ils restent les représentants du pouvoir central et conservent les attributions qui intéressent tout le pays, les assemblées locales leur enlevant surtout celles qui n'intéressent que la localité. Nous verrons cependant, dans le cours de cette étude, que leurs attributions respectives ne semblent pas toujours bien limitées. En matière d'impôt la nouvelle administration leur a enlevé la plupart de leurs fonctions ; pour les dépenses de la province ils restent chargés de celles qui s'exécutent uniquement sur les fonds du Roi, et doivent homologuer les décisions de la Commission intermédiaire pour celles qui s'exécutent en partie sur les fonds de la province ; pour les affaires militaires ils gardent des attributions importantes, ils disposent de la maréchaussée, sont chargés de la levée de la milice, s'occupent du casernement et de l'équipement des troupes ; ils gardent la surveillance des hôpitaux, des bureaux de mendicité, des prisons, du service des postes, etc. ; la police générale et les mesures d'ordre public leur restent confiées ; ils conservent leurs attributions judiciaires, mais la plupart de leurs attributions contentieuses seront remises aux Commissions intermédiaires. Enfin l'intendant doit remplir le rôle de commissaire du Roi auprès de l'Assemblée provinciale et il est l'intermédiaire officiel entre la nouvelle administration et le pouvoir royal, mais en fait ce rôle d'intermédiaire semble avoir été absolument passif. Le pouvoir des nouvelles assemblées n'est d'ailleurs pas limité d'une façon absolue, car elles ont, selon l'édit de 1787, un droit de représentation sur toutes les questions « qu'elles jugeront utiles au bien de nos peuples » ; et elles cherchent toutes les occasions d'étendre leur pouvoir le plus possible.

Cette persistance, à côté des pouvoirs nouveaux, des anciens fonctionnaires déchus auxquels les règlements de 1787 prodiguent d'ailleurs toutes sortes de marques d'honneur, est bien dans les habitudes de l'ancien régime. Cette mesure a été vivement critiquée, et en effet on sait les conflits auxquels elle a donné lieu dans certaines provinces, entre Assemblées provinciales et commissaires départis. Dans l'Orléanais, au contraire, les relations des Assemblées et des intendants semblent avoir été, en apparence du moins, fort cordiales. Il aurait été sans doute très intéressant, à notre point de vue, de savoir quels furent les rapports de notre Assemblée de département avec les subdélégués ; mais nous sommes très mal renseignés à ce sujet, et d'ailleurs ces personnages, que nous ne trouvons guère cités qu'incidemment, semblent avoir joué un rôle très effacé.

A un autre point de vue, le système de décentralisation institué par la création des Assemblées provinciales et de départements fut très imparfait. Non seulement l'intendant, fonctionnaire royal, subsistait à côté de ces assemblées, mais les assemblées elles-mêmes furent, comme nous l'avons vu, directement nommées par le Roi qui choisit leurs présidents et la moitié des membres de l'Assemblée provinciale et chargea ces premiers membres du choix des autres députés. La plupart de ces députés ne purent même certainement pas être pris parmi les membres des municipalités, comme le prescrivait le règlement. En effet, les élections des Assemblées municipales eurent lieu le 9 septembre 1787 ; or, la moitié des membres de l'Assemblée provinciale avait été choisie avant le 6 septembre, date de la réunion de l'Assemblée préliminaire, et ceux-ci se complétèrent le 10 septembre et nommèrent la moitié des membres des Assemblées de département le 13 septembre, dates auxquelles on ne connaissait sûrement pas encore le résultat des élections municipales. La réforme projetée pour l'avenir était bien autrement importante, puisque, après quatre années, les Assemblées devaient être renouvelées par voie d'élection.

Le fait que ces assemblées destinées à devenir électives restèrent à la nomination du pouvoir royal est certainement un point capital de leur histoire dont il serait intéressant de connaître les causes. Faut-il voir là seulement une sage mesure de transition adoptée pour ne pas passer brusquement d'un système pleinement autocratique à un système complètement libéral ? Ou bien cette décision ne fut-elle pas plutôt motivée par les hésitations et les craintes du pouvoir royal ? Louis XVI redoutait-il le résultat de ces élections auxquelles cependant il allait bientôt faire appel pour la réunion des États généraux ? Promettait-il cette réforme uniquement pour donner satisfaction à l'opinion, tandis qu'en ajournant son exécution il cherchait provisoirement à s'assurer par ses choix la fidélité des nouvelles assemblées ? Ce système de contradiction et de réticences, qui dans le même règlement annonce une réforme et semble reculer devant son application, n'est pas rare dans l'ancien régime, mais l'étude de l'Assemblée de département de Blois et Romorantin ne nous apporte aucun renseignement sur ce point. Toujours est-il que c'est seulement la Révolution qui, reprenant les idées émises par le règlement de 1787, confia l'administration des provinces à des assemblées électives.

Maintenant que nous savons quelle fut la formation et la composition de l'Assemblée de département et par suite de quelles circonstances elle ne s'est jamais renouvelée, il nous faut revenir un peu en arrière pour assister à la première réunion de l'Assemblée.

III. *Réunion de l'Assemblée de département*

L'Assemblée de département de Blois et Romorantin se réunit pour la première fois au complet le samedi 3 novembre 1787, à 10 heures du matin, à l'hôtel de ville de Blois (1). Le président fit « faire lecture des édits, règlements et instructions concernant l'établissement, formation et composition des Assemblées provinciales, de département et municipales, ensemble des procès-verbaux, tant de l'Assemblée provinciale que de l'Assemblée préliminaire de ce département », et « l'Assemblée qui se trouvait maintenant complétée » approuva et ratifia « les délibérations, nominations, et autres opérations faites par les membres qui

(1) A. L.-et-Ch., C 4, f. 6 r°, 3 nov. 1787.

composaient l'Assemblée préliminaire » (1). Puis, après avoir « procédé aux remplacements et nominations » dont nous avons déjà parlé, on s'occupa de la célébration de la messe du Saint-Esprit ainsi relatée par le procès-verbal :

« M. le président a représenté qu'il convenait de faire célébrer une messe du Saint-Esprit et a proposé de faire une députation à Mgr l'Evêque de Blois, pour le prier, au nom de l'Assemblée, de vouloir bien la célébrer. Sur quoi et à l'instant, MM. l'abbé Rahoux, le vicomte de Beauharnais, Boesnier et Decoinces, députés nommés à cet effet, se sont rendus au palais épiscopal, où M. l'abbé Rahoux portant la parole a présenté à Mondit Seigneur l'Evêque les respects de l'Assemblée et lui a exposé l'objet de sa mission.

« Mgr l'Evêque a répondu très obligeamment et a témoigné aux députés la plus grande sensibilité de la démarche de l'Assemblée, en les assurant qu'il s'empresserait toujours de concourir à ses vues, et qu'il n'avait dans la circonstance présente d'autres regrets que de ne pouvoir pas répondre à ses désirs, attendu l'indisposition qui lui était survenue et dont il n'était pas encore rétabli.

« Les députés de retour, ayant rendu compte à l'Assemblée de leur mission, M. le président a prié M. l'abbé Rahoux de vouloir bien célébrer la messe » (2).

Le surlendemain, lundi 5 novembre, à 9 heures du matin, « tous les membres de l'Assemblée se sont rendus en l'église de l'abbaye de Notre-Dame du Bourgmoyen et y ont assisté à la messe du Saint-Esprit qui a été célébrée par M. l'abbé Rahoux, chanoine de l'église de Blois et député du Clergé pour ladite élection

« M. le curé de Poulaine, député du Clergé pour l'élec-

---

(1) A. L.-et-Ch., C 4, f. 7 r°, 3 nov. 1787.
(2) A. L.-et-Ch., C 4, f. 8 r°, 3 nov. 1787.

tion de Romorantin, y a prononcé un discours analogue à la circonstance, dans lequel il a exposé les avantages que les peuples pouvaient se promettre de l'établissement des Assemblées provinciales, et a exprimé le vœu de la reconnaissance nationale pour le souverain et le ministre coopérateur de cette sage et utile institution.

« La messe dite, l'Assemblée... s'est rendue à l'hôtel de ville où elle a tenu sa seconde séance générale.

« M. le président a commencé par remercier, au nom de l'Assemblée, M. l'abbé Rahoux, de ce qu'il avait bien voulu célébrer la messe du Saint-Esprit.

« Il a fait pareils remercîments à Monsieur le curé de Poulaine du discours qu'il a prononcé et lui a témoigné combien l'Assemblée avait été satisfaite de la manière dont il avait rempli son objet » (1).

Un discours du procureur-syndic Pajon de Chambeaudière (2) préluda aux travaux de l'Assemblée. Cette allocution élogieuse et emphatique montre bien cependant avec quel enthousiasme les esprits éclairés accueillaient les nouvelles assemblées.

Il commença par demander pour lui-même l'indulgence de l'Assemblée et par faire la part des multiples difficultés qu'elle allait avoir à surmonter, en constatant « que tel est le sort des établissements naissants que rarement leurs premiers fondateurs sont les premiers témoins de leurs succès, et qu'il faut plus compter sur leurs bonnes volontés que sur des lumières et des talents qui ne peuvent être que le fruit de l'expérience ou de l'habitude des affaires » (3).

« Qui de vous, Messieurs, dit-il ensuite, n'est pas aussi

(1) A. L.-et-Ch., C 4, f. 8 v°, 5 nov. 1787.
(2) Pajon de Chambeaudière, qui fut le membre le plus actif et le plus occupé de notre administration départementale, semble avoir été le seul des deux procureurs-syndics qui ait rempli effectivement ses fonctions.
(3) A. L.-et-Ch., C 4, f. 10 r°, 5 nov. 1787.

surpris en ce moment de la nouveauté que de l'importance du bienfait dont Sa Majesté veut faire jouir par votre entremise les peuples dont elle vous a confié le département ?

« Quel est le cœur vraiment patriotique qui n'éprouve en ce moment l'émotion la plus délicieuse? Qui ne se sent pénétré des sentiments les plus profonds d'amour, de respect et de reconnaissance pour un souverain qui manifeste sa bonté envers ses peuples par un bienfait aussi éclatant ?

« Oui, Messieurs, depuis ce prince à qui la ville que nous habitons a eu la gloire de donner la naissance et qui reçut des États généraux de son royaume le nom si doux et si sacré de père du peuple, depuis Louis XII enfin, dont on ne se rappelle la mémoire qu'avec attendrissement, lequel de nos souverains le mérite à plus juste titre que celui sous l'empire duquel nous avons le bonheur de vivre aujourd'hui ?

« Qui le mérita jamais mieux, qu'un Roi qui, élevé dans les principes d'une autorité presque arbitraire et sans y être forcé par une calamité étrangère ni domestique, conçoit le noble projet de consulter lui-même les notables de son royaume sur le dérangement de ses finances,

« Qui, loin de l'envelopper dans les ténèbres d'une administration mystérieuse, veut que toutes les parties leur en soient dévoilées,

« Qui, loin de leur déguiser la force du mal, les invite à en sonder toute la profondeur et leur témoigne pour sa guérison le tendre intérêt qui ne peut être connu que d'un cœur vraiment paternel,

« Qui veut que leurs avis soient la base des opérations de son conseil, qui y appelle à cet effet les hommes les plus sages et les plus vertueux de son État et qui éloigne ceux que l'intrigue, l'ambition ou la faveur y avaient introduits pour le malheur de ses peuples,

« Qui, éprouvant de la résistance à l'exécution des desseins que la bonté de son cœur lui a inspirés, ne se sert point de son autorité pour faire cesser la contradiction, mais uniquement pour s'assurer si c'est le vœu général de la Nation qui s'exprime par l'organe des contradicteurs, et qui, en étant bien convaincu, renonce sans se faire aucune violence au droit, en quelque manière reconnu, de faire exécuter sa volonté?

« Quel prince enfin le mérite mieux que celui qui, non content de porter l'économie la plus sévère sur toutes les parties de l'État et jusque dans l'intérieur même de sa maison, non seulement se dispense par ce moyen de charger ses peuples de nouveaux impôts, mais cherche encore à alléger le poids des anciens en établissant pour leur répartition une forme qui concilie également et les droits de son autorité et les principes de la justice que tous les citoyens ont droit de réclamer.

« Tel est cependant, Messieurs, le tableau raccourci, mais exact, des événements que le cours de cette année a vu se succéder avec une rapidité presque sans exemple dans les fastes de notre Monarchie, et combien votre admiration n'augmenterait-elle pas s'il m'était loisible ou convenable de vous retracer de même les autres événements qui ont signalé le cours de son règne glorieux et dont le récit sera pour les âges qui nous suivront, une des époques les plus mémorables de notre histoire.

« Après avoir acquitté ce tribut de notre reconnaissance envers Sa Majesté, pourrions-nous nous dispenser, Messieurs, de nous acquitter aussi publiquement de celui que nous devons au ministre qu'il a choisi pour le principal dépositaire de sa confiance et le digne coopérateur de ses nobles desseins, à ce ministre qu'il a en quelque manière plutôt reçu de l'acclamation publique qu'il ne l'a choisi, dont l'activité, la sagesse, les talents et la haute vertu dirigent toutes les actions, dont le génie veille pour ainsi dire en ce moment au bonheur de la France, et dont presque tous les jours l'heureuse influence se fait sentir par de nouveaux effets ?

« C'est sans doute à cette heureuse influence que nous sommes redevables de la composition de l'Assemblée provinciale dans laquelle le département est situé, et, n'en eussions nous reçu que ce seul bienfait, il suffirait pour graver dans nos cœurs le sentiment de la plus juste reconnaissance.

« Comment, en effet, Messieurs, n'applaudirions-nous pas avec tout le public au choix d'une pareille Assemblée ? Était-il possible de réunir à la fois plus de zèle, de talents, de lumières et de vertus, et pouvait-elle être plus dignement présidée que par un descendant de l'illustre maison de Montmorency, dont l'origine se confond avec celle de la Monarchie et dont la naissance ne sert qu'à rehausser l'éclat de ses vertus ?

« Ce serait peut-être ici, Messieurs, le lieu de vous parler du mérite particulier de chacun des membres qui composent la vôtre, mais, comme mon éloge pourrait être suspect et que d'ailleurs le public n'aime point à être prévenu dans ses jugements, je lui abandonne le droit dont il est en possession et contre lequel toute réclamation serait inutile. Je me bornerai seulement à vous témoigner tous mes regrets de ce qu'un plus grand nombre de citoyens connus n'a pu trouver ici (à cause du petit nombre auquel nous étions fixés) la place destinée à ses vertus et à ses talents ; notre travail plus partagé en eût sans doute été moins pénible, nos connaissances plus multipliées et notre désir de mériter la confiance publique couronné d'un succès plus sûr et plus prompt. Vous auriez augmenté le nombre de vos défenseurs en même temps que diminué celui de vos détracteurs, et, débarrassés des obstacles que suscite souvent la basse jalousie ou la crainte de la réforme des abus, vos premiers pas eussent été plus assurés et vos progrès plus rapides. Mais, ce que vous ne pourrez peut être obtenir dans les premiers moments, soyez sûr que vous l'obtiendrez par votre application constante à bien faire et qu'il n'y aura bientôt qu'une opinion sur votre compte. D'ailleurs ces mêmes citoyens que nous regrettons seront les premiers à se regarder comme les membres d'une famille commune dont ils sont un jour destinés à partager l'héritage et par conséquent intéressés à le défendre dès à présent contre toute invasion étrangère.

« Je ne vous parlerai point, Messieurs, de M. le président, dont la nomination est un nouveau bienfait duquel nous sommes redevables à Sa Majesté seule, parce que sa modestie se répugnerait à accepter un témoignage aussi public de ma reconnaissance. D'ailleurs nous le connaissions presque tous auparavant par son mérite personnel et, s'il en est quelqu'uns qui n'eussent point cet avantage avant de prendre séance parmi vous, ils doivent être présentement bien convaincus qu'il eût été difficile à Sa Majesté de désigner dans l'Ordre qu'elle a choisi un chef plus digne de vous présider.

« Quels avantages ne devons-nous donc pas nous promettre, Messieurs, de commencer sous de si heureux auspices à poser les fondements d'un édifice qui a pour base la confiance et pour objet la félicité publique » (1).

Pour préparer l'étude des différentes questions dont elle avait à s'occuper, l'Assemblée dut se diviser en bureaux. Le premier s'occupa des questions concernant la taille,

(1) A. L.-et-Ch., C 4, ff. 10 v° et 11 r° et v°, 5 nov. 1787.

capitation et accessoires ; le second des vingtièmes, sols pour livre, etc.; le troisième avait pour objet les travaux des grandes routes, ateliers de charité et autres ouvrages publiques ; le quatrième était chargé de l'examen des règlements, projets de bien public et autres affaires extraordinaires (1). « On se divisa en bureaux, écrit le comte de Dufort ; comme président je les inspectais, et je m'aperçus sans peine que, dans nos Assemblées où tant d'intérêts se combattaient, il fallait beaucoup de sagesse pour ramener les esprits aux vrais buts » (2). Les procès-verbaux des séances laissent entrevoir parfois les divergences d'opinions et d'intérêts qui partageaient l'Assemblée ; mais ils ne sauraient sans doute donner idée de la vivacité des débats et de l'ardeur des passions qu'il était si difficile de réprimer.

Quoiqu'il en soit, ces bureaux, qui étaient chacun composés des hommes que leurs goûts ou leurs connaissances désignaient plus spécialement pour l'étude des matières dont ils avaient à s'occuper, s'entouraient de tous les renseignements nécessaires pour résoudre les questions qui leur étaient soumises. Ce travail préparatoire une fois terminé, un des membres les plus autorisés de chaque bureau était chargé de rédiger un rapport qui était lu à une séance de l'Assemblée. Après avoir entendu ce rapport, l'Assemblée votait les décisions qu'elle croyait devoir prendre au sujet des questions qui avaient été discutées. Ces rapports très circonstanciés consignés dans le registre des délibérations sont pour nous de précieux documents, que nous mettrons largement à contribution, sur les différents objets dont s'occupa l'Assemblée de département et que nous allons étudier dans les chapitres suivants.

(1) A. L.-et-Ch., C 4.
(2) *Mémoires* du comte Dufort de Cheverny.

IV. *Division du territoire* (1)

Une des premières questions dont eut à s'occuper l'Assemblée, car elle faisait partie de l'organisation de la nouvelle administration, fut la division de son territoire. L'Assemblée préliminaire avait déjà provisoirement divisé le département en six arrondissements, pour pouvoir procéder à la nomination des députés qui devaient la compléter ; c'était la seule question importante que le Bureau intermédiaire avait eu le temps d'étudier avant la première réunion de l'Assemblée de département et que le procureur-syndic Pajon de Chambeaudière put exposer au début de cette session. On sait combien de fois furent remaniées nos divisions territoriales depuis cette première tentative jusqu'à la solution définitive de l'an VIII ; il n'est pas sans intérêt de voir comment pour la première fois on avait abordé la question et à quel résultat on était arrivé.

Là comme en tout l'administration provinciale n'eut pas la hardiesse des régimes qui suivirent : elle cherchait à tirer le meilleur parti possible de nos anciennes institutions, plutôt qu'à les remplacer par de radicales innovations. Nous avons vu que pour former les départements on avait adopté les limites des anciennes élections ; cette division était fort imparfaite. Très irrégulier, le département de Blois et Romorantin s'étendait en certains points, du côté de Graçay et de Vatan, fort loin du siège de l'administration centrale qui se tenait à Blois. D'autres

---

(1) La carte que nous publions au début de cet ouvrage permettra de se rendre compte des différentes divisions du territoire dont nous allons parler. Nous n'avons eu en dressant cette carte d'autre prétention que de grouper les paroisses de chaque élection et de chaque arrondissement dans des limites dont le tracé est forcément arbitraire : les limites sur le terrain n'existaient pas alors, et les cartes de la généralité divisée en élections que nous possédons sont trop inexactes au point de vue topographique pour nous servir de guide (Cf. p. 52, note 2).

villes, au contraire, beaucoup plus rapprochées de Blois, se trouvaient appartenir à un autre département et même à une autre généralité.

C'était le cas de la ville de Selles-en-Berry (Selles-sur-Cher), enclavée de toutes parts dans l'élection de Romorantin, à dix lieues de Blois, n'ayant de routes, de commerce, de rapports qu'avec la généralité d'Orléans, et qui était cependant de la généralité de Bourges. « Elle se regarde, disait un député de l'Assemblée provinciale, comme un homme à talent qui est déplacé et qui reprendrait aisément toute sa valeur s'il était à sa place. Il est doux de penser, ajoutait-il, que, dans le physique comme dans le moral, il n'y a souvent qu'à rendre les choses à l'ordre le plus simple et le plus naturel pour assurer le bien public » (1).

Le cas de Selles n'était d'ailleurs pas isolé. Ainsi Thenay qui faisait partie de la généralité de Tours (élection d'Amboise) était enclavé entre l'élection de Blois dont dépendait Pont-Levoy et celle de Romorantin dont dépendait Monthou-sur-Cher. Inversement, la ville de Vatan et les paroisses de Fontenay et la Chapelle-Saint-Laurian formaient un îlot dépendant de l'élection de Romorantin isolé dans la généralité de Bourges dont faisaient partie les paroisses de Guilly, Saint-Florentin et Reboursin. De même la paroisse de Nohant-en-Graçay était séparée du reste de l'élection de Romorantin par la paroisse de Coulons dont dépendait un faubourg de Graçay et celle d'Avexy, faisant toutes deux partie de la généralité de Bourges (2).

(1) Ass. Pr., pp. 298 et 299, 12 déc. 1787.
(2) Sur certaines cartes du xviiie siècle, par exemple la « Carte de la généralité d'Orléans divisée en élections, dédiée à Messire Jean de Creil », dont un exemplaire est conservé à la bibliothèque d'Orléans, ces paroisses isolées sont rattachées au reste de leur élection par une étroite bande de terrain ; mais cette disposition est toute artificielle et quelquefois n'a pu être adoptée que grâce à l'inexactitude topographique de ces cartes.

L'Assemblée provinciale avait bien proposé d'échanger avec la généralité de Bourges la ville de Selles contre celle de Graçay (1), mais les anciennes divisions territoriales devaient disparaître avant qu'on leur eût apporté cette légère amélioration.

Pour la formation des arrondissements, l'Assemblée de département n'était, au contraire, entravée par aucune division préexistante; aussi essaya-t-elle de l'établir d'une manière logique et satisfaisante. L'Assemblée préliminaire avait divisé le département en six arrondissements, qui avaient pour chefs-lieux Blois, Mer, Contres, Romorantin, Graçay et Saint-Aignan (2). Dans cette division provisoire le chiffre des impositions payées par les divers arrondissements était fort différent. L'Assemblée de département chercha, du moins pour l'élection de Blois, à rétablir l'équilibre sur ce point; le taux des impositions devait être en effet la principale base de cette division.

Pour y arriver, le procureur-syndic Pajon de Chambeaudière proposa à l'Assemblée, dans un rapport très circonstancié (3), de détacher de l'arrondissement de Mer, pour les rattacher à celui de Contres, toutes les paroisses du premier de ces arrondissements situées sur la rive gauche de la Loire (Muides, Saint-Dyé, Chambord, Maslives, Huisseau, Montlivault et Saint-Claude); les paroisses de Villebarou et de Saint-Victor (aujourd'hui La Chaussée) auraient aussi été détachées de l'arrondissement de Mer pour passer dans celui de Blois, et celles de Candé et des Montils passaient de celui de Contres dans celui de Blois.

Ce nouvel arrangement évitait en outre deux inconvénients du premier projet. « Le premier....., disait Pajon de Chambeaudière, c'est la communication des paroisses

(1) Ass. Pr., p. 298, 12 déc. 1787.
(2) A. L.-et-Ch., C 4, ff. 3 v° et 4 r°, 15 oct 1787.
(3) A. L.-et-Ch., C 4, ff. 12 v°, 13 et 14 r° et v°, 5 nov. 1787.

[situées au-delà de la Loire] avec celle de Mer, qui, n'ayant lieu que par le moyen de la Loire, peut être par conséquent interrompu d'un moment à l'autre, soit par une inondation, soit par des glaces, et peut-être dans un moment où la correspondance du chef-lieu avec les diverses parties de son arrondissement exigera la plus grande activité. Le second..... est celui qui résulte de la diversité du sol qui..... est absolument différent d'un bord de la rivière à l'autre et qui par conséquent doit influer beaucoup dans un pareil arrangement ». « Quel inconvénient ne serait-ce pas de mettre pour ainsi dire un obstacle [aux travaux de l'Assemblée], ajoutait le procureur-syndic, par une opération qui semble contrarier le plan indiqué par la nature elle-même ».

A la vérité, dans cette combinaison, le chiffre des impositions n'était pas encore absolument le même pour les trois arrondissements (il était de 191.067 l. pour celui de Blois, de 181.127 l. pour celui de Mer et de 190.706 l. pour celui de Contres); mais le Bureau intermédiaire pensait qu'il ne fallait pas attacher une importance excessive à cette question; il était même d'avis d'augmenter la différence en laissant dans l'arrondissement de Blois la paroisse de Saint-Victor comme faisant partie de la banlieue de cette ville, et il rejetait une autre combinaison moins pratique quoique amenant plus d'égalité dans les impositions. Enfin, il proposait de substituer à Contres, comme chef-lieu de l'arrondissement de ce nom, la paroisse de Cour-Cheverny qui était plus centrale et payait un chiffre plus élevé d'impositions.

L'Assemblée de département ratifia ces conclusions sur la formation des arrondissements de l'élection de Blois. Quant à l'élection de Romorantin, le Bureau intermédiaire n'avait pu encore se procurer des renseignements suffisants sur ses impositions; la division provisoire de cette élection faite par l'Assemblée préliminaire fut donc maintenue (1). Il y avait cependant, au point de vue des impositions, une différence beaucoup plus grande entre ses arrondissements qu'entre ceux de l'élection de Blois : la contribution payée par celui de Romorantin était en effet supérieure à celle payée par les deux autres réunis (2), ce qui était bien loin de l'égalité fiscale qui devait servir de base à la division du territoire.

Les deux élections se trouvèrent, en conséquence, divisées comme il suit (3) :

ÉLECTION DE BLOIS

Arrondissement de Blois : Ville de Blois et ses quatre paroisses taillables (4) : Saint-Honoré, Saint-Nicolas, Saint-Saturnin et Saint-Solenne ; Candé ; Chailles ; Chambon ; Chouzy ; Coulanges ; Françay ; Jussay (5) ; Landes ; les Montils ; Mesland ; Monteaux ; Onzain ; Orchaise ; Prunay (6) ; Saint-Gervais ; Saint-Lubin-en-Vergonnois ; Saint-Secondin ; Saint-Sulpice ; Saint-Victor (7) ; Santhenay ; Seillac ; Vineuil.

(1) A. L.-et-Ch., C 4, fl. 22 v° et 23 r°, 10 nov. 1787.
(2) Cf. les tableaux que nous publions plus loin au chapitre des impositions.
(3) Nous avons établi cette liste d'après celle donnée par le procès-verbal de l'Assemblée de département du 15 octobre 1787 (A. L.-et-Ch., C 4, ff. 3 v° et 4 r°), rectifiée pour l'élection de Blois par le procès-verbal du 10 novembre 1787 (A. L.-et-Ch., C 4, ff. 22 v° et 23 r°). Nous avons dû cependant rectifier quelques omissions commises par ces listes (les paroisses de Châteauvieux, Menetou-sur-Nahon n'y sont pas portées) en nous appuyant sur les états de répartition de la taille pour les élections de Blois et Romorantin (A. Loiret, C 1244). Notons que les listes de paroisses composant ces deux élections déjà publiées par Bergevin et Dupré (*Histoire de Blois*, t. II, p. 651) et par Dupré (*Recherches historiques sur Romorantin et la Sologne*, Loir-et-Cher historique, 1893) sont assez inexactes.
(4) Cf. plus loin, p. 58.
(5) Aujourd'hui commune d'Herbault.
(6) Aujourd'hui réuni à Seillac.
(7) Aujourd'hui commune de La Chaussée.

Arrondissement de Mer : Mer ; Aulnay (1) ; Averdon ; Champigny ; Conan ; Cour-sur-Loire ; Fossé ; La Chapelle-Saint-Martin ; La Chapelle-Vendômoise ; La Madeleine-Villefrouin ; Marolles ; Maves ; Menars ; Mulsans ; Saint-Bohaire ; Saint-Denis ; Saint-Christophe, Saint-Lubin et Saint-Martin de Suèvres ; Talcy ; Villebarou ; Villefrancœur ; Villerbon ; Villexanton.

Arrondissement de Cour-Cheverny : Cour-Cheverny ; Bracieux ; Chambord ; Chaumont ; Chitenay ; Cheverny ; Contres ; Couddes ; Courmesmin ; Feings ; Fontaine ; Fougères ; Fresnes ; Huisseau ; Maslives ; Mont ; Montlivault ; Mouthou-sur-Bièvre (2) ; Muides ; Ouchamps ; Pontlevoy ; Saint-Claude ; Saint-Dyé ; Sambin ; Sassay ; Sellettes (3) ; Seur ; Soings ; Tour-en-Sologne ; Valaire.

ÉLECTION DE ROMORANTIN

Arrondissement de Romorantin : Romorantin ; la Ferté-Beauharnais ; Langon ; Lanthenay ; Lassay ; L'Hôpital (4) ; Loreux ; Marcilly-en-Gault ; Millançay ; Monthault (5) ; Mur ; Nançay ; Neung ; Orçay ; Pruniers ; Salbris ; Selles-Saint-Denis (6) ; Souesmes ; Theillay ; Tremblevif (7) ; Veilleins ; Vernou ; Villefranche ; Villeherviers.

Arrondissement de Saint-Aignan : Saint-Aignan-ville ; Saint-Aignan-hors-l'enclos (8) ; Billy ; Chabris ; Château-

(1) Aujourd'hui réuni à Mer.
(2) Aujourd'hui Monthou-sur-Bièvre.
(3) Aujourd'hui Cellettes.
(4) Aujourd'hui réuni à Villefranche.
(5) Aujourd'hui réuni à Lanthenay.
(6) Comprenait les bourgs de Saint-Genou (aujourd'hui commune de Selles-Saint-Denis) et de la Ferté-Imbault (aujourd'hui commune de ce nom).
(7) Aujourd'hui Saint-Viâtre.
(8) Cf. plus loin, p. 58.

vieux ; Châtillon-sur-Cher ; Chémery ; Choussy ; Couffy ; Gièvres ; Gy ; Lye ; Mehers ; Menetou-sur-Nahon ; Meusnes ; Monthou-sur-Cher ; Noyers ; Oisly ; Parpeçay ; Paulmery (1) ; Rougeou ; Saint-Romain ; Seigy ; Sembleçay (2) ; Thézée ; Varennes ; Villedieu (3).

Arrondissement de Graçay : Graçay ; Aize ; Anjoing ; Bagneux ; Buxeuil ; Châtres ; Doulçay (4) ; Dun-le-Poëlier ; Fontenay ; La Chapelle-Moine-Martin (5) ; La Chapelle-Saint-Laurian ; Maray ; Mennetou-sur-Cher ; Méry-sur-Cher ; Nohant-en-Graçay ; Orville ; Poulaine ; Saint-Christophe-en-Bazelle ; Saint-Julien ; Saint-Loup ; Saint-Oustrille ; Saint-Phallier réuni à Notre-Dame-de-Graçay ; Sainte-Cécile ; Theniou ; Saint-Christophe et Saint-Laurent de Vatan.

L'administration du département s'occupa aussi d'apporter quelques modifications aux divisions municipales. La Commission intermédiaire provinciale lui demanda de dresser un tableau des paroisses composées d'un trop petit nombre de feux qui devaient être réunies aux municipalités voisines et des hameaux qui formaient précédemment des collectes distinctes de celles de la paroisse et qui devaient de même y être réunis (6).

Ailleurs elle déplaça le siège de la paroisse et de sa municipalité ; c'est à cette époque que la paroisse de Jussay, qui ne comptait plus alors que deux ou trois maisons, fut transférée au gros bourg d'Herbault, siège d'un marquisat-pairie, d'une justice dont le ressort était très étendu, d'un grenier à sel, d'un bureau de contrôle des actes et

---

(1) Aujourd'hui commune de La Vernelle.
(2) Aujourd'hui réuni à Dun-le-Poellier.
(3) Aujourd'hui réuni à Gièvres.
(4) Aujourd'hui réuni à Maray.
(5) Aujourd'hui la Chapelle-Mont-Martin.
(6) Lettre de la c. i. au b. i., 30 janv. 1789. A. L.-et-Ch., C 34.

contrôle des aides, où se tenaient deux foires par an et un marché très fréquenté, et qui pourtant n'était jusque-là qu'un simple hameau (1).

Certains bourgs qui comprenaient plusieurs paroisses, comme Suèvres et Vatan, eurent aussi plusieurs municipalités. En certains endroits même, il y eut deux municipalités dans la même paroisse ; en effet, quelques paroisses comprenaient deux communautés distinctes, ayant leurs rôles d'impositions séparés et pouvant même appartenir à deux élections différentes ; c'était le cas de Landes, Villefrancœur et Champigny, dont une partie seulement faisait partie de l'élection de Blois et l'autre de celle de Vendôme. Dans certaines villes on distinguait l'intérieur de la ville et la banlieue ; ainsi Saint-Aignan-ville et Saint-Aignan-hors-l'enclos formaient deux communautés distinctes ayant chacune leur municipalité.

A Blois, la distinction de la ville et de la banlieue existait de longue date. La ville était franche de taille et la répartition des impôts y était faite par la municipalité ; la banlieue, au contraire, était soumise à la taille et la répartition y était faite par les collecteurs comme dans les paroisses rurales. La municipalité de Blois ne représentait que la ville même, et en 1787 chacune des « paroisses taillables » de Blois nomma une Assemblée municipale. Ces « paroisses taillables », au nombre de quatre (Saint-Solenne, Saint-Honoré, Saint-Nicolas et Saint-Saturnin), ne comprenaient, en réalité, que la partie de ces paroisses située en dehors de la ville. Ces circonscriptions administratives offraient cette curieuse particularité d'avoir leur église paroissiale située en dehors de leur territoire, ces églises se trouvant dans l'intérieur de la ville.

(1) Extrait des registres du Conseil d'État du 8 nov. 1789. A. Loiret, C 898. V. aussi : A. Loiret, C 9 (Lettre de Robillard à La Millière, 5 fév. 1789) et A. Loiret, C 894, f. 273 r°, 15 janvier 1790.

Il est d'ailleurs assez difficile de fixer exactement les limites de la ville et des paroisses taillables. On a dit que la ville ne comprenait que la partie comprise dans l'ancienne enceinte fortifiée et que les paroisses taillables commençaient à partir de cette enceinte (1). On s'est appuyé surtout pour soutenir cette opinion sur la charte de Louis XII accordant la franchise des tailles « à iceux bourgeois, manans et habitans demeurans, et qui cy-après demeureront ou corps et enclosture de laditte ville [de Blois] » (2). Mais nous croyons qu'à l'époque qui nous occupe il en était autrement.

En effet, nous verrons plus loin (3) que la municipalité faisait faire la collecte de la capitation roturière dans le faubourg de Vienne et dans le Bourg-Neuf; ces deux faubourgs situés en dehors des murailles faisaient donc partie de la ville et jouissaient de la franchise des tailles.

D'autre part, nous voyons par le procès-verbal d'élection de l'Assemblée municipale que la paroisse taillable de Saint-Solenne ne comptait que 15 feux. Cette paroisse aurait été beaucoup plus importante si elle avait compris toute la partie de la ville dépendant de Saint-Solenne et située en dehors des fortifications, c'est-à-dire tout le Bourg Saint-Jean et le Haut-Bourg. Il en est de même pour la paroisse taillable de Saint-Saturnin qui ne comptait que 63 feux et, par conséquent, devait comprendre seulement la banlieue de Vienne et non tout le faubourg. Au contraire, la paroisse taillable de Saint-Honoré, qui comprenait les hameaux de Villejoint, de Villiersfins et des Granges, comptait 219 feux, et celle de Saint-Nicolas, qui

---

(1) Dupré, *Étude sur les institutions municipales de Blois*, Orléans, Herluison, 1875, p. 32. — Bergevin et Dupré, *Histoire de Blois*, Blois, Dézairs, 1847, t. II, p. 359 à 365.
(2) Bernier, *Histoire de Blois*, Paris, 1682, p. XXXVII des preuves.
(3) Ch. IV.

comprenait les Grouëts, en comptait 153. Quant au faubourg du Foix, il faisait sans doute partie de la ville (1).

En somme, il semble que la ville proprement dite (jouissant de la franchise des tailles et représentée par sa municipalité) se composait de toute l'agglomération, y compris les faubourgs, et que les paroisses taillables ne comprenaient que les hameaux et maisons isolées de la banlieue.

(1) Procès-verbaux des Assemblées municipales de Saint-Honoré, Saint-Nicolas, Saint-Solenne et Saint-Saturnin, A. L.-et-Ch., C 12, 13, 14 et 15.

CHAPITRE II

LES ASSEMBLÉES MUNICIPALES

I. *Élection des municipalités. Conditions censitaires.* — Composition et mode d'élection des Assemblées municipales. — Proportion des électeurs et des éligibles. — Retard dans la formation des municipalités. — Lettre de Necker et avis de la Commission intermédiaire. — Difficultés causées par les conditions censitaires dans la formation des municipalités. — Projets pour y remédier : Réunion de paroisses ; Diminution de la contribution exigible ; Appel des propriétaires étrangers à l'Assemblée municipale. — La municipalité de Chambord. — Les municipalités de 1787 ont-elles été formées dans toutes les paroisses ? — Caractère libéral de la réforme municipale de 1787.

II. *Difficultés de fonctionnement des municipalités.* — Difficulté de trouver des syndics et des greffiers. Projet de réunion de ces deux places dans certaines paroisses. — Inconvénient de la charge de membre de l'Assemblée municipale et de celle de syndic. — Démissions de syndics. Refus de quelques municipalités d'accepter ces démissions. — Lettre du syndic de Vienne. — Envoi d'imprimés aux municipalités. — Lettre du contrôleur général sur les démissions des syndics et officiers municipaux. — Avis de la Commission intermédiaire pour les greffiers. — Conflits entre les syndics paroissiaux et les syndics municipaux. — Conflits entre les municipalités et les officiers de justice.

III. *Présidence des Assemblées municipales.* — Règlement. — Droit à la présidence du seigneur de clocher de préférence à tout autre. — Droit à la présidence du fondé de pouvoir du seigneur. — Les députés du Clergé demandent que la présidence soit accordée aux curés de préférence aux syndics. Protestation d'un député du Tiers état. — Décision de l'Assemblée provinciale.

IV. *Les anciennes municipalités.* — Maintien des anciennes municipalités. Objections contre cette mesure. — Difficultés causées par le duc d'Orléans à Romorantin — Remplacement de la municipalité de Mer. - Modifications apportées aux anciennes municipalités.

I. *Élection des municipalités. Conditions censitaires*

Nous avons dit que les édit et règlements de 1787, en même temps que les Assemblées provinciales et de département, instituaient une Assemblée municipale dans chaque communauté. C'étaient les députés de ces assemblées qui devaient se réunir dans chaque arrondissement pour élire les membres de l'Assemblée de département, qui devaient eux-mêmes être choisis parmi les membres des municipalités Nous avons vu que ces élections n'eurent jamais lieu ; il en fut autrement pour les municipalités de 1787 qui furent réellement des assemblées électives.

Il fut créé une Assemblée municipale dans toutes les paroisses qui n'avaient pas encore de municipalité. Elle se composait du seigneur de la paroisse (1), du curé et de trois, six ou neuf membres, suivant que la communauté contenait moins de cent feux, de cent à deux cents ou plus de deux cents feux. Il y avait, en outre, un syndic qui avait voix délibérative et était chargé de l'exécution des mesures résolues par l'Assemblée (2). La participation du seigneur et du curé aux affaires de la communauté peut être considérée comme une innovation ; mais il est probable qu'en

---

(1) Lorsqu'il y avait plusieurs seigneurs, un seul faisait partie de l'Assemblée. V. plus bas p. 80.
(2) Règl. 18 juill. 1787. Ass. pr. Pr., pp. 17 et 18.

fait leur présence aux Assemblées municipales dut être assez rare.

Les membres électifs, le syndic et un greffier étaient élus par l'Assemblée paroissiale. Celle-ci était composée de tous ceux qui payaient dix livres et au-dessus d'impositions foncières ou personnelles dans la paroisse. Elle devait se tenir le premier dimanche d'octobre ; mais la première année, elle fut convoquée le 9 septembre 1787, en vertu d'une « ordonnance de Monseigneur l'intendant, adressée aux syndic, propriétaires, habitants et bien tenants de la paroisse ». Ce jour-là, dans toutes, ou du moins dans la plupart des paroisses, l'Assemblée se réunit à l'issue des vêpres, sous la présidence du syndic paroissial. Le seigneur et le curé n'y assistaient pas. Les élections se faisaient à voix haute, un grand nombre de membres ne sachant pas écrire. Toute personne noble ou non noble ayant vingt-cinq ans accomplis, étant domiciliée dans la paroisse au moins depuis un an et payant au moins trente livres d'impositions foncières ou personnelles, pouvait être élue membre de l'Assemblée municipale (1).

On peut se demander dans quelle proportion ces conditions censitaires réduisaient le nombre des électeurs et des éligibles aux Assemblées municipales, et, par suite, aux autres assemblées, puisque les députés des Assemblées de département et provinciales devaient être pris à l'avenir parmi les membres des municipalités. Il faudrait, pour répondre à cette question, connaître, dans les différentes paroisses, le total des impositions payées par chaque contribuable. Les documents nous manquent malheureusement pour résoudre la question d'une façon complète pour le département de Blois et Romorantin. Les archives de

(1) Procès-verbaux des Assembles paroissiales. A. L.-et-Ch., C 12, 13, 14, 15, 18.

Loir-et-Cher possèdent un assez grand nombre de rôles de tailles, mais on y trouve beaucoup moins de renseignements sur les autres impositions, notamment sur les vingtièmes. Plusieurs communes possèdent encore des rôles de tailles et de vingtièmes, mais nous avons dû renoncer à y trouver une série d'informations suffisamment complète. Des renseignements nous sont encore fournis par des tableaux d'impositions dressés par les municipalités, dont nous reparlerons plus loin (1) et dont nous avons conservé un certain nombre (2); mais ces tableaux sont bien souvent, comme nous le verrons, inexacts et surtout incomplets. Cependant, si nous avons dû renoncer à une statistique générale pour tout le département, quelques-uns de ces tableaux dressés avec plus de soin nous permettent d'étudier la question pour quelques paroisses.

Sur 100 habitants payant plus de 10 livres d'impositions et, par suite, étant électeurs, le nombre des non électeurs payant moins de 10 livres varie de 32 à 54 dans la plupart des paroisses (Averdon, Chailles, Champigny, La Chapelle-Vendômoise, Fossé, Maslives, Monteaux, Saint-Dyé, Vineuil). Il dépasse ce chiffre à Saint-Bohaire et ne l'atteint pas à Montlivault, Muides et Coulanges; à Villebarou il n'y aurait que 9 non électeurs pour 100 électeurs. En moyenne, le nombre des non électeurs atteint 35 % de celui des électeurs; c'est-à-dire que les trois quarts environ des contribuables étaient électeurs. Il est vrai que ces calculs ne portent que sur les contribuables, et le nombre des non électeurs se trouve un peu augmenté si on y joint celui des indigents qui ne payaient aucune contribution.

Sur 100 électeurs payant plus de 10 livres d'imposition, le nombre des habitants éligibles payant plus de 30 livres

(1) V. ch. III.
(2) A. L.-et-Ch., C 18.

varie entre 42 et 64 dans le plus grand nombre des paroisses (Averdon, Chailles, Champigny, La Chapelle-Vendômoise, Fossé, Montlivault, Muides, Saint-Bohaire, Saint-Dyé, Villebarou, Vineuil). Il dépasse 70 à Coulanges, Maslives, Monteaux. En moyenne, les membres éligibles forment environ la moitié du corps électoral et le tiers seulement de l'ensemble des contribuables.

Cette proportion de non électeurs et de non éligibles est moindre que celle fournie par certains auteurs pour d'autres départements. Cela tient peut-être à ce qu'ils ont basé leurs recherches sur les rôles de tailles (comprenant les accessoires et la capitation), et non sur le total de toutes les impositions foncières et personnelles, comme on doit le faire (1). D'ailleurs nos observations concernent un trop petit nombre de paroisses pour que nous puissions leur donner une portée bien générale.

La création de ces Assemblées municipales semble n'avoir suscité dans bien des campagnes qu'un assez médiocre enthousiasme. Le peuple méfiant et ignorant était encore loin d'être préparé au rôle politique qu'on voulait lui faire jouer. « Il ne suffit pas, disait un député de l'Assemblée provinciale, que le soleil échauffe et éclaire, il faut que l'ignorance et le préjugé ne ferment pas les yeux à ses rayons, ne se refusent pas à ses bienfaits. Ne nous le dissimulons pas, Messieurs, une défiance toujours tremblante

---

(1) Les termes du règlement du 18 juillet 1787 ne laissent pas de doute à ce sujet. Ils sont d'ailleurs clairement expliqués par une lettre des procureurs-syndics provinciaux à ceux du département (A. L.-et-Ch., C 35). « Le contribuable, disent-ils, n'obtient la faculté de voter à l'Assemblée paroissiale et ne peut être élu membre de la municipalité que relativement au taux qu'il paye de toutes impositions foncières et personnelles... Ainsi, par exemple, un contribuable payant 3 livres de taille en principal et pareille somme en accessoires, 15 sols de prestation en argent et 3 livres 5 sols de vingtième, supportera une imposition de 10 livres au moyen de laquelle il aura le droit de voter à l'Assemblée de paroisse ».

règne encore dans les campagnes. Vos premiers ordres d'Assemblées de département n'ont, en quelques endroits, réveillé que des soupçons. C'est ici, surtout, qu'il faut être vrai. Et nous vous dirons : nous avons entendu un pauvre laboureur, au seul nom de nouvelles assemblées, s'écrier dans l'expression très triviale, mais très énergique, de la crainte : *Hé quoi ! encore de nouvelles mangeries!* Vous êtes surpris, Messieurs, d'un pareil blasphème. Mais l'homme si souvent trompé, n'a-t-il pas le droit d'être toujours défiant ? » (1).

Aussi dans bien des villages les Assemblées furent longues à se constituer. Cette formation des municipalités était le principal objet dont eut à s'occuper le Bureau intermédiaire de département dans les premiers moments de son existence. Au mois de janvier 1788, elle était encore loin d'être terminée, malgré les instances du ministre et de l'Assemblée provinciale.

« Les bureaux intermédiaires, écrivait Necker, doivent tout employer pour parvenir à ce but : lettres aux seigneurs, aux curés, aux particuliers faisant encore les fonctions de syndic ; transport de l'un des membres du Bureau intermédiaire dans telle ou telle paroisse voisine du chef-lieu ; ou bien invitation à l'un des membres de l'Assemblée résidant à peu de distance d'une paroisse plus éloignée de se rendre lui-même sur les lieux pour vérifier les motifs ou les prétextes de retard ; aucun moyen enfin ne doit être négligé par les Bureaux intermédiaires pour accélérer cette opération essentielle.

« Si elle n'était point bientôt consommée, c'est-à-dire si toutes les Assemblées municipales n'étaient point en activité, les Assemblées d'élection ou département et l'Assemblée provinciale se trouveraient arrêtées dans leurs

(1) Ass. Pr., p. 296, 12 déc. 1787.

opérations ultérieures et il n'existerait plus une véritable organisation » (1).

« Dans les mandements que vous adresserez aux syndics pour leur donner l'ordre d'assembler leurs municipalités, ajoutait la Commission intermédiaire provinciale, nous vous prions d'avoir le plus grand soin d'y faire paraître tout ce qui peut inviter à la confiance, animer le zèle patriotique et exciter la reconnaissance que l'on doit avoir pour le bienfait des Assemblées provinciales ; que les municipalités ne puissent jamais avoir la pensée que nous ne les assemblons pas pour veiller à leurs intérêts, prendre leur défense et leur faire obtenir la justice que le Roi veut qu'on leur rende... Il est bien essentiel qu'elles soient surveillées, aidées et conseillées dans les premiers commencements » (2).

En fait la formation des municipalités présentait parfois de sérieuses difficultés matérielles. Plusieurs petites paroisses n'offraient aucune ressource pour former ces assemblées : quelques-unes avaient à peine, les unes dix-huit, d'autres douze feux ; il y en avait même une, paraît-il, dans la généralité, qui n'en avait que quatre et une autre deux. D'ailleurs, dans certaines communautés, les conditions censitaires imposées pour être électeur et pour être éligible réduisaient singulièrement le nombre des votants et celui des candidats. Telle localité ne pouvait fournir le nombre suffisant de propriétaires éligibles payant 30 l. d'impositions ; telle autre n'avait pas même assez d'électeurs taxés à 10 l. d'impositions (3). A Chambord aucun des contribuables ne payait assez d'impôts non

---

(1) Lettre du contrôl. gén. à la c. i., 30 janv. 1788 (copie). A. L-et-Ch., C 34.
(2) Lettre de la c. i. au b. i., 5 fév. 1788. A. L.-et-Ch., C 34.
(3) Ass. Pr., pp. 294-295, 12 déc. 1787, et A. Loiret, C 894, f. 108 r°, 13 oct. 1788.

seulement pour être élu, mais même pour être électeur (1).

Plusieurs projets cherchèrent à remédier à cet état de choses. On pensa, tout en gardant à chacune une certaine autonomie, réunir trois ou quatre petites paroisses pour former une assemblée (2). Ce projet qui rappelle les municipalités de canton de la constitution de l'an III n'aurait sans doute pas eu plus de succès. Il eût été préférable de supprimer complètement les paroisses les moins importantes : cette réforme ne devait être accomplie que par la Révolution.

En attendant, il était plus simple d'accroître le nombre des électeurs et des candidats en diminuant le taux d'impositions exigé par le règlement. L'instruction du Roi de novembre 1787 entrevoyait déjà la nécessité de l'abaisser, suivant l'état d'aisance ou de pauvreté des communautés des campagnes (3), et l'Assemblée provinciale décida de supplier le Roi de réduire de 30 l. à 20 l. le taux d'impositions exigé pour être éligible aux Assemblées municipales (4) ; mais nous ne croyons pas qu'on ait donné suite à cette demande.

C'était d'ailleurs une faible concession nécessitée par la pénurie de candidats aux Assemblées des petites paroisses, mais ne modifiant en rien le principe, qu'avait jadis développé Turgot (5) et qu'allait reprendre Condorcet (6), qui considérait la propriété comme le premier titre exigible pour être appelé aux fonctions publiques. On préférait, en effet, appeler un étranger, pourvu qu'il eût des propriétés dans la paroisse, que de nommer un habitant du pays

---

(1) A. Loiret, C 894, f. 130 r° et v°, 6 déc. 1788.
(2) Ass. Pr., pp. 295-296, 12 déc. 1787.
(3) Instr. nov. 1787, 1ʳᵉ partie, § 8. Ass. Pr., p. 38.
(4) Ass. Pr., p. 319, 14 déc. 1787.
(5) Dans l'exposé au Roi de son projet de municipalités (1775).
(6) *Essai sur les Assemblées provinciales.* V. à ce sujet : C. Bloch. *Études sur l'histoire économique de la France*, pp. 122 à 128.

dont la fortune était jugée insuffisante, et l'Assemblée provinciale demanda que les propriétaires qui payaient 20 l. d'impositions dans la paroisse y soient toujours censés domiciliés quand ils s'y trouvaient au jour de l'Assemblée. « En effet, expliquait le rapporteur de cette proposition, la propriété nous semble tenir lieu d'habitation, puisque c'est la propriété qui est le gage de l'intérêt à la chose publique, tandis que l'habitation n'intéresse que la chose privée » (1). Ce singulier jugement semble mieux s'expliquer quand on pense que la répartition des impôts était le rôle principal des nouvelles assemblées ; cependant les petits contribuables, qui malgré la modicité de leurs impositions étaient au moins aussi intéressés dans la question que les plus hauts cotisés, s'en trouvaient exclus. On cherchait aussi par cette mesure à intéresser les gros propriétaires au sort des campagnes où ils avaient des biens et qu'ils avaient presque tous abandonnées à cette époque pour le séjour des villes.

Bien que ces projets n'eussent jamais reçu de sanction officielle, on dut dans la pratique transiger avec la rigueur du règlement pour arriver à former enfin toutes les municipalités. C'est ainsi que pour Chambord, dont l'Assemblée n'était pas encore formée en décembre 1788, plus d'un an après la date réglementaire, la Commission intermédiaire provinciale répondit au Bureau intermédiaire de département « qu'il devait être choisi parmi les plus haut cotisés un nombre suffisant de contribuables pour représenter le général des habitants de la paroisse et pour nommer en son nom les membres de l'Assemblée municipale, lesquels membres devaient être eux-mêmes choisis parmi ceux qui contribuaient davantage à l'impôt, de sorte que le nombre des personnes éligibles fût au moins le triple du nombre des membres » (2).

(1) Ass Pr., pp. 309 et 310, 12 déc. 1787.
(2) A. Loiret, C 894, f. 130 r° et v°, 6 déc. 1788.

Certains auteurs ont été plus loin et ont soutenu que dans bien des paroisses les municipalités de 1787 n'avaient sans doute jamais existé. Nous ne le croyons pas. Le principal argument que l'on donne est l'absence de registres de délibérations à cette époque. Mais ces registres, qui le plus souvent étaient de bien pauvres cahiers, peuvent fort bien avoir été détruits ou égarés (1); il est probable aussi que certaines Assemblées furent très irrégulières et ne tinrent pas de registres. Nous avons pour notre part trouvé des pièces (correspondance, rôles d'impositions, etc.), démontrant l'existence d'un grand nombre de municipalités dans des paroisses dont l'inventaire des archives communales ne signale pas de cahiers de délibérations à cette date.

D'ailleurs les difficultés de formation de la municipalité de Chambord et la correspondance échangée à ce sujet montrent qu'il s'agissait là d'un fait exceptionnel, et nous verrons plus loin, notamment au chapitre des impositions, que le rôle important confié aux Assemblées municipales ne permet guère de supposer qu'elles n'aient pas existé.

Ces municipalités étaient nommées pour trois ans ; le renouvellement devait se faire le premier dimanche d'octobre 1790. Mais, à cette époque, le régime municipal de 1787 avait cessé d'exister. Cependant en 1788 et 1789 eut des Assemblées paroissiales tenues également le premier dimanche d'octobre pour remplacer les morts et les démissionnaires (2).

Malgré les critiques que nous avons formulées, il faut reconnaître que la nouvelle institution des municipalités était très libérale. Si l'on pense, en effet, que sous le régime de l'an VIII, jusqu'en 1831, les Conseils munici-

---

(1) Plusieurs de ces cahiers gisent complètement ignorés dans quelque coin des mairies et ne sont indiqués sur aucun inventaire.
(2) Lettre du contrôl. gén. à la c. i., 7 mars 1788 (copie). A. L.-et-Ch., C 34.

paux furent nommés par le préfet, que jusqu'en 1848 ils furent élus par un suffrage censitaire beaucoup plus restreint que celui de 1787, et que les maires restèrent jusqu'en 1882 à la nomination du pouvoir central, on pourra mieux apprécier la large part laissée aux libertés communales par les règlements de 1787, qui confiaient aux électeurs paroissiaux le choix du syndic et de la majorité des membres de leur municipalité.

D'ailleurs nous verrons que les nouvelles fonctions qui furent confiées aux Assemblées municipales, par exemple pour la répartition des impôts, allaient constituer un véritable progrès. Ces Assemblées étaient, en effet, un rouage important de la nouvelle administration, auquel les Assemblées de département et provinciale allaient constamment avoir recours. Les intendants qui exerçaient une tutelle assez étroite sur les anciennes administrations municipales perdaient encore là une de leurs principales attributions.

On a cependant fait, non sans quelque raison, à la réforme municipale de 1787 le reproche d'être trop brusque et trop profonde. On peut penser, en effet, que les paysans, appelés sans préparation aucune à jouer un rôle important dans la nouvelle hiérarchie administrative, allaient être insuffisants à accomplir la tâche qu'on leur demandait ; aussi l'organisation et le fonctionnement des Assemblées municipales rencontrèrent-ils de nombreuses difficultés qui doivent être étudiées.

II. *Difficultés de fonctionnement des Municipalités*

Si la pauvreté interdisait l'accès des municipalités à un grand nombre d'habitants des campagnes, l'ignorance rendait aussi fort difficile le recrutement des principaux fonctionnaires de ces Assemblées. Dans bien des localités on ne trouva pas un syndic et un greffier sachant lire et écrire ; les élections se faisaient alors par acclamation, et il est à présumer qu'elles ne furent pas toujours très régulières (1). Pour parer à cet inconvénient on choisit sans doute parfois comme syndic quelque propriétaire aisé ; mais souvent il ne résidait pas habituellement dans la commune et n'assistait pas aux séances.

Aussi l'Assemblée de département dut-elle arrêter que « sur l'exposé qui a été fait de la difficulté de trouver dans beaucoup de petites paroisses des personnes qui eussent la capacité nécessaire pour exercer les fonctions de greffier, l'Assemblée provinciale serait priée d'autoriser celle de département à réunir les places de greffiers à celles de syndics dans les paroisses au-dessous de cent feux, et même dans toutes celles où des circonstances particulières et locales lui paraîtraient l'exiger » (2). L'Assemblée provinciale approuva cette proposition et ajouta « que les non-domiciliés qui pourraient être élus syndics, seraient alors tenus de résider dans la paroisse dont ils seraient syndics » (3).

D'ailleurs le poste d'officier municipal et surtout celui de syndic était une lourde charge. Il exigeait de la part de ceux qui l'occupaient beaucoup de loisirs, et la diversité des affaires dont le soin incombait aux nouvelles municipalités, la complexité de cette administration rendaient ces offices bien pénibles pour des campagnards aucunement préparés à ce genre de travaux. Les députés de la Commission intermédiaire provinciale aux prises avec ces difficultés durent bientôt le reconnaître : « Vous jugerez, Messieurs, écrivaient-ils aux députés du Bureau intermédiaire de Blois et Romorantin, combien les différentes

(1) Ass. Pr., p. 295, 12 déc. 1787.
(2) A. L.-et-Ch., C 4, f. 24 r°, 10 nov. 1787.
(3) Ass. Pr., p. 320, 14 déc. 1787.

parties de notre administration sont compliquées et combien il est difficile de mettre ces objets à la portée des municipalités » (1). Leur responsabilité était grande : chargés de la répartition des impôts, ils faisaient beaucoup de mécontents ; nous verrons que ceux-ci portaient parfois leurs griefs devant les tribunaux qui se montraient souvent sévères envers les municipalités (2). Enfin la charge exigeait, paraît-il, quelques frais, peu importants sans doute, mais que ne compensait guère la faible rétribution accordée au syndic, quand l'Assemblée municipale consentait à lui en octroyer.

Aussi, beaucoup des citoyens zélés, qui s'étaient tout d'abord rendus à l'appel de leurs électeurs, renoncèrent bientôt à leurs fonctions, et le Bureau intermédiaire reçut un grand nombre de démissions (3). L'embarras était grand ; souvent les hommes de bonne volonté ne répondaient pas aux conditions censitaires exigées par le règlement, et on ne trouvait parfois que des candidats d'une honorabilité suspecte, n'aspirant au poste de syndic que pour en tirer quelque profit. Les municipalités faisaient alors tous leurs efforts pour conserver leur syndic malgré lui et considéraient sa démission comme non avenue. A Chouzy par exemple les habitants répondent à la démission de leur syndic qu'ils étaient « dans le moment le plus pressé où l'on avait besoin plus que jamais de la présence de M. David pour occuper la place de syndic ; c'est pourquoi toute l'Assemblée a nommé par continuation M. David pour être syndic de la municipalité » (4). Une lettre du syndic de l'Assemblée municipale de la paroisse Saint-Saturnin de Vienne au Bureau intermé-

(1) Lettre du 5 août 1788. A. L.-et-Ch., C 34.
(2) V. plus bas, ch. III.
(3) A. L.-et-Ch., C 18.
(4) A. L.-et-Ch , C 18.

diaire du département nous montre les difficultés que rencontrait la nomination de ces fonctionnaires et nous fournit des renseignements curieux sur les mœurs électorales à cette époque :

« Messieurs, depuis le dimanche 5 octobre (1788) et les dimanches suivants, je tiens Assemblée paroissiale au son de la cloche, à l'issue de la messe paroissiale, pour faire décider les paroissiens à la nomination d'un syndic nouveau et d'un greffier pour l'Assemblée municipale, auxquels moi, syndic, membre et adjoint de ladite Assemblée, nous nous sommes assemblés aux lieu et heure ordinaires, pour y faire la nomination ; mais rien ne s'est déterminé. Pour lors je me suis hasardé de leur demander la somme de cinquante livres pour la dot du syndic et du greffier : ladite somme serait répartie sur la généralité des habitants, comme il est marqué par la lettre datée du 22 septembre 1788. Après lecture faite à haute voix des lettres qui me sont confiées, je leur ai proposé, moi, syndic, que s'ils voulaient consentir à ladite somme, je resterais dans le même emploi et je prendrais un greffier à mon choix, ou, si je faisais l'ouvrage moi seul, j'aurais la somme entière, et que, si je prenais un greffier, tant que la somme ne serait pas suffisante, cela ne regarderait que moi. A ces demandes il se trouve des habitants disant que je suis obligé de tenir dans l'emploi pour rien, d'autres que c'est des impôts que j'ai institués moi-même et que cela ne m'est pas dû, et rien ne s'est décidé. Cela m'oblige, Messieurs, de remercier la paroisse, et je ne veux plus être syndic. Dimanche dernier, le 26 du courant (octobre 1788), je tiens Assemblée comme il est marqué ci-dessus ; il s'y est présenté le nombre de quatorze habitants, non compris deux membres et un adjoint, et le surplus absent, et dans les quatorze il s'en est trouvé plusieurs qui n'avaient pas de voix, vu de leur imposition qui est trop légère suivant l'ordonnance du Roi, auxquels je leur ai fait les questions suivantes : qu'il fallait de toute nécessité se déterminer à la nomination d'un nouveau syndic ou de faire comme j'avais prédit, et qu'il fallait que cela finisse. Pour lors, cela les a fait déterminer à en nommer un autre, auxquels il s'est présenté Michel Breton qui se porte fort de faire la charge de syndic, et qu'il ne demandait rien et qu'elle serait gratuite. Mais tous les membres et adjoints de ladite Assemblée et trois de ces quatorze, ni moi syndic non plus, ne veulent pas y consentir ; pour le surplus [ils] ont porté la voix pour lui. Ce qui fait, Messieurs, que les membres et adjoints de ladite Assemblée et autres habitants ne veulent pas recevoir, c'est que cet homme

« 1° A toujours été nourri et entretenu de la charité..... ; il est pauvre, chargé de trois enfants et filles malades..... [à qui] la charité est obligée de fournir tout ce qui est nécessaire pour un malade ;

« 2° C'est qu'il ne paie que dix-sept livres de toutes impositions, et comme le Roi nous défend par sa lettre du 13 août 1787 de recevoir en charge de membre et de syndic à moins qu'il ne paye au moins trente livres de toutes impositions ;

« 3° C'est que cet homme porte le rôle détaillé cette année pour les collecteurs de 1788. Quoique porteur de rôle et faute de paiement sur son taux, il a été imposé sur un état de travail, et, pour s'éviter de payer les frais, il s'est effacé et a pris un autre qui n'y était point et lui a mis sa même dot des frais, ce qui est à observer, car comme portant le rôle il serait dans le cas d'usurper à l'un et à l'autre, puisqu'il se trouve des plaignants, et qu'il pourrait remplir son taux sans donner de l'argent.

« Messieurs, voilà les questions que j'ai l'honneur de

vous présenter, et je vous prie de les examiner et de m'éclairer comme il faudra s'y prendre » (1).

Au refus systématique de la part de leur municipalité d'accepter leur démission, quelques syndics opposaient la force d'inertie et se contentaient de ne plus venir aux séances ; en 1788 le Bureau intermédiaire se plaint à l'Assemblée de département de « la négligence de plusieurs membres des Assemblées municipales qui n'y assistent point ou presque jamais, ce qui empêche de retirer l'avantage qu'on s'est proposé de leur formation » (2).

Il n'était pas facile de remédier à un pareil état de choses. L'Assemblée de département, pour simplifier la tâche des municipalités, arrêta que les procureurs-syndics se concerteraient « avec les autres Bureaux intermédiaires pour parvenir à faire imprimer un extrait des règlements concernant les municipalités, avec les renseignements survenus depuis leur création, afin de les mettre en état de connaître ce qui les regarde » (3). De nombreux imprimés furent en effet distribués sur les différentes questions intéressant les municipalités et il semble que les règlements postérieurs à leur création aient plutôt tendu à simplifier leur rôle.

Pour les démissions des syndics et officiers municipaux, le contrôleur général des finances lui-même dut intervenir d'une façon rigoureuse :

« Il est indispensable, Messieurs, écrivait-il, de prévenir l'embarras qu'éprouveraient l'organisation des Assemblées municipales et les opérations dont elles auront à s'occuper, si les personnes qui ont été nommées à la place de syndic ou de membre municipal pouvaient donner leur démission à une époque quelconque et sans aucune formalité.

---

(1) « Procès-verbal de refus à la requête du syndic de l'Assemblée municipale de la paroisse de Vienne », 26 oct. 1788. A. L.-et-Ch , C 15.
(2) A. L.-et-Ch., C 4, f. 43 r°, 29 oct. 1788.
(3) A. L.-et Ch., C 4., f. 43 r°, 29 oct. 1788

« J'ai cru devoir prendre à ce sujet les ordres de Sa Majesté et elle m'a chargé de vous faire connaître ses intentions...

« Si, passé le second dimanche [après son élection], un syndic était dans l'intention de se démettre pour cause de maladie ou autre motif digne de considération, il sera obligé d'en prévenir d'abord les procureurs-syndics du Bureau intermédiaire d'élection, district ou département.

« Si après avoir reçu leur réponse il persistait dans sa résolution, il sera obligé de convoquer une Assemblée paroissiale ; les propriétaires et habitants assemblés délibéreront s'il y a lieu d'accepter sur le champ cette démission, ou seulement pour le premier dimanche d'octobre.

« Si la démission était acceptée sur le champ, l'Assemblée paroissiale ne nommera point un nouveau syndic, mais désignera seulement celui des autres membres de l'Assemblée municipale qui devra en remplir provisoirement les fonctions jusqu'au premier dimanche du mois d'octobre suivant, jour auquel il sera procédé au choix d'un nouveau syndic...

« Quant aux membres de l'Assemblée municipale, ils ne pourront jamais donner leur démission dans le cours d'une année et resteront membres de la municipalité jusqu'au premier dimanche d'octobre, seule époque à laquelle ils pourront être remplacés.

« Mais ils ne pourront demander à l'Assemblée paroissiale d'accepter leur démission avant l'expiration de leurs trois années d'exercice, sans en avoir aussi prévenu les procureurs-syndics du Bureau intermédiaire et en avoir fait la déclaration expresse à l'Assemblée paroissiale » (1).

Pour les greffiers, la Commission intermédiaire décida

---

(1) Lettre du contrôl. gén. à la c. i., 7 mars 1788 (copie). A. L.-et-Ch., C 34.

« qu'aucun habitant dans une communauté ne pouvait être contraint à se charger des fonctions de greffier de la municipalité, mais qu'en cas de refus de la part des personnes désignées pour cet objet, les officiers municipaux pourraient charger l'un d'eux ou toute autre personne digne de leur confiance d'exercer provisoirement ces fonctions pour la confection des rôles » (1).

Dès leur début les nouvelles municipalités se trouvèrent souvent en conflit avec les pouvoirs anciennement établis, qui ne voyaient pas sans doute d'un œil favorable s'installer auprès d'eux cette puissance nouvelle. Des différends s'élevèrent notamment entre les syndics des municipalités et les anciens syndics paroissiaux, et on fut obligé de supprimer ces derniers. Le directeur général écrivit à cet effet « pour demander à la commission intermédiaire si les syndics paroissiaux avaient été conservés dans la généralité d'Orléans, et pour annoncer que les intentions de Sa Majesté étaient qu'à l'avenir il ne soit plus reconnu d'autre syndic dans chaque paroisse que le syndic municipal ». La Commission intermédiaire arrêta « qu'il sera répondu à M. le directeur général que, les règlements n'ayant point supprimé les syndics paroissiaux, ils subsistent encore dans la généralité d'Orléans, quoique cette suppression eût été conforme au vœu de la Commission et des Bureaux intermédiaires, à cause des différends qui se sont élevés dans plusieurs paroisses entre les syndics de l'ancien régime et ceux des municipalités et qui fort souvent ont troublé les opérations les plus essentielles des Assemblées municipales ; que l'on doit à M. l'intendant de dire qu'il a cherché à entretenir la concorde en nommant, autant qu'il

---

(1) Lettre des p.-s. pr. au b. i. en réponse à un mémoire adressé par le maire de la paroisse de Nançay, 10 mai 1790. A. L.-et-Ch., C 35.

lui a été possible, les syndics des municipalités pour remplir les places de syndics paroissiaux qui sont devenues vacantes depuis l'établissement de l'administration provinciale ; qu'une puissante considération qui fait désirer à la Commission intermédiaire la suppression des syndics paroissiaux actuellement subsistants, c'est que les syndics sont taxés d'office d'après un usage immémorial et qu'en leur conservant cette faveur il en résulterait un obstacle de plus à l'égale répartition des impôts » (1).

Ailleurs ce furent des officiers de justices seigneuriales qui se trouvèrent en conflit avec les municipalités. A Monteaux, la dispute semble avoir été vive, car « M. le marquis de Montebise, seigneur de Monteaux, se plaint des insultes faites à son procureur fiscal par le sieur Desbrosses, syndic de la municipalité, dans une Assemblée municipale de cette paroisse ; il demande en conséquence que ce syndic soit destitué » (2).

En 1789, la convocation des États généraux fut une nouvelle cause de dissension entre les municipalités et les officiers de justice chargés de la convocation. Dans la paroisse Saint-Saturnin de Blois, à l'assemblée convoquée le 1er mars 1789 pour la nomination des députés de cette paroisse par Caillon, procureur fiscal de la justice de Saint-Lomer, comparut André Mitteau, syndic de la paroisse, « lequel, rapporte le procès verbal, nous a dit que, quoiqu'il ait fait sonner la cloche pour convoquer l'Assemblée de sa paroisse, il n'entendait pas qu'on procédât à la nomination des députés pour l'assemblée des États généraux, conformément à la lettre du Roi du 27 avril dernier, parce que, nous a-t-il dit, cela lui avait été

---

(1) A. Loiret, C 894, f. 123 r°, 27 nov. 1788.
(2) Lettre des p.-s. pr. aux p.-s. dép., 4 nov. 1788. A. L.-et-Ch , C 35.

défendu par M. Pajon de Chambeaudière (1), que d'ailleurs il y avait été procédé dimanche dernier, sans vouloir nous représenter le procès-verbal de nomination ni le cahier de doléances ; pourquoi nous avons interpellé le plus grand nombre d'habitants trouvés à cette assemblée de nous déclarer si ou non l'assemblée avait été tenue, et s'ils entendaient s'en tenir à la nomination qui aurait pu être faite, lesquels nous ont tous répondu d'une voix unanime qu'ils nous priaient de procéder à ladite nomination et qu'ils étaient prêts de voter à cet effet ».

Un des députés élus étant absent et le bailli de Saint-Lomer ayant voulu pour le remplacer réunir une seconde assemblée, Mitteau défendit de « sonner ladite assemblée » et donna ordre de tenir fermé le cloître où elle devait avoir lieu, disant « que les officiers de la justice de Saint-Lomer n'avaient pas plus de droits de convoquer une assemblée que les habitants » (2).

III. *Présidence des Assemblées municipales*

Les causes de dissensions ne manquaient pas non plus au sein même des municipalités où tant d'intérêts opposés se trouvaient en présence. La question de la présidence fut surtout l'occasion de multiples rivalités de classes et de personnes. Le règlement du 18 juillet portait que le seigneur présiderait l'Assemblée municipale. S'il y avait plusieurs seigneurs dans la même paroisse, ils étaient présidents alternativement une année chacun, si la paroisse était également partagée entre eux ; dans le cas contraire, celui qui en possédait la moitié présidait une année sur deux ;

---

(1) Procureur-syndic de l'Assemblée de département.
(2) Procès-verbal de nomination des députés de Saint Saturnin de Vienne pour la convocation des États généraux. A. L.-et-Ch., série B.

celui qui en possédait le tiers une année sur trois ; et ceux qui en possédaient une moindre partie étaient tenus d'en choisir un d'entre eux pour les représenter, chacun ayant autant de voix pour ce choix qu'il avait de portion de seigneurie (1).

Cet article était difficilement applicable et l'Assemblée de département dans sa session de 1787 fit observer à l'Assemblée provinciale qu'il « ne s'expliquait point sur la qualité [des différents seigneurs], et ne paraissait pas réserver au seul seigneur de clocher (2) l'avantage de présider la municipalité ». « [Cet avantage], disait un membre de l'Assemblée de département, ne doit-il pas être commun aux autres seigneurs de fief et hauts justiciers dans la paroisse ? Il en est de ce nombre qui ont des propriétés beaucoup plus étendues que quelques seigneurs de clocher, et plusieurs de ces derniers n'ont même ni fief ni domaine dans certaines paroisses dont ils ont les clochers ; n'ayant donc que peu ou point du tout de propriétés foncières, doivent-ils avoir le droit de présider les assemblées, à l'exclusion de ceux qui réunissent à de grandes propriétés des droits de fief et de haute justice ? » (3)

L'Assemblée provinciale fut d'avis cependant que le seigneur de clocher devait présider de préférence à tout autre. Le bureau chargé d'examiner cette question demandait en outre qu'à son défaut, la présidence appartienne à son fondé de pouvoir, pourvu qu'il soit noble. « Nous avons cru par là, exposait le rapporteur, donner une distinction sans conséquence, indépendante de la fortune, attachée à la seule naissance et conforme à toutes les dispositions de nos lois qui ont partout reconnu les droits

---

(1) Règl. 18 juill. 1787. Ass. pr. Pr., pp. 18 et 19.
(2) Le seigneur de clocher était celui qui possédait le droit de haute justice sur le sol de l'église paroissiale.
(3) A. L.-et-Ch., C 4, f. 24 v°, 10 nov. 1787.

des gentilshommes, tels sont ceux d'être jugés dans les cours par la Grand'chambre assemblée, d'avoir un tribunal particulier qui décide du point d'honneur, d'être exempts de la taille, etc., tous monuments qui rappellent les anciens temps de la Monarchie, imposent de grands devoirs aux nobles, parce qu'il faut des services pour payer des faveurs, et il nous a paru que celles-ci ne pouvaient qu'augmenter la déférence et le respect du peuple pour un Ordre particulièrement dévoué au service et à la gloire du Roi et de la Patrie » (1).

Cette mesure, ainsi qu'une autre accordant la présidence à un seigneur haut-justicier de la paroisse, à défaut du seigneur de clocher ou de son représentant, semblait à ce point de vue particulièrement utile ; car une grande partie des seigneuries de cette région appartenaient aux princes et au Clergé et la présidence des Assemblées municipales de ces paroisses échappait alors à la noblesse et revenait aux syndics (2).

Le règlement accordait en effet la présidence au syndic en l'absence du seigneur. Le Clergé se trouva fort humilié de cette préférence donnée au syndic, habituellement membre du Tiers état, sur le curé de la paroisse. On fit observer à l'Assemblée de département de 1787 « que MM. les curés ne pourraient pas se trouver aux Assemblées municipales, parce que le règlement leur assigne une place subordonnée aux syndics, qui dans les petites paroisses peuvent souvent être des gens d'une classe inférieure, et que, pour parer à cet inconvénient et ne pas perdre une classe de gens précieux à posséder, il serait à souhaiter qu'il fût réglé qu'ils eussent la présidence dans les paroisses au-dessous de cent feux dans lesquelles il n'aurait pas été

---

(1) Ass. Pr., p. 306, 12 déc. 1787.
(2) Ass. Pr., pp. 306 et 307, 12 déc. 1787.

élu un syndic noble ou payant d'impositions la somme de... »

Sur quoi un des députés du Tiers état, au nom de son Ordre, fit observer « que, si MM. les curés faisaient réclamations pour la présidence des municipalités, il la faisait au nom du Tiers état.» (1).

L'Assemblée provinciale demanda seulement la présidence pour les curés qui étaient membres de l'Assemblée provinciale ou de l'Assemblée de département. Cette mesure apportait évidemment bien peu de changement à l'état de choses existant : c'était une satisfaction toute morale accordée au Clergé, « pour augmenter, disait le rapporteur, la considération de cet Ordre respectable, qui s'est cru traité avec défaveur dans la nouvelle administration et dont nous avons pensé qu'on ne pouvait trop relever le ministère, encourager les talents et accroître le zèle en l'étendant à de nouveaux objets ». D'ailleurs, tout en prodiguant les épithètes flatteuses « à cet Ordre nombreux qui pratique dans la retraite toutes les lois de la religion et toutes celles du patriotisme, et dont les vertus sont d'autant plus sublimes qu'elles sont moins connues et moins célébrées », il reconnaissait qu' « il serait dangereux et inconstitutionnel de placer des curés à la tête de toutes les paroisses sans seigneur » (2).

IV. *Les anciennes municipalités*

Les nouvelles Assemblées municipales ne furent pas installées dans toutes les paroisses, mais seulement dans celles où il n'existait pas antérieurement de municipalité, « Sa Majesté, disait le règlement du 18 juillet, n'entendant pas changer pour le moment la forme et l'administration

(1) A. L.-et-Ch., C 4, f. 24.v°, 10 nov. 1787.
(2) Ass. Pr., p. 308, 12 déc. 1787.

des municipalités établies » (1). Plusieurs villes telles que Blois, Romorantin, Saint-Aignan, Mer, Graçay, Vatan, qui avaient déjà leurs municipalités avant le nouveau règlement, ne devaient donc pas en former de nouvelles (2). Cette faveur ne tarda pas à susciter des protestations d'autant mieux fondées que la plupart des anciennes municipalités ne semblaient guère adaptées au nouvel emploi qu'on allait leur demander.

On leur reprochait d'abord le trop petit nombre de leurs officiers municipaux, et, bien qu'il n'y eût pas dans le département de ville comme celle de Saint-Sauveur (élection de Clamecy) où le maire composait à lui seul toute la municipalité (3), la plupart des assemblées de ville offraient encore trop peu de ressources pour remplir leurs nouvelles fonctions et notamment pour faire la répartition des impôts.

D'autre part, et c'était là un argument d'un plus grand poids, le mode de recrutement de ces assemblées ne donnait pas aux officiers municipaux « le droit de représentation dont il semblait nécessaire de les revêtir, avant de leur confier la répartition des impôts » (4). Elles présentaient d'ailleurs des exemples de constitutions bien différentes. A Blois, quelques offices étaient restés électifs, tandis que d'autres étaient vénaux comme celui de maire (5). A Romorantin, c'était le duc d'Orléans, prince apanagiste, qui nommait les officiers municipaux (6).

La formation et le renouvellement de ces assemblées étaient souvent bien loin d'être réguliers. L'Assemblée de département en 1788 se plaignait de « la difficulté de la

(1) Règl. 18 juill. 1787. Ass. pr, Pr., p. 17.
(2) A. L.-et-Ch., C 4, f. 23 v°, 10 nov. 1787.
(3) Ass. Pr., p. 297, 12 déc. 1787.
(4) Ass. Pr., p. 301, 12 déc. 1787.
(5) V. Délibérations municipales de Blois.
(6) V. Délibérations municipales de Romorantin.

formation de la municipalité de Romorantin », dont la cause était « le silence de M. le duc d'Orléans sur toutes les demandes faites sur cet objet ». « M. le duc d'Orléans, disait le vicomte de Beauharnais, a acheté les offices, n'y veut pas nommer et paraît cependant attaché à conserver son droit » (1). L'assemblée générale des habitants de Romorantin du 26 octobre 1788 nous apprend en effet « que, lors de la formation des municipalités dans toutes les paroisses de cette élection, la municipalité de Romorantin n'était composée que de deux échevins et d'un maire, tous trois en continuation volontaire d'exercice, que M. Taillarda, maire depuis huit ans, désirait être remplacé », et que « depuis longtemps il n'avait été observé aucune forme pour la nomination des officiers municipaux » (2). Peu de temps après, le duc d'Orléans se décida enfin à compléter la municipalité, en nommant le maire et les échevins parmi trois membres présentés pour chaque office par l'assemblée générale (3).

A Mer, l'ancienne municipalité nommée par le Roi ne semble pas avoir donné satisfaction aux habitants. « L'absence des officiers municipaux, [le] défaut de confiance en eux, la nécessité néanmoins de pourvoir à la police, aux subsistances de la ville et de veiller aux relations fiscales de la communauté » décidèrent les habitants, le 9 août 1789, à remettre provisoirement entre les mains d'un « comité permanent » « tous les pouvoirs dont étaient investis les officiers municipaux ». A la suite de cette mesure, le premier échevin et le greffier donnèrent leur démission ; le second échevin et le procureur du Roi firent signifier qu'ils quittaient la commune. Il fut alors

---

(1) A. L.-et-Ch., C 4, f. 42 v°, 29 oct. 1788.
(2) A. Romorantin, BB 11, ff. 28 v° et 29 r°, 26 oct. 1788.
(3) A. Romorantin, BB 11, ff. 29, 30, 31, 32 et 33 ; 26 oct., 9 nov., 31 déc. 1788.

décidé de nommer une nouvelle municipalité conformément au règlement de juillet 1787. Celle-ci, d'ailleurs élue à la veille de la réforme municipale entreprise par la Constituante, ne devait avoir que deux mois d'existence (novembre 1789-janvier 1790) (1).

Dès le début de la nouvelle administration on songea à réformer ces anciennes municipalités. L'Assemblée provinciale proposa purement et simplement d'établir dans toutes les villes de nouvelles municipalités « à l'instar de celles des campagnes » pour l'accomplissement des fonctions que lui confierait l'administration provinciale et surtout pour la répartition des impôts. Les anciennes assemblées de ville auraient pu subsister parallèlement et conserver leurs anciennes attributions (2) ; le bureau chargé de l'étude de la question avait seulement demandé de compléter les anciennes municipalités par un certain nombre de prud'hommes nommés par les contribuables (3).

Mais l'accomplissement de ces mesures subit de longs retards, et en octobre 1788 l'Assemblée de département dut constater « que la formation des municipalités des villes avait été votée par l'Assemblée provinciale et était encore dans l'attente d'une décision du Conseil » (4). Cependant l'arrêt du Conseil du 30 septembre 1788 venait de résoudre la question ; aussi à la fin de 1788 et au début de 1789 les municipalités se complétèrent pour la répartition des impôts, conformément à cet arrêt, par la nomination d'adjoints élus par l'assemblée générale des habitants convoquée à cet effet (5). Plusieurs municipalités

---

(1) A. Mer, Registre de délibérations municipales, 15 nov. 1789, f. 7 r° et v°
(2) Ass. Pr., p. 317, 14 déc. 1787.
(3) Ass. Pr., p. 302, 12 déc. 1787.
(4) A. L.-et-Ch., C 4, f. 42 r°, 29 oct. 1788.
(5) V. Délibérations municipales de Blois, Romorantin, Mer, etc.

acceptèrent avec plaisir ces nouveaux membres ; mais nous verrons plus loin quelles furent les énergiques protestations de la ville de Blois qui voyait dans ces mesures une atteinte portée à ses anciennes franchises (1). D'ailleurs cette nouvelle composition des municipalités devait être bien éphémère ; une année plus tard, en effet, en janvier 1790, les anciennes assemblées de villes disparaissaient définitivement pour faire place aux Conseils généraux des communes institués par la Constituante.

(1) A. Blois, BB 33, 22 nov. 1788.

CHAPITRE III

QUESTIONS RELATIVES AUX IMPOSITIONS
LA TAILLE ET SES ACCESSOIRES

Le principal but des Assemblées provinciales et de département est la répartition et le recouvrement des impôts. — Division du sujet.

I. *Répartition de la taille entre les élections et les paroisses.* — Répartition de la taille entre les élections. — La répartition entre les paroisses (« département » de la taille) est confiée à l'Assemblée de département. — Manque de méthode pour cette opération. — Recherches des Assemblées pour amener plus d'égalité dans la répartition. — Imposition des propriétaires au lieu de leur domicile. — Répartition des accessoires de la taille. — Envoi du département de la taille à la Commission intermédiaire et au Bureau des finances.

II. *Répartition de la taille entre les contribuables.* — Mode de nomination des collecteurs avant la création des Assemblées provinciales. — Inconvénient de la répartition par les collecteurs. — La répartition est confiée aux Assemblées municipales. Elle sera faite par les seuls membres taillables. — Nomination d'adjoints pour faire la répartition avec les municipalités. — Difficultés de la répartition par les anciennes municipalités des villes. — Accusations portées contre plusieurs municipalités. — Lenteur de la confection des rôles. — Utilité d'une base commune pour établir la répartition. L'Assemblée ajourne cette réforme. — Suppression des taxes d'office. —

Franchise de taille de la ville de Blois. Ses habitants ne veulent pas payer la taille d'exploitation pour les vignes qu'ils possèdent dans les paroisses voisines. — Tableaux d'impositions dressés par les municipalités. — Inscription sur les rôles des facultés de chaque contribuable. — Vérification des rôles par les officiers de l'élection. Hostilité de cette juridiction et des Assemblées de 1787. — Difficultés apportées par l'élection au département de la taille. — L'élection refuse de vérifier les rôles de plusieurs paroisses. — Les officiers de l'élection pourront faire partie des Commissions et Bureaux intermédiaires, et le Bureau intermédiaire de Blois et Romorantin demande qu'ils soient à nouveau chargés du département de la taille.

III. *Recouvrement de la taille*. — Échéances du recouvrement. Retard des paiements. — Responsabilité des collecteurs. Vexations subies par ceux de la paroisse de Fossé. — Mode de nomination des collecteurs. — Ils sont chargés du recouvrement de toutes les impositions. — Surveillance des collecteurs par les municipalités. Malversations du collecteur de Cour-Cheverny. — Les contraintes. — Répression des abus dans leur exécution et leur surveillance par les municipalités.

Parmi les fonctions confiées à l'Assemblée de département, la plus importante était la répartition et le recouvrement des impositions. C'est surtout dans ce but qu'avaient été créées les nouvelles assemblées. « Tandis que, par un meilleur ordre dans les finances et par la plus grande économie dans les dépenses, disait l'édit qui instituait les Assemblées provinciales, nous travaillerons à diminuer la masse des impôts, Nous espérons qu'une institution bien combinée en allégera le poids par une plus exacte répartition et rendra facile l'exécution des plans que nous avons formés pour la félicité publique » (1). Le Roi permettait bien aux Assemblées de faire des représentations et d'élaborer des projets sur d'autres questions, mais « sans cependant que, sous prétexte desdites représentations ou projets,

(1) Edit juin 1787. Ass. pr. Pr., p. 3.

l'assiette et le recouvrement des impositions établies, ou qui pourront l'être, puissent, à raison desdites représentations ou projets, éprouver aucun obstacle ni délai » (1).

L'Assemblée de département semble, au début tout au moins, avoir accepté avec zèle la tâche qui lui incombait: en cela, comme en tout, elle attendait de ses efforts les plus merveilleux résultats. « Si, en nous livrant à ce travail, disait le rapporteur du bureau des tailles à cette assemblée, nous avons été souvent attendris sur le sort d'une multitude de citoyens qui composent la partie taillable de ce département, combien de sensations délicieuses n'avons nous pas éprouvées en réfléchissant au nouveau régime actuel ! », et l'établissement de ces assemblées « par lesquelles chaque individu s'impose lui-même la portion du tribut qu'il doit à l'État », lui paraissait un « bienfait qui promettait l'avenir le plus heureux » (2).

L'utilité de cette mesure paraît, d'ailleurs, avoir été généralement comprise, et, en 1789, plusieurs cahiers de doléances, proposant des réformes fiscales, demandent que les nouveaux impôts soient répartis par l'administration provinciale (3).

Les impositions royales directes étaient seules confiées aux soins des nouvelles assemblées. Elles n'eurent donc nullement à s'occuper de la perception des aides, des gabelles et autres impôts indirects dépendant de la ferme générale, ni, bien entendu, des redevances ecclésiastiques et seigneuriales. Ces impôts royaux directs qui s'élevaient au total, en 1787, pour les élections de Blois et de Romorantin à 1.014.605 l. 3 s. 2 d. (savoir 572.113 l. 10 s. 7 d.

---

(1) Edit juin 1787, art. V. Ass. pr. Pr., p. 5.
(2) A. L.-et-Ch., C 4, f. 16 v°, 10 nov. 1787.
(3) V. *Cahiers de doléances du bailliage de Blois et du bailliage secondaire de Romorantin* publiés par le Dr Lesueur et Cauchie, coll. des doc. inéd. sur l'hist. écon. de la Révolution, 2 vol., Blois, Rivière, 1907-1908.

pour l'élection de Blois et 442.491 l. 12 s. 7 d. pour celle de Romorantin) comprenaient le principal de la taille, les accessoires de la taille, la capitation des taillables, la capitation des privilégiés, les vingtièmes, les impositions pour les objets particuliers à la charge des communautés et la prestation représentative de la corvée. Les trois premiers (taille, accessoires et capitation taillable) étaient compris sur les mêmes rôles; on faisait ensemble leur répartition et leur recouvrement. Nous allons d'abord nous en occuper. Les autres impôts étant soumis chacun à des règles spéciales, nous les étudierons ensuite successivement, renvoyant au chapitre des travaux publics pour la prestation représentative de la corvée.

I. *Répartition de la taille entre les élections et les paroisses*

La *taille* et ses accessoires (accessoires de la taille proprement dits et capitation des taillables) étaient, depuis 1780, fixés tous les ans pour la province par le *brevet général*. Avant la création des Assemblées provinciales, la répartition de ces impôts entre les élections était faite par des lettres patentes en forme de commission expédiées sur l'avis des intendants et des trésoriers de France. L'arrêt du Conseil du 8 août 1788 chargea la Commission intermédiaire provinciale de répartir ces impôts entre les départements (1).

Ces impositions étaient ainsi réparties en 1787 pour les élections de Blois et de Romorantin (2) :

(1) Isambert, t. 28, p. 606.
(2) Ass. Pr., tableau p. 108.

	ÉLECTION de BLOIS	ÉLECTION de ROMORANTIN	TOTAL
Principal de la taille ..	166.470¹	149.004¹ 18ˢ	315.474¹ 18ˢ
Accessoires............	88.929	79.664 7 8ᵈ	168.593 7 8ᵈ
Capitation des taillables	105.148	94.394	199.542
Total	360.547¹	323.063¹ 5ˢ 8ᵈ	683.610¹ 5ˢ 8ᵈ

Cette répartition entre les élections de la généralité était loin d'être parfaite et les élections les plus pauvres, comme celle de Romorantin, auraient pu se plaindre d'être surchargées. L'Assemblée provinciale pensa y apporter quelque amélioration que son existence éphémère ne lui permit pas de réaliser. « Nous n'avons pas encore, Messieurs, écrivaient en 1788 les députés de la Commission intermédiaire, des connaissances assez approfondies des forces respectives des douze élections de cette généralité, pour que nous puissions cette année adopter, avec connaissance de cause, aucun nouveau plan, ni même faire un changement par rapport à la répartition de la taille. Cependant c'est un des principaux objets dont l'Assemblée provinciale désire que nous nous occupions, au moins pour l'avenir, en prenant les moyens les plus surs et les moins dispendieux pour arriver à une juste proportion dans l'assiette de cet impôt et en éloigner tout l'arbitraire » (1).

Malgré ses imperfections, le taux de ces impositions fut donc peu modifié les années suivantes. Le voici :

---

(1) A. L.-et-Ch., Lettre de la c. i. au b. i., 28 mai 1788. C 30 (n° 48 A).

	ÉLECTION de BLOIS	ÉLECTION de ROMORANTIN	TOTAL

Pour 1788 (1) : aucune modification.

Pour 1789 (2) :

	ÉLECTION de BLOIS	ÉLECTION de ROMORANTIN	TOTAL
Principal de la taille...	166.470^l	149.004^l 18^s	315.474^l 18^s
Accessoires	87.471 2^s 11^d	78.358 8 3^d	165.829 11 2^d
Capitation des taillables	103.424 5 2	92.846 11 2	196.270 16 4
Total	357.365^l 8^s 1^d	320.209^l 17^s 5^d	677.575^l 5^s 6^d

Pour 1790 (3) :

	ÉLECTION de BLOIS	ÉLECTION de ROMORANTIN	TOTAL
Principal de la taille...	169.220^l (4)	149.004^l 18^s	318.224^l 18^s
Accessoires	87.471 2^s 11^d	78.358 8 3^d	165.829 11 2^d
Capitation des taillables	124.974 18 2	95.073 2 10	220.048 1
Total	381.666^l 1^s 1^d	322.436^l 9^s 1^d	704.102^l 10^s 2^d

La répartition de ces impôts entre les différentes paroisses de chaque élection — le *département* de la taille, comme on disait alors — était confiée avant 1787 à une commission composée de l'intendant, des officiers de l'élection, d'un député du Bureau des finances et du receveur des tailles de l'élection.

(1) A. L.-et-Ch., C 4, f° 19 r°, 10 nov. 1787, et Lettres patentes, A. L.-et-Ch., C 9.
(2) A. L.-et-Ch., C 4, f. 36 v°, 27 oct. 1788, et Lettres patentes, A. L.-et-Ch., C 9. Les modifications apparentes de cette année proviennent uniquement de ce que les taxations des collecteurs pour les accessoires et la capitation, qui étaient auparavant prélevées sur le montant de ces impositions, furent alors déduites de celui-ci et imposées à part (V. ch. V, I).
(3) Lettres patentes fixant les impositions de 1790 (copie). A. L.-et-Ch., C 16-17.
(4) Cette augmentation du chiffre des tailles provient de ce qu'on y a joint la subvention que payait la ville de Blois pour sa franchise avant l'abolition des privilèges. V. plus bas.

Le règlement du 5 août 1787 prescrivait qu'à l'avenir cette opération serait faite « soit par l'Assemblée de département, soit par sa Commission intermédiaire, d'après les extraits de brevets ou commissions que Sa Majesté fera remettre par la voie de son commissaire départi, revêtues de l'attache du Bureau des finances de la généralité, aux syndics de l'Assemblée provinciale, qui seront tenus de les faire passer, avant le 1er septembre, aux syndics des Assemblées de département » (1). Les receveurs particuliers des finances devaient être appelés à ce travail, mais avaient seulement voix consultative (2).

Toutefois, pour laisser aux nouvelles assemblées le temps de prendre les informations nécessaires à l'accomplissement de cette opération, elles ne furent chargées du département de la taille que pour les impositions de l'année 1789. En 1788, le département fut encore fait suivant l'ancienne méthode. Enfin, pour les impositions de 1790, un député du Bureau des finances, les officiers de l'élection et les receveurs particuliers des finances furent de nouveau appelés à procéder au département avec le Bureau intermédiaire; mais la majorité des voix du Bureau intermédiaire devait toujours prévaloir (3).

La façon dont on procédait au département de la taille avant 1787 était fort défectueuse. Aucune règle générale n'y était appliquée; chaque province agissait à sa guise. Ici (en Champagne) on s'en rapportait, pour connaître la valeur des biens-fonds, aux déclarations des propriétaires contredites par les autres contribuables et vérifiées contradictoirement; là (en Limousin) les biens-fonds avaient été

---

(1) Règl. 5 août 1787, 2e sect., art. II. Ass. pr. Pr., p. 37.
(2) Arrêt du Conseil du 8 août 1788. Isambert, t. 28, p. 606.
(3) Instruction sur les opérations du département de 1790 pour la province de l'Orléanais, 23 oct. 1789, et Copie de la lettre des p.-s. pr. au b. i. de Châteaudun et Vendôme, 4 nov. 1789. A. L.-et-Ch., série C non inventoriée.

arpentés et estimés par des experts; ailleurs (généralité de Paris) les contribuables faisaient la déclaration de leurs biens aux commissaires des impositions devant toute la communauté assemblée et ils devaient prouver leurs dires en se munissant de pièces ou en faisant faire eux-mêmes des arpentages; les biens étaient divisés en classes de valeurs différentes suivant la fertilité du sol et le genre de culture; des députés nommés par les paroisses discutaient ces estimations et assistaient au département (1).

« Chacune de ces méthodes, disait le rapporteur du bureau des impositions à l'Assemblée provinciale de l'Orléanais, a ses avantages et ses inconvénients, et nous sommes bien éloignés de vous les proposer en tout pour modèles. Mais au moins annoncent-elles une marche suivie, un ordre quelconque. La généralité confiée à vos soins ne jouit pas même de cet avantage. Il n'y a point de base fixe, point de proportion de paroisse à paroisse, ni d'élection à élection. Le bureau a reconnu qu'il y a des paroisses où la taille et ses accessoires s'élèvent jusqu'à 10 sous pour livre du prix de ferme, tandis que dans d'autres elle ne s'élève que de 4 à 6 sous. Il a été facile de reconnaître que la multiplicité des règlements, qui se contrarient pour la plupart, jettent une obscurité nuisible sur des opérations qui, par leur nature et leur objet, doivent, au contraire, être simples, claires et uniformes » (2).

Le principal but que se proposa l'Assemblée de département fut donc d'amener plus d'égalité dans la répartition de ces impôts entre les paroisses. « L'égalité de la répartition des impôts, disait le même rapport à l'Assemblée provinciale, doit être l'objet principal de vos travaux et de vos

---

(1) Ces différentes méthodes furent exposées en détail par le bureau des impositions de l'Assemblée provinciale de l'Orléanais. Ass. Pr., pp. 378 à 382, 20 déc. 1787.
(2) Ass. Pr., pp. 382-383, 20 déc. 1787.

recherches : c'est vers ce but unique que doivent tendre tous vos efforts, et c'est pour l'atteindre que les Assemblées provinciales sont établies. Leur premier devoir est de faire disparaître cette disproportion odieuse qui désole le faible, le décourage et lui rend insupportable le poids du travail et le sentiment de sa misère » (1).

Pour arriver à cette égalité dans la répartition, l'instruction royale de novembre 1787 prescrivait à l'Assemblée provinciale de « faire les comparaisons qui lui paraîtront possibles de département à département », et d' « indiquer aux Assemblées de département comment elles devront faire, par elles-mêmes ou par les Bureaux intermédiaires, celle de paroisse à paroisse » (2).

La Commission intermédiaire provinciale s'adressa, en effet, au Bureau de département, pour avoir à ce sujet les renseignements que lui seul pouvait lui fournir « comme étant plus près des inconvénients et des abus » (3), et l'Assemblée de département, « se flattant, disait-elle, que l'intérêt qui fait rechercher toutes les connaissances des plus petits détails des municipalités aura des effets heureux pour l'intérieur des campagnes », décida de ne rien négliger pour se renseigner (4).

La nombreuse correspondance de l'Assemblée de département avec les municipalités montre que celles-ci répondirent avec empressement à cet appel ; la certitude qu'elles avaient, depuis la déclaration du Roi du 13 février 1780, qu'il n'y aurait pas d'augmentation du chiffre total des impositions, ne fut certes pas étrangère à cette confiance. « Avant la déclaration du Roi de 1780, constatait le

---

(1) Ass. Pr., pp. 376-377, 20 déc. 1787.
(2) Instr. nov. 1787, Ass. Pr., p. 61.
(3) Questions envoyées par la c. i. au b. i., 22 sept. 1788. A. L.-et-Ch., C 35.
(4) A. L.-et-Ch., C 4, f. 42 v°, 29 oct. 1788.

rapport sur la taille à l'Assemblée provinciale, il eût été chimérique sans doute d'attendre des peuples qu'ils se prêtassent à donner les renseignements nécessaires pour une meilleure répartition ; rien ne les eût rassurés contre la crainte de voir ajouter à leurs charges anciennes, à mesure que leurs facultés seraient mieux connues, et tout projet de recherches eût été un signal de terreur... Un ministre, dont le pauvre chérira longtemps la mémoire, prit la résolution vraiment patriotique de fixer le montant de la taille et de ses accessoires. Par la loi du 13 février 1780, le Souverain a déclaré que cette fixation ne pourrait plus être changée et elle ne l'a pas été en effet. Ainsi les peuples éclairés sur l'objet de vos recherches ne pourront y apercevoir que le désir paternel et juste de partager entre les membres d'une même famille les diverses parties du fardeau commun » (1).

Une grande difficulté pour connaître la richesse respective des paroisses était la faculté qu'avaient les contribuables, suivant la déclaration du Roi de 1728, de se faire imposer au lieu de leur domicile pour des terres qu'ils possédaient dans d'autres paroisses. Avantageux pour les propriétaires qui voyaient leurs biens surchargés d'impôts dans les pays qu'ils n'habitaient pas et où ils étaient considérés comme des étrangers, cet usage avait de graves inconvénients pour les paroisses qui ne pouvaient imposer une partie des propriétés situées sur leur territoire, sans que bien souvent il leur en soit tenu compte. Il prêtait de plus à de nombreuses fraudes Les inconvénients de cette méthode avaient été si bien reconnus, qu'elle fut supprimée par une autre déclaration du 7 février 1768 mais cette dernière, au dire de l'Assemblée provinciale (2), était

(1) Ass. Pr., pp. 384-385, 20 déc. 1787
(2) Ass. Pr., p. 383, 20 déc. 1787.

restée sans exécution. En effet, en 1789, nous voyons encore l'élection donner tort à la municipalité de Chouzy, qui voulait imposer un sieur de Beaulieu, domicilié à Blois et prétendant n'être imposé que dans cette ville (1); et, d'autre part, nous verrons les habitants de Muides se plaindre de leur municipalité qui avait refusé de comprendre les « propriétaires forains », c'est-à-dire domiciliés en dehors de la paroisse, dans les rôles de tailles (2).

Les recherches de l'Assemblée de département au sujet de la répartition de la taille entre les paroisses portèrent particulièrement sur les accessoires de cet impôt.

« Les accessoires de la taille, disait à cette assemblée, en 1788, M. de L'Arche, le rapporteur du bureau de la taille, ont pour origines différentes charges détaillées dans le compte rendu à l'Assemblée provinciale à sa troisième séance du 19 novembre 1787.

« Ces objets, à force de se multiplier, ont fait une masse que le gouvernement a réparti en impôt sur chaque généralité, et, au défaut d'un nom qui eût été trop composé s'il eût fallu en rappeler les différentes causes, on lui a donné celui d'accessoires de la taille, et ces accessoires réunis à la capitation se sont élevés jusqu'à 23 sols pour livre du principal de la taille.

« Dans l'ancien régime [avant 1787] on touchait rarement, depuis quelques années, à ce principal de taille : mais à chaque département on variait ces accessoires dans les paroisses; de sorte que les unes en supportaient par exemple 18 ou 19 s. pour livre, les autres 26 ou 27 » (3).

---

(1) Lettre du syndic de Chouzy au p. s. dép., 6 juill. 1789. A. L.-et-Ch., C 30 (n° 95 H). Le syndic de Chouzy se consola de cet échec en déclarant que « l'impôt territorial aurait lieu sous peu » et qu'« ainsi le gentilhomme la danserait comme les autres ».

(2) A. Loiret, C 894, f. 183 v°.

(3) A. L.-et-Ch., C 4, f. 37 r°, 27 oct. 1788. — L'examen des projets de département de la taille (A. L.-et-Ch., C 9) et des rôles de taille

« Cette différence dans les accessoires respectifs des paroisses, disait plus loin le même rapport, a paru inexplicable au Bureau intermédiaire ; il en a demandé la cause aux receveurs particuliers des finances qui ont travaillé avec lui au département, et ni ceux de Blois ni ceux de Romorantin ne lui en ont jamais pu assigner aucune.

« Pour nous, Messieurs, réduits au vague des conjectures, nous croyons entrevoir que, quand on voulait augmenter une paroisse sans qu'elle s'aperçût du mal que les lois d'une juste distribution rendaient quelquefois nécessaire, on cherchait à le lui cacher en ne changeant rien au principal, mais en ajoutant un sol ou deux aux accessoires ; de manière que, dans la répartition qui se faisait ensuite individuellement dans les paroisses, le cotisé qui ne voyait aucune augmentation dans son taux croyait y être resté, quoiqu'en effet il eût reçu une augmentation dans les accessoires et par conséquent en dernier résultat.

« Et quand au contraire on croyait juste de soulager une paroisse, on y diminuait le rapport des accessoires au principal ; les autres paroisses voisines ne le soupçonnant pas ne pouvaient pas en être jalouses, et les règles de l'équité

de l'élection de Romorantin (Arch. L.-et-Ch., série C non inventoriée) donne les résultats suivants. Les paroisses du département dont les accessoires (y compris la capitation) étaient le moins élevés par rapport au principal de la taille étaient Saint-Bohaire (élection de Blois), où les accessoires ne s'élevaient qu'à 15 sous 10 deniers pour livre de la taille, Bagneux (élect. de Blois) 17 s. 6 d., Marolles (élect. de Blois) 20 s. 1 d., L'Hôpital (élect de Romorantin) 20 s. 3 d., La Chapelle-Saint-Laurian (élect. de Romorantin) 20 s. 8 d., Monteaux (élect. de Blois) 20 s. 9 d. Les paroisses dont les accessoires étaient le plus élevés étaient Villeherviers où les accessoires s'élevaient à 26 s. 2 d. pour livre du principal, Saint-Christophe-en-Bazelle 25 s. 5 d., Varennes 25 s. 2 d. (toutes dans l'élection de Romorantin). Ce n'était d'ailleurs là que des exceptions, et dans la grande majorité des paroisses, les accessoires étaient répartis au marc la livre du principal de la taille et s'élevaient pour l'élection de Blois à 23 s. 7 d. et pour l'élection de Romorantin à 24 s. environ.

s'observaient ainsi sous les mêmes voiles dont se couvre l'injustice » (1).

Cette explication paraît assez peu vraisemblable. En effet, depuis l'institution du brevet général en 1780, le département des impositions n'avait été modifié qu'une fois, en 1787, et cette modification portait aussi bien sur le principal de la taille que sur les accessoires. Quoi qu'il en soit, cette méthode paraissait au rapporteur incompatible avec les principes de la nouvelle administration, et, en effet, celle-ci, dans le dernier projet de département, avait réparti les accessoires dans toutes les paroisses en raison proportionnelle de la taille (2).

Mais le rapporteur se félicitait trop vite de ce résultat, car, soit qu'on eût rencontré des difficultés de la part des municipalités intéressées, soit qu'on eût reconnu que cette disproportion des accessoires avait été instituée dans un but équitable, le projet ne fut pas exécuté. Il résulte, au contraire, de l'examen des rôles et des projets de département mis en exécution en 1789 que, dans l'élection de Romorantin, on maintint les mêmes chiffres que l'année précédente et que, dans l'élection de Blois, les accessoires de quelques paroisses, déjà trop faibles auparavant par rapport au principal, furent encore diminués par le Bureau intermédiaire (3).

Cette variation des accessoires de la taille par rapport au principal donnait une certaine souplesse à la répartition de cet impôt, qui devait tenir compte des calamités fortuites

---

(1) A. L.-et-Ch., C 4, ff. 37 r° et v° et 38 r°, 27 oct. 1788.
(2) Ibid.
(3) V. A. L.-et-Ch., C 9, et Rôles de l'élection de Romorantin, A. L.-et-Ch., série C non inventoriée. — Les accessoires de Saint-Bohaire furent baissés de 15 s. 10 d. pour livre à 15 s. 6 d., ceux de Marolles de 20 s. 1 d. à 19 s. 9 d., ceux de Fossé de 21 s. 8 d. à 19 s. 4 d., ceux de Conan de 22 s. 5 d. à 20 s. 11 d. Quelques autres cependant furent rapprochés du taux moyen ; ainsi à Monteaux ils furent augmentés de 20 s. 9 d. à 21 s. 4 d. pour livre.

éprouvées par certaines paroisses; c'était du moins ce qu'avait cherché à faire, dans une certaine mesure, le Bureau intermédiaire. « Sur le projet de département, disait en effet M. de L'Arche dans le même rapport, nous avons aperçu que les paroisses frappées par la grêle éprouvaient chacune une diminution ; quelque inférieure que cette diminution soit à leurs besoins, nous avons senti qu'on n'avait pas pu leur en accorder de plus fortes parce qu'elles retournent nécessairement en augmentation sur d'autres paroisses qui ne sont déjà que trop imposées » (1).

D'après le règlement, une expédition du département devait être adressée au Bureau des finances et les mandements envoyés aux communautés avant le premier octobre. Ce délai révolu, s'il y avait quelque retard, l'intendant devait procéder lui-même au département (2). L'inexpérience des nouvelles assemblées en ces matières força d'accorder de plus longs délais, et ce n'est que le 2 décembre 1788 que la Commission intermédiaire provinciale soumit à son examen « deux expéditions du département des tailles de 1789, pour chacune des élections de Blois et de Romorantin, arrêtées, signées et envoyées par le Bureau intermédiaire ». « Elle a reconnu, ajoute le procès-verbal, que lesdites expéditions ne présentaient aucune défectuosité » (3). Il n'en était pas ainsi pour les expéditions adressées par la plupart des autres départements, qui présentaient différentes fautes et durent leur être renvoyées.

II. *Répartition de la taille entre les contribuables*

Quand la taille était répartie entre les paroisses du département, il restait à procéder à la répartition entre les

---

(1) A. L.-et-Ch., C 4 ff. 36 v° et 37 r°, 27 oct. 1788.
(2) Règl. 5 août 1787, 2° sect., art. III. Ass. pr. Pr., pp. 37-38.
(3) A. Loiret, C 894, f. 125 v°, 2 déc. 1788.

contribuables de chaque paroisse. On sait qu'avant la création des Assemblées provinciales cette répartition était faite par des *asséeurs* ou *collecteurs* nommés chaque année, et on connait les justes critiques auxquelles donna lieu, dans nos pays de taille personnelle, ce mode de répartition, qui fut maintenu pour les impositions de l'année 1788, en attendant que les nouvelles municipalités fussent en état de s'occuper de cette question.

La nomination des collecteurs n'était soumise à aucune règle générale.

« Dans plusieurs paroisses de ce département, disait M. de Montlivault, rapporteur du bureau de la taille à l'Assemblée de département de 1787, le syndic assisté des habitants dresse un tableau en autant de colonnes qu'il y a de personnes qui doivent passer collecteurs, chacun à leur rang.

« Chaque année on fait la lecture, dans l'Assemblée paroissiale convoquée à cet effet, des noms de ceux qui doivent faire la collecte de l'année.

« Il est bon d'observer que le tableau ci-dessus est remis au procureur du Roi de l'élection, qui requiert l'homologation.

« Cette manière de nommer les collecteurs parait au bureau la plus sage et la plus conforme à l'ordonnance.

« Dans la plupart des autres paroisses du département, les collecteurs sortant d'exercice nomment, dans l'Assemblée convoquée par le syndic à cet effet, les collecteurs qui doivent les remplacer.

« Dans quelques-unes, le collecteur sortant nomme son successeur, lequel nomme ses collègues.

« Ces deux autres manières paraissent au bureau moins conformes à la règle et en cela plus susceptibles d'abus...

« Les rôles se font par les collecteurs seulement dans quelques paroisses, et dans d'autres par les collecteurs assistés du syndic et des marguilliers, qui en ont partout le droit. Ces rôles sont écrits sur du papier mort, et il est peu de paroisses où les collecteurs aient la faculté de les faire écrire par une personne de leur choix : il n'arrive que trop généralement que des commis, des receveurs de taille ou des greffiers d'élection s'arrogent le droit de les faire et constituent par là les collecteurs éloignés du chef-lieu dans des frais de voyage et séjour pour la confection de leurs rôles » (1).

Ce n'était pas là, tant s'en faut, le seul inconvénient de l'office de collecteur. L'absence de base certaine d'évaluation, les pièges qui lui étaient tendus de toutes parts, les réclamations de tous ceux qui prétendaient avoir droit à l'exemption de la taille, le propriétaire riche ou le successeur probable à ménager, souvent des intérêts personnels à satisfaire, et, s'il était consciencieux, la justice à appliquer, étaient autant de difficultés inconciliables et qu'il ne pouvait éluder le plus souvent qu'en surchargeant outre mesure ses ennemis personnels, les contribuables exacts à leurs paiements, les petites bourses et les industries productives.

On peut mieux juger de l'exactitude de ces assertions par quelques faits particuliers, comme la réclamation, par exemple, adressée par le sieur Belot-Delaleu en faveur de son vigneron Roger, âgé de soixante ans et plus, ne possédant aucun bien et n'ayant pour vivre que le travail de ses mains, et qui était imposé cependant à plus de 58 livres au rôle des tailles (2).

Avant la création des nouvelles Assemblées ces réclamations n'étaient cependant pas aussi fréquentes qu'on pourrait le supposer, car il n'était point rare, au dire du rappor-

(1) A. L.-et-Ch., C 4, f. 17 r° et v°, 10 nov. 1787.
(2) Lettre adressée à l'Assemblée de département, 19 oct. 1788. A. L.-et-Ch., C 13.

teur du Bureau des impositions de l'Assemblée provinciale. « qu'il en coûtât 30 ou 40 livres pour obtenir une diminution de 10 ou 12 livres ; et le malheureux payait souvent une imposition injuste, plutôt que de se plaindre, parce qu'il savait que les formalités à remplir ne serviraient qu'à aggraver ses maux » (1).

Ces abus, sur lesquels il serait superflu d'insister ici et dont la suppression fut un des plus grands avantages du nouvel état de choses, avaient amené les règlements qui créaient les nouvelles municipalités à les charger « de la répartition de toutes les impositions et levées de deniers, dont l'assiette devait être faite sur la communauté, d'après les mandements qui lui seraient adressés à cet effet, en vertu des ordres du Conseil, par l'Assemblée d'élection [ou de département] ou la Commission intermédiaire de ladite assemblée ».

« La répartition entre les contribuables de la communauté, ajoutait le même règlement, sera faite par les deux tiers au moins de tous les membres qui composeront l'Assemblée municipale, en observant néanmoins que la répartition de la taille et des impositions accessoires d'icelle soit faite par les seuls membres taillables de l'Assemblée municipale.

« Et, dans le cas où il ne se trouverait pas dans l'Assemblée municipale les deux tiers des membres payant taille dans la paroisse, ce nombre sera complété, à la pluralité des voix de l'Assemblée paroissiale, par le choix d'un ou de plusieurs autres taillables de la paroisse, pour tous lesdits députés taillables réunis procéder conjointement à l'assiette et à la répartition de la taille » (2).

Malgré ces dispositions, le nombre des membres tailla-

(1) Ass. Pr., p. 383, 20 déc. 1787.
(2) Règl. 5 août 1787, 1re sect., art. II. Ass. pr. Pr., pp. 30-31.

bles était encore, dans quelques municipalités, insuffisant pour procéder à la répartition, et le Bureau intermédiaire de Blois et Romorantin dut s'en plaindre à la Commission intermédiaire provinciale (1). Cet inconvénient fut compris du pouvoir royal et l'arrêt du Conseil du 8 août 1788 chercha à y remédier. Cet arrêt prescrivait à toutes les Assemblées paroissiales de nommer chaque année, le premier dimanche de septembre, trois habitants taillables, « lesquels, était-il dit, sous le titre d'*adjoints,* coopéreront, avec les membres taillables de l'Assemblée municipale, à la répartition pour l'année suivante de la taille et des impositions accessoires d'icelle...; ces adjoints, élus chaque année, ne pourront être réélus qu'après un intervalle au moins d'une année après celle de leur précédente nomination » (2).

Mais plusieurs municipalités, dont nous ne connaissons pas les motifs, refusèrent de nommer des adjoints. La Commission intermédiaire demanda alors au directeur général des finances d'autoriser les Bureaux intermédiaires de départements « à nommer d'office ces adjoints, ainsi que MM. les intendants et MM. les officiers des élections nommaient les collecteurs, lorsque les communautés refusaient ou négligeaient de le faire. »

« Il répugnerait, Messieurs, répondit Necker, à la forme élémentaire, qui est le caractère de l'organisation actuelle des Assemblées provinciales et qui dirige toutes les nominations de bas en haut, qu'une assemblée supérieure pût faire des nominations d'office dans une assemblée inférieure... Ce n'est que comme mandataires de ceux qui doivent acquitter les impositions que [les adjoints] sont appelés à les asseoir » (3).

(1) A. Loiret, C 894, f. 108 r°, 13 oct. 1788.
(2) Arrêt du Conseil du 8 août 1788. Isambert, t. 28, p. 607.
(3) Lettre du dir. gén. à la c. i., 24 oct. 1788 (copie). A. L.-et-Ch., C 35.

En conséquence, le ministre conseillait aux Bureaux intermédiaires de déléguer dans les paroisses un de leurs membres ou un de ceux de l'Assemblée de département pour expliquer aux habitants « qu'en appelant ainsi au travail de l'assiette des tailles un plus grand nombre de coopérateurs, cette plus grande publicité devait en écarter plus sûrement les ménagements et les considérations personnelles, toujours plus puissantes quand le travail est concentré dans un petit nombre de personnes ; qu'enfin le renouvellement annuel de ces adjoints aurait l'avantage de pouvoir procurer plus promptement la rectification des erreurs qui seraient échappées aux membres de l'Assemblée municipale ». « Ils éprouveront bientôt avec satisfaction, ajoutait Necker, que la raison présentée de vive voix, avec des formes douces et persuasives, a plus d'empire sur les habitants des campagnes, que des instructions accumulées par écrit et l'appareil de la contrainte » (1).

D'autres difficultés furent occasionnées par le maintien des anciennes municipalités des villes. Par l'arrêt de son Conseil du 8 août 1788, le Roi avait ordonné « que les municipalités des villes, à la constitution desquelles il n'avait encore été apporté aucun changement, continueraient, comme par le passé et conformément aux règlements antérieurs, de procéder à la répartition des impositions de ces villes, et qu'elles se conformeraient d'ailleurs aux instructions qui leur seraient données par les Assemblées provinciales ou de département, tant pour les formes à observer pour la répartition des impositions que sur les autres objets d'administration ».

Mais dans quelques villes les officiers municipaux n'avaient jamais coopéré à la répartition de la taille ni à la nomination des collecteurs, et, à l'égard des villes où les

---

(1) Lettre du dir. gén. à la c. i., 24 oct. 1788 (copie). A. L.-et-Ch., C 35.

officiers municipaux avaient fait seuls jusqu'à ce moment la répartition des impôts, les Commission et Bureau intermédiaires semblent avoir été assez embarrassés pour leur adresser les instructions qui leur étaient demandées (1).

La composition défectueuse de plusieurs des anciennes municipalités, trop peu nombreuses et parfois incomplètes, apportait un nouvel obstacle à la répartition. La municipalité de Romorantin qui était, comme nous l'avons vu précédemment, si complètement désorganisée, écrivait en 1788 à la Commission intermédiaire que, dans son état actuel, elle ne pouvait s'occuper de la répartition des impôts, et elle demandait à se compléter (2).

Bien que les nouvelles municipalités aient présenté plus de garanties aux contribuables, quelques-unes cependant ne semblent pas avoir été irréprochables. Ainsi nous voyons plusieurs particuliers de la paroisse de Gy accuser de malversation, devant le tribunal de l'élection, leur municipalité dont les membres avaient profité de leurs nouvelles fonctions pour diminuer, contrairement au règlement (3), les impositions de leurs proches; la Commission intermédiaire ne lui accorde pas l'autorisation d'y défendre, et charge le Bureau intermédiaire du département de « rappeler aux membres et adjoints de la municipalité de Gy que rien n'a pu les dispenser de se faire autoriser, pour diminuer leur taux ou ceux de leurs parents » (4).

(1) Lettre du dir. gén. à la c. i., 4 oct. 1788 (copie). A. L.-et-Ch., C 30 (n° 27 A).
(2) A. Loiret, C 894, f. 95 v°, 16 sept. 1788.
(3) Les arrêts du Conseil du 30 sept. et du 28 oct. 1788 (A. N., AD + 1086) ne permettaient aux officiers municipaux de diminuer leur cote d'imposition ou celle de leurs parents ou alliés qu'à condition d'y être autorisés par le Bureau intermédiaire.
(4) Lettre de la c. i. au b. i., avr. 1789. A. L.-et-Ch., C 30 (n° 112 H).

Même accusation contre la paroisse de La Chaussée-Saint-Victor, et même rigueur de la Commission intermédiaire (1) et aussi de l'élection qui ne manquait pas de condamner les municipalités accusées. Leur culpabilité ne semblait pourtant pas toujours bien établie : en tout cas, la difficulté de la charge qu'on leur imposait aurait dû inciter à plus d'indulgence ; il arrivait parfois que les municipalités découragées abandonnaient leurs fonctions et laissaient les Assemblées provinciales et de département dans le plus grand embarras. C'est ce que montre une lettre de la Commission provinciale au Bureau intermédiaire de Blois et Romorantin, au sujet de la municipalité de La Chaussée qui venait d'être condamnée par l'élection de Blois.

Après avoir exposé les arguments donnés par les officiers municipaux de cette paroisse pour leur défense, la Commission intermédiaire ajoutait : « On ne peut que rendre justice à l'intégrité et à l'intelligence de ces officiers municipaux, qui ont fait ce qu'il serait bien à désirer que toutes les municipalités fissent elles-mêmes, et ce qui éviterait bien des travaux et embarras. Nous voyons avec grand chagrin qu'ils se sont découragés à la nouvelle de la sentence rendue contre eux et qu'ils nous ont renvoyé les mandements et les rôles qu'ils ne veulent pas remplir et leur propre démission qu'ils nous ont annoncée ». La Commission intermédiaire dut intervenir auprès du ministre et lui adresser ses « instantes sollicitations » pour faire réviser par le Conseil du Roi la sentence de l'élection (2).

---

(1) Lettre de la c. i. au b. i., 13 mai 1789. A. L.-et-Ch., C 30 (n° 107 H).
(2) Lettre de la c. i. au b. i., 24 fév. 1790. A. L.-et-Ch., C 30 (n° 155 A). V. aussi Lettre d'accusation de Daudin en b. i. contre la municipalité de La Chaussée, 16 fév. 1789. A. L.-et-Ch., C 16-17, et Lettre de la municipalité de La Chaussée au b. i., 22 fév. 1789. A. L.-et-Ch., C 16-17.

Toutefois on ne donnait pas toujours tort aux municipalités ; quelques-unes, peut-être plus puissamment protégées, obtenaient justice des accusations portées contre elles. Ainsi les registres de délibération de la ville de Mer nous apprennent « que quelques habitants avaient présenté sourdement au Conseil des mémoires calomnieux contre l'administration de la municipalité et particulièrement dans la répartition de la taille, que ces mémoires avaient été renvoyés aux officiers municipaux pour y répondre et se justifier, ce qu'ils avaient fait de la manière la plus convaincante, puisque M. l'intendant a été chargé par M. le directeur général de témoigner aux officiers municipaux sa satisfaction de leur conduite et qu'il était convaincu de la fausseté des imputations contenues aux dits mémoires » (1).

Si les fraudes et les malversations furent assez rares, les lenteurs et les négligences étaient la règle. C'était le résultat de la composition de la plupart des municipalités de campagne, du manque d'instruction de leurs membres et de leur peu d'aptitude à ce genre de travaux auxquels rien ne les avait préparés. Notre région semble cependant avoir été sous ce rapport plus mal partagée que les autres provinces. Le contrôleur général Lambert écrivait, en effet, le 3 avril 1790, à la commission intermédiaire de l'Orléanais, au sujet des rôles d'impositions de 1790 qui n'avaient pas encore été envoyés :

« La lenteur de cette opération est difficile à concevoir. Tandis que dans les autres généralités tout est en mouvement et que chaque semaine annonce des progrès sensibles, je vois avec une peine infinie que dans cette province cette confection de rôles paraît encore dans l'inertie.

---

(1) A. Mer, Registre de délibérations municipales, 31 mai 1789, f. 84 v°.

Engagez, je vous prie, Messieurs, les Bureaux intermédiaires de département à renouveler leurs instances. Il serait à désirer que quelques membres pussent se rendre dans différentes paroisses autour de leur domicile pour presser la confection de trois ou quatre rôles seulement par arrondissement. Cet exemple entraînerait les autres municipalités, et enfin tout se mettrait en mouvement. Les gens de la campagne lisent peu ; ils ont souvent de la peine à entendre des instructions détaillées ; quelques mots clairs et simples et des explications verbales mises à leur portée feraient peut-être sur eux plus d'impression » (1).

Pour que le nouveau mode de répartition de la taille ait pu donner le résultat qu'on en attendait, il aurait fallu adopter une base commune pour établir l'assiette de cet impôt. On sait qu'il n'en existait aucune.

« La taille, exposait M. de Montlivault, dans son rapport sur les impositions à l'Assemblée de département, s'impose sur les propriétés, sur les exploitations et sur l'industrie.

« Dans plusieurs paroisses le prix des fermes sert de base pour la répartition de la taille qui s'impose à raison de douze, dix-huit ou vingt-quatre deniers pour livre, suivant les différents endroits.

« A l'égard des propriétés personnelles, il n'y a aucune règle établie pour la répartition qui est absolument arbitraire » (2).

Toutefois, insuffisamment renseignés, escomptant les grandes modifications qui se préparaient dans notre système fiscal, nos députés à l'Assemblée de département ajournèrent cette importante réforme.

---

(1) Lettre du control. gén. à la c. i., 3 avr. 1790 (copie). A. L.-et-Ch., C 30 (n° 148 A).
(2) A. L.-et-Ch., C 4, f. 17 v°, 27 oct. 1788.

« Entre les mains des collecteurs, exposait M. de L'Arche, le rapporteur du bureau de la taille à l'Assemblée de département de 1788, [le travail de la répartition] était autrefois un instrument de vengeance ou de faveur ; remis aux municipalités secourues par les adjoints, on doit attendre plus de justice distributive. Cependant, malgré tout le zèle que nous devons leur supposer, il a besoin d'être guidé, et ici, Messieurs, se présente un vaste champ à vos vues et à vos travaux. Il s'agit de trouver une échelle de proportion et une base pour la placer. Mais il nous a paru que le travail devait au moins être suspendu : 1° parce que l'Académie des Sciences d'Orléans, sur la demande de l'Assemblée provinciale, a bien voulu en faire le sujet d'un prix qui sera délivré au mois de décembre prochain ; 2° parce que nous touchons aux États généraux, qu'ils s'occuperont de ce genre d'impôt, que probablement il subira de grands changements et qu'en proposer un nécessairement insuffisant ce serait peut-être préparer aux municipalités des difficultés insolubles pour la plupart d'entre elles. Nous croyons donc que, dans les mandements qui seront envoyés aux paroisses, le Bureau intermédiaire doit se borner à leur recommander la plus grande impartialité et de se diriger par la déclaration du Roy du [7 février] 1768, qui exige un détail dans la cote de chaque contribuable » (1).

A défaut de cette grande réforme, l'administration provinciale réprima quelques abus. Il faut d'abord signaler la suppression par notre Assemblée de département des taxes d'office. Le bureau de la taille à cette assemblée vit avec satisfaction « que le projet du Bureau intermédiaire était de ne fixer aucune taxe d'office, quoiqu'il en eût le pouvoir ».

(1) A. L.-et-Ch., C 4, f. 38 r° et v°, 27 oct. 1788.

« Ce moyen, ajoutait M. de L'Arche, imaginé autrefois pour faire imposer par les commissaires départis les gens riches à la hauteur de leur fortune et les empêcher d'abuser de l'ascendant qu'elle donne, de la dépendance dans laquelle elle tient les asséeurs et de la crainte qu'elle inspire, ce moyen avait singulièrement dégénéré du premier but de son établissement, car il était devenu la ressource des gens les plus riches pour être les moins imposés. Cette classe de citoyens a tant de facilités pour envelopper le crédit qu'il pouvait aisément se laisser prendre aux pièges qui lui étaient tendus. Lorsqu'ils seront rendus à la destinée commune des contribuables, ils viendront à la fin prendre dans les impôts la part qu'ils doivent en supporter. Ce sera un second moyen de soulager les malheureux qui ont éprouvé des pertes auxquelles on n'a pu suffisamment pourvoir par une diminution sur la taille de leur paroisse » (1).

Un autre privilège, dont eut à s'occuper le Bureau intermédiaire, fut celui des habitants de la ville de Blois. Cette ville jouissait de la franchise des tailles et devait seulement acquitter tous les ans, pour son affranchissement, une somme de 500 l. Elle payait, en outre, une subvention de 2.750 l.; cette subvention était d'ailleurs une somme insignifiante par rapport au montant de la taille qu'aurait dû payer la ville; mais la capitation en était, au dire des habitants, proportionnellement plus élevée que celle qui était fixée dans les autres villes et paroisses au marc la livre de la taille. Cette exemption de taille constituait cependant pour la ville une importante faveur.

Ce privilège anciennement établi n'était l'objet d'aucune contestation et fut respecté par l'Assemblée de départe-

(1) A. L.-et-Ch., C 4, f. 38 r°, 27 oct. 1788.

ment. Mais on contestait, au contraire, vivement aux habitants de Blois la prétention qu'ils avaient d'être affranchis de la taille d'exploitation pour les vignes qu'ils possédaient dans les paroisses voisines et que faisaient valoir leurs « closiers ». Les vignobles des environs de Blois étant la plus grande richesse de la région, et la plupart appartenant aux habitants de la ville, la question était de la plus grande importance et la solution adoptée pouvait amener des modifications considérables dans la répartition des impôts.

La législation sur ce sujet était assez compliquée (1). Il était bien certain que les propriétaires faisant valoir leurs biens par eux-mêmes ou par leurs domestiques devaient payer la taille d'exploitation, tandis qu'elle était due par le fermier si ces biens étaient affermés ; mais il s'agissait de savoir si, au point de vue des impositions, les closiers devaient être assimilés aux fermiers ou aux domestiques. La seconde opinion pourrait paraître plus logique, puisque

(1) En effet, la déclaration du Roi du 16 avril 1643 (*Nouveau Code des tailles*, Paris, Prault, 1761, 1783, t. I, p. 389), qui arrêtait que les habitants des villes franches exploitant des héritages dans les paroisses taillables seraient « taxés et cottisés aux tailles des paroisses où lesdits héritages sont assis », faisait une exception pour « les maisons consistant en jardins, clos et vignes ». Plus tard, l'édit de juillet 1766 (*Ibid.*, t. IV, p 297), prescrit que « les habitants des villes franches qui font quelque exploitation dans l'étendue des paroisses taillables, ... seront imposés dans les paroisses où ces dits biens sont situés ». Mais dans l'arrêt d'enregistrement du 1er septembre (*Ibid.*, t. IV, p. 300), la Cour des aides déclare qu'elle se réserve « de faire audit Seigneur Roi de très humbles et très respectueuses remontrances », et que « la révocation des privilèges desdits... habitants des villes franches ne pourra être définitive qu'après que ledit Seigneur Roi aura bien voulu de nouveau expliquer ses intentions en la forme ordinaire » ; et le règlement de cette Cour du 7 septembre 1770 (*Ibid.*, t. IV, p. 382), confirmant les arrêts d'enregistrement des 1er et 5 septembre 1768, décide que « les récoltes de prés et vignes.... ou autres biens de cette nature, ne pourront donner lieu d'imposer à la taille, dans le lieu de la situation, les propriétaires ou adjudicataires non domiciliés, ... ou ceux qui en auront entrepris la récolte, à autres titres que celui de ferme ».

le propriétaire touchait le produit de l'exploitation des terres confiées à son closier ; mais les habitants de Blois soutenaient que la condition des closiers n'en était pas moins très différente de celle des simples domestiques, que le propriétaire ne pouvait être considéré comme exploitant ses terres quand, par des conventions écrites, il abandonnait sans réserve la totalité de l'exploitation à ses closiers-vignerons, qu'il ne partageait pas ainsi les travaux et l'industrie des gens de la campagne, et qu'il ne devait pas, par conséquent, être soumis à la taille d'exploitation.

Les bourgeois de Blois invoquaient d'ailleurs en faveur de leur théorie un très ancien usage, et, en effet, tous les arrangements passés entre propriétaires et closiers, l'étaient sous cette condition tacite que le closier paierait la taille. Ils représentaient en outre que, si on voulait décharger leurs closiers de la taille d'exploitation, on serait obligé d'adopter le même principe pour les closiers des nobles et des ecclésiastiques, et, comme ceux-ci ne pouvaient être soumis à cet impôt, il en résulterait « un déficit immense dans les revenus de l'État ou un poids énorme qui accablerait les autres habitants taillables ». Ils soutenaient enfin qu'une pareille mesure ruinerait la culture de la vigne au grand préjudice du trésor royal et des habitants des campagnes eux-mêmes, et que « la province du Blaisois souffrirait plus particulièrement de cette révolution, parce que la vigne est sa seule et unique ressource » (1).

La question fut soulevée par les habitants d'Huisseau-

---

(1) *Mémoire pour les officiers municipaux et habitants de la ville de Blois, concernant la taille d'exploitation ordonnée être levée par édit du mois de juillet 1766, sur les propriétaires qui font exploiter leurs vignes par leurs mains*, signé du maire et des échevins (imprimé), Blois, Masson, 1786 ; et *Mémoire pour les bourgeois de la ville de Blois, propriétaires de vignes dans la paroisse d'Huisseau, intimés, contre les collecteurs et nombre d'habitants de cette paroisse, appelants* (impr.), Delaguette, s. l. n. d (A. L.-et-Ch., série C, non inventoriée).

sur-Cosson qui, en 1786, portèrent les Blésois propriétaires de vignes sur le rôle d'impositions de leur paroisse (1). Il s'en suivit un procès devant l'élection qui déclara « lesdites cotes nulles et de nul effet » (2). Le procès alla en appel devant la Cour des aides qui, par arrêt du 22 juin 1787, approuva la décision de l'élection. Enfin les habitants d'Huisseau portèrent au Conseil du Roi une requête en cassation de cet arrêt. La municipalité de Blois demanda alors l'autorisation, si la requête était admise, d'intervenir dans l'affaire en faveur des habitants (3), et décida de convoquer, dans la grande salle de l'hôtel-de-ville, tous les bourgeois propriétaires de vignes, pour aviser au parti à prendre (4).

C'est dans ces circonstances que la Commission intermédiaire eut à intervenir dans cette affaire pour donner des renseignements au directeur général des finances. La municipalité supplia la Commission intermédiaire « de vouloir bien prendre et regarder cette affaire comme très importante pour la province et pour tous les vignobles en général » (5), et la Commission répondit au ministre « que son vœu était en faveur de la ville de Blois » (6). Mais l'affaire n'était pas encore jugée lorsque l'abolition des privilèges et l'établissement du nouveau régime fiscal vint rendre inutiles toutes ces discussions (7).

(1) V. note précédente.
(2) *Sentences de l'élection de Blois et arrêt de la Cour des aides de Paris* (impr.), s. l., Delaguette, 1787 (A. L.-et-Ch., série C, non inventoriée).
(3) A. Blois, BB 31, ff. 61 v° et 62 r° et v°, 16 nov. 1787.
(4) A. Blois, BB 31, f. 66 r°, 23 déc. 1787.
(5) A. Blois, BB 31, f. 68 r° et v°, 26 janv. 1788.
(6) A. Loiret, C 894, f. 5 r° et v°, 8 fév. 1788.
(7) A. Loiret, C 894, f. 224 r° et v°, 25 août 1789. — Il sortirait de notre sujet de rapporter tous les détails de cette affaire qui excita au plus haut point les passions des contemporains et qui mériterait une étude spéciale. Les habitants d'Huisseau, au dire de leurs adversaires, annonçaient « dans leur délire grossier..... au milieu d'une

L'administration provinciale pensa prévenir plus sûrement les injustices en donnant plus de publicité à ses opérations. Dans cette idée, outre la lecture et publication des rôles qui devaient être faites à l'issue de la messe paroissiale, les municipalités devaient faire des tableaux destinés à être affichés dans les paroisses. Ces tableaux contenaient cinq divisions, dans lesquelles étaient inscrits « tous les propriétaires domiciliés et autres habitants de la municipalité, sans aucune espèce d'exception, à raison de la quotité de leurs impositions ; savoir : dans la première division, tous ceux payant 30 livres et plus d'imposition foncière et personnelle ; dans la seconde, ceux payant 12 livres et plus ; dans la troisième, ceux payant 9 livres et au-dessus ; dans la quatrième, ceux payant 5 livres et plus ; et enfin dans la cinquième, ceux payant moins de 5 livres » (1). En regard du nom de chaque contribuable, on inscrivait le taux de ses différentes impositions (2). Il était ainsi facile à chacun de voir si deux individus d'une situation de fortune notoirement différente payaient la

---

fête joyeuse et bachique. ... qu'ils allaient contraindre les f. bourgeois au paiement de la portion de leurs cotes qui était échue » ; et les Blésois déclaraient de leur côté que les habitants d'Huisseau n'agissaient « que par esprit d'aveuglement, de cabale et de fureur » (Mémoires déjà cités). En 1786, l'intendant, dans l'espoir de terminer les troubles, avait ordonné que le rôle de 1787 serait fait d'office et avait nommé un commissaire à cet effet. Mais les collecteurs persistèrent à vouloir imposer les bourgeois de Blois, et le syndic fit sommer le commissaire par un huissier de procéder à la confection du rôle en la même forme que l'année précédente. Les habitants d'Huisseau s'étant alors adressés à la subdélégation de Blois, il leur aurait été répondu : « Faites vos tailles comme vous l'entendez, mais surtout par justice et sans vengeance » (Doléances particulières des paroisses d'Huisseau, Mont, Vineuil et Saint-Claude. A. N., B^A 22, plaquette 6). Le cahier de doléances d'Huisseau pour les États généraux de 1789 (A. L.-et-Ch., B) contient aussi de curieux détails sur ce sujet.

(1) Arrêt du Conseil du 8 août 1788. Isambert, t. 28, p. 609.
(2) Un certain nombre de ces tableaux sont conservés aux A. L.-et-Ch., C 18.

même somme d'impositions et, par suite, étaient inscrits dans la même colonne, ou si deux autres de même situation de fortune étaient différemment imposés et, par suite, inscrits dans deux colonnes différentes. Les conditions censitaires imposées pour les élections aux diverses assemblées donnaient en outre à ces tableaux une nouvelle utilité.

« Ce travail, exposait M. de L'Arche à l'Assemblée de département, quoique mécanique en apparence, est d'une très grande utilité pour découvrir d'un coup d'œil celui qui doit être collecteur, voter ou être élu dans une Assemblée de paroisse. Mais ce travail est encore imparfait ; beaucoup de municipalités n'ont pas conçu la manière de les exécuter. Nous invitons le Bureau intermédiaire à s'en occuper, à faire réformer ceux qui seront inexacts et surtout de les retirer des mains des municipalités » (1).

En effet, un grand nombre de ces tableaux, conservés aux archives de Loir-et-Cher, sont fort imparfaits. Malgré les recommandations des procureurs-syndics provinciaux (2), beaucoup ne mentionnent que la taille et ses accessoires ; les vingtièmes et autres impositions y sont omis. D'autres ne portent que le chiffre total des impositions sans en noter le détail. Les divisions en colonnes ne sont pas faites avec plus d'exactitude ; souvent on n'a tenu compte, pour les établir, que des rôles de taille. Quelques-uns, cependant, semblent faits avec beaucoup de soin et conformément aux instructions.

Enfin, pour pouvoir mieux juger si les impositions étaient bien ou mal assises, on renouvela la prescription, qui n'avait jamais été appliquée, d'inscrire sur les rôles « les exploitations, tenures et facultés de chaque contri-

---

(1) A. L.-et-Ch , C 4, f. 38 v°, 27 oct. 1788.
(2) V. p. 65, note 1. Lettre des p.-s. pr. au p.-s. dép. A. L.-et-Ch., C 35.

buable ». C'était sans doute, en principe, une excellente mesure, mais c'était imposer aux municipalités une tâche qu'il leur fut souvent impossible d'accomplir la première année. Aussi fut-on obligé de transiger et d'admettre à cette règle des exceptions.

« Toutes les fois, Messieurs, écrivaient au Bureau intermédiaire de Blois les députés de la Commission intermédiaire de la province, qu'il vous sera présenté de la part des municipalités des observations sur l'impossibilité d'insérer dans les rôles des tailles la condition, les tenures et facultés de chacun des contribuables, vous voudrez bien leur annoncer qu'elles doivent faire tous leurs efforts pour se rapprocher de ce qui est prescrit par les règlements, mais que l'impossibilité absolue où elles se trouveraient de s'y conformer entièrement n'est pas un obstacle suffisant à leurs opérations, et que leur premier devoir, dans ce moment, est d'accélérer la confection des rôles pour qu'ils puissent être promptement vérifiés et mis en recouvrement, sauf à y insérer successivement, les années suivantes, des détails plus étendus, jusqu'à ce qu'ils contiennent tous les développements nécessaires et qu'ils atteignent à la perfection dont ils sont susceptibles » (1).

Mais les officiers de l'élection ne furent pas si tolérants à ce sujet que la Commission intermédiaire, et ce fut, comme nous allons le voir, le prétexte d'un conflit entre les deux administrations.

Avant la création des Assemblées provinciales les rôles d'impositions devaient être « vérifiés et rendus exécutoires par les officiers de l'élection » (2). La nouvelle administration leur conserva cette prérogative; le règlement du

---

(1) Lettre de la c. i. au b. i., 27 janvier 1789. A. L.-et-Ch., C 30 (n° 125 A).
(2) A. L.-et-Ch., C 4, f. 18 r°, 10 nov. 1787.

5 août 1787 porte, en effet, que deux expéditions de chaque rôle « seront adressées par le syndic de l'Assemblée municipale, avant le 1ᵉʳ novembre, aux syndics de la Commission intermédiaire du département, lesquels feront remettre les deux expéditions du rôle de la taille et impositions accessoires d'icelle au greffe de l'élection, pour ledit rôle y être vérifié, l'une des deux expéditions demeurer au greffe de l'élection, et l'autre expédition, destinée pour le recouvrement, être rendue exécutoire dans le délai de trois jours, conformément aux règlements » (1).

Cette mesure occasionna de nombreuses difficultés suscitées par les officiers de l'élection (2). Il est facile d'en comprendre la cause. Le département de la taille leur ayant été enlevé pour être confié au Bureau intermédiaire, les officiers de l'élection n'étaient déjà guère disposés, sans doute, à se montrer favorables aux nouvelles assemblées. Survint l'édit du 8 mai 1788, portant suppression des tribunaux d'exception (3), puis l'arrêt du Conseil du 8 août suivant, qui confiait à la Commission intermédiaire provinciale le pouvoir de vérifier les rôles visés par le Bureau intermédiaire, et à l'intendant celui de les rendre exécutoires (4). Aussi lorsque l'arrêt du Conseil du 4 octobre 1788 « rétablit, à l'égard des Bureaux des finances et des officiers des élections, pour tout ce qui concerne le département, les choses au même état où elles étaient depuis l'édit du mois de juin 1787 » (5), ne faut-il pas s'étonner

---

(1) Règl. 8 août 1787, 1ʳᵉ sect., art. IV. Ass. pr. Pr., p. 32.
(2) Les procès-verbaux des Assemblées de département d'Orléans et Beaugency, de Chartres et Dourdan, de la Commission intermédiaire provinciale signalent, dans les autres départements de la généralité, des difficultés analogues à celles que nous rapportons pour le département de Blois et Romorantin.
(3) V. Isambert, t. 28, p. 550.
(4) V. Isambert, t. 28, p. 608.
(5) Extrait de la lettre du dir. gén. à la c. i., 9 oct. 1788. A. L.-et-Ch., C 30 (n° 26 A).

que les officiers de l'élection se soient montrés hostiles à ces nouvelles assemblées qui s'étaient emparées de leurs pouvoirs, au point d'amener leur suppression, que les circonstances politiques seules avaient empêchée d'être définitive.

Avant même d'avoir à vérifier les rôles, les officiers de l'élection avaient apporté à l'administration provinciale toutes sortes de difficultés. Le 19 octobre 1788, les procureurs-syndics provinciaux constatent que « les circonstances ont mis, jusqu'à ce moment, les Bureaux intermédiaires de la province dans l'impossibilité de procéder au département par les difficultés qu'ont suscitées les officiers des élections et par la résistance de leurs greffiers à remettre les cahiers de déclaration, les significations faites aux greffes de ces tribunaux pour translation de domicile, ou celles qui ont été faites en exécution de la déclaration de 1728, ainsi que les autres pièces et renseignements nécessaires pour cette opération » (1).

La Commission intermédiaire « ayant pris en considération les obstacles sans nombre que les tribunaux d'élection et les greffes de bailliages opposent à la confection du département de la taille pour 1789, ensemble les difficultés qui naissent des arrêts des 8 et 10 août et la crainte d'être dans l'impossibilité de faire le département avant les termes prescrits par lesdits arrêts, les plaintes réitérées des Bureaux intermédiaires de la généralité qui voient leur activité absolument enchaînée sur cet objet, les alarmes qui se répandent dans toutes les municipalités par le conflit des juridictions », dut députer l'abbé de La Géard, un des procureurs-syndics provinciaux, auprès du directeur général des finances, « pour lui exposer tous les embarras, qui

---

(1) Lettre des p.-s. pr. au b. i., 19 oct. 1788. A L.-et-Ch., C 30 (n° 10 A).

naissent du nouvel ordre de choses et le prier d'aviser aux moyens d'y pourvoir » (1).

Necker répondit que le procureur général avait écrit aux procureurs du Roi des élections « pour qu'ils eussent à surseoir, jusqu'à nouvel ordre, à toutes poursuites qui auraient pu être dirigées par leur siège contre les syndics des paroisses, tant pour la nomination des collecteurs que pour le dépôt des tableaux », et que ce magistrat les chargeait en même temps « d'enjoindre aux greffiers de leur siège de procurer aux Bureaux intermédiaires tous les renseignements dont ils pourraient avoir besoin pour l'opération du département, sans toutefois se départir des minutes » (2).

Les officiers de l'élection furent sans doute obligés de se soumettre ; mais, quelques mois plus tard, lorsque les rôles furent demandés et qu'ils eurent à les vérifier, ils refusèrent de rendre exécutoires ceux de plusieurs paroisses qui n'y avaient pas porté, comme nous l'avons vu, les « facultés et possessions » de chaque contribuable.

L'occasion de ce conflit fut une plainte portée pour cette raison par plusieurs habitants de Mer contre la municipalité de cette ville. Les officiers municipaux objectèrent pour leur défense que l'article 3 de la déclaration de 1761, qui prescrivait d'inscrire sur les rôles les facultés des contribuables, « n'avait jamais été exécuté dans les paroisses de l'élection de Blois, quoique depuis cette déclaration les commissions pour les tailles eussent à cet égard une disposition formelle », que d'ailleurs cette opération aurait été fort difficile dans une paroisse d'environ 600 taillables, et que, « n'ayant reçu le mandement que le 19 décembre dernier, il n'aurait pas été raisonnable d'entreprendre un

---

(1) A. Loiret, C. 894, f. 108 v°, 14 oct. 1788.
(2) Lettre du dir. gén. à la c. i., 25 oct. 1788 (copie). A. L.-et-Ch., C 30 (n° 20 A).

semblable travail, qui aurait nécessairement retardé le recouvrement de plus de six mois, contre les vues du gouvernement et surtout dans un temps où la prochaine tenue des États généraux fait espérer de voir changer un impôt dont l'arbitraire n'a causé que trop de divisions dans la paroisse » (1).

A cette époque le rôle avait déjà été vérifié et rendu exécutoire par les officiers de l'élection. Il ne s'agissait plus que de s'occuper du recouvrement (2). La municipalité fut cependant assignée à comparaître devant l'élection ; elle y fut condamnée et dut se pourvoir en appel devant la Cour des aides (3).

Pour d'autres paroisses les officiers de l'élection n'attendirent pas une plainte des habitants, et, de leur propre initiative, refusèrent de procéder à la vérification des rôles. Ils refusèrent ainsi de vérifier les rôles d'Aulnay (4) et de Muides (5) « sous le prétexte que le détail des biens et facultés des contribuables n'y était pas porté ». Il paraît que ce refus avait excité dans cette dernière paroisse « beaucoup de fermentation et de trouble » (6), et une partie des habitants, se plaignant aussi de ce que la municipalité avait « refusé de comprendre les propriétaires forains dans le rôle des tailles », demandait à « être autorisée à révoquer ces officiers municipaux et à en élire d'autres » (7).

Necker, à l'intervention duquel on eut recours, répondit en rappelant les termes de l'article 8 de l'édit de 1673 et de

---

(1) A. Mer. Registre de délibérations municipales, 30 janv. 1789, f. 80 r° et v°.
(2) Lettre du dir. gén. à la c. i., 20 fév. 1789 (copie). A. L.-et-Ch., C 30 (n° 127 A).
(3) A. Loiret, C 894, ff. 117 v° et 118 r°, 23 avr. 1789.
(4) A. Loiret, C 894, f. 158 r° et v°, 26 fév. 1789.
(5) A. Loiret, C 894, f. 164 v°, 24 mars 1789.
(6) Lettre des p.-s. pr. au b. i, 24 mars 1789. A. L.-et-Ch., C 34.
(7) A. Loiret, C 894, f. 183 v°, 19 avr. 1789, et Lettre des p.-s. pr. au b. i., 30 avr. 1789. A. L.-et-Ch., C 30 (n° 113 A).

l'article 10 de la déclaration du 16 août 1683, sur lesquels « est établi, disait-il, l'axiome que les officiers des élections ne peuvent se dispenser de procéder à la vérification du rôle des tailles, sous aucun prétexte, attendu qu'ils se rendraient personnellement responsables, vis-à-vis du Roi, du retard du recouvrement des impositions ».

« Il y a lieu de considérer, ajoutait le ministre, que la notification de la Cour des aides, qui a ordonné que les asséeurs seraient tenus d'insérer dans le rôle la condition du cotisé, ainsi que ses différentes tenures et facultés, etc., ne présente point une disposition nouvelle. Cette notification se réfère, à cet égard, à l'article 3 de la déclaration du 13 avril 1761, qui contient littéralement les mêmes dispositions, et il faut convenir que si, depuis vingt-huit ans, les officiers des élections eussent tenu la main à l'exécution de cet article, au fur et à mesure des contestations qui leur indiquaient les paroisses où il n'était pas observé, le vœu des règlements se trouverait rempli aujourd'hui à cet égard. Mais, après avoir été vingt-huit ans trop indifférents sur l'exécution de cet article, ce serait, de la part des officiers d'élection, prétendre à une chose impossible que d'exiger qu'une réforme aussi générale s'exécutât en une seule année » (1).

Il ne faudrait cependant pas exagérer la portée de ce conflit. Les nouvelles assemblées devaient même solliciter le concours des officiers d'élections, dont l'expérience en matière d'impôts leur était fort utile ; d'autre part, plusieurs tribunaux d'élections réclamèrent le droit d'assister au département des tailles (2). Ces demandes étaient contraires aux instructions adressées aux Assemblées provinciales en

---

(1) Lettre du dir. gén. à la c. i., 20 fév. 1789 (copie). A. L.-et-Ch., C 30 (n° 128 A).
(2) Lettre du contrôl. gén. à la c. i., 25 oct. 1788 (copie). A. L.-et-Ch., C 30 (n° 20 A).

novembre 1787, d'après lesquelles les officiers des Bureaux des finances et des élections pouvaient être membres de l'Assemblée provinciale ou des Assemblées de département, mais étaient exclus des Commissions et Bureaux intermédiaires. Le pouvoir royal leur donna cependant satisfaction et ordonna que, contrairement à ces instructions, aucun membre des Assemblées ne serait plus privé de la faculté d'être élu pour entrer dans les Commissions ou Bureaux intermédiaires (1).

Le Bureau intermédiaire de Blois et Romorantin alla même plus loin. En effet, en 1789, il écrivit à la Commission intermédiaire provinciale au sujet des difficultés qu'il craignait de « rencontrer dans le travail préparatoire du département prochain, tant à raison de l'énormité de la somme [qu'il avait à répartir], que du mode à suivre dans cette opération », et demanda que l'élection soit chargée du département des impositions comme par le passé. Mais la Commission intermédiaire répondit qu' « en ne demandant aux Bureaux de départements que ce qu'ils avaient déjà exécuté, [elle] ne pouvait indiquer au seul département de Blois un mode de répartition différent de celui dont il avait déjà fait usage ». « Il est surtout impraticable, ajoutait-elle, et essentiellement contraire au vœu des règlements et à l'institution des administrations provinciales de laisser aux élections le soin de la répartition des impôts, ainsi que vous proposez de le faire » (2).

III. *Recouvrement de la taille*

Avant l'institution de l'administration provinciale, on sait que les collecteurs étaient chargés à la fois de la répartition et du recouvrement des impôts.

---

(1) Lettre du dir. gén. à la c. i., 18 nov. 1788 (copie). A. L.-et-Ch., C 35.
(2) Lettre des p.-s. pr. au b. i., 31 août 1789. A. L.-et-Ch., C 30 (n° 81 A).

« Le recouvrement de la taille, accessoires et capitation, exposait M. de Montlivault dans son rapport à l'Assemblée de département de 1787, se fait par les collecteurs nommés comme ci-dessous, en vertu de la commission envoyée par Monsieur l'intendant, d'après laquelle les rôles sont faits, ensuite vérifiés et rendus exécutoires par les officiers de l'élection ; les collecteurs sont tenus de compter du montant de ces rôles au receveur particulier des finances en quatre termes égaux :

« Le premier, au premier décembre ;
« Le second, au dernier février ;
« Le troisième, au dernier avril ;
« Le quatrième, au premier octobre suivant,

« L'état du recouvrement fait pour cette année 1787, fourni par le receveur particulier des finances en exercice, est de 236.764 l., parce qu'à l'époque du premier octobre dernier, il restait encore à recouvrer la somme de 327.869 l. 15 s. 7 d. sur la totalité des impositions y compris celle des vingtièmes » (1).

On peut s'étonner, d'après ces chiffres, du retard considérable du paiement des impositions. Il tenait, peut-être, en partie, à ce qu'un grand nombre de collecteurs étaient abonnés ; souvent, en effet, les receveurs des tailles faisaient avec les collecteurs un traité, par lequel ils fixaient le paiement de l'imposition d'une paroisse à un nombre de paiements égaux et dans des délais fixés. Les receveurs particuliers faisant eux-mêmes des traités avec les receveurs généraux et ceux-ci avec le Conseil, les contribuables avaient en réalité pour s'acquitter un temps bien plus considérable (2). Quoi qu'il en soit, il est probable que les nouvelles assemblées n'apportèrent pas de grandes modi-

---

(1) A. L.-et-Ch., C 4, f. 17 v° et 18 r°, 19 nov. 1787.
(2) V. Moreau de Beaumont, *Mémoires concernant les impositions et droits*, Paris, Desaint, 1787, t. II, p. 45 et p. 111.

fications à cet état de choses, l'administration provinciale ayant laissé le recouvrement aux mains des mêmes collecteurs.

Les collecteurs étaient particulièrement responsables envers les receveurs des tailles de la perception de leurs impôts. Dans certains cas (1), cependant, les sommes qu'ils ne pouvaient recouvrer étaient ensuite réimposées à leur profit par forme de *rejet* sur le général des habitants de la paroisse. Mais les retards de l'administration à accomplir les formalités nécessaires pour parvenir à cette réimposition exposaient souvent les collecteurs à toutes sortes de vexations.

A Fossé, par exemple, le seigneur de Menars, Poisson de Malvoisin, signifia en 1786 aux collecteurs de la paroisse « qu'il entendait lever par lui-même et appliquer à son profit... tous les prés dépendant de sa seigneurie, ainsi que tous les droits de chasse des moulins situés dans la prévôté de Haute-Beauce, ci-devant tenus à ferme »; il prétendait, en conséquence, être exempt de la taille pour tous ces biens. L'assemblée générale des habitants autorisa, au contraire, les collecteurs « à imposer le sieur de Malvoisin au rôle des tailles, ainsi que l'avaient été ses fermiers l'année précédente ». Il s'en suivit un procès devant l'élection de Blois. Mais, avant que la sentence ne fût rendue, les habitants se désistèrent de leur poursuite et consentirent à payer les frais, « même la cote de taille à laquelle était imposé ledit sieur de Malvoisin, moyennant cependant que ladite cote de taille et les frais seraient répartis par un rôle ordonné par M. l'intendant, au marc la livre de ce que chacun d'eux était imposé ».

Or, l'intendant n'envoya pas l'ordre nécessaire et ne

(1) V. plus bas.

répondit même pas à plusieurs requêtes qui lui furent adressées à ce sujet. D'autre part, les officiers de l'élection et le receveur des tailles, envers qui les collecteurs étaient seuls responsables, menacèrent de les assigner et de faire vendre leurs meubles et envoyèrent garnisons sur garnisons dans la paroisse, si bien qu'après plus de dix-huit mois d'attente, la municipalité dut avoir recours au Bureau intermédiaire et supplier les procureurs-syndics « de prendre en considération le sort de ces collecteurs et de venir à leur secours afin d'accélérer, autant que faire se pourra, les moyens de parvenir au recouvrement des sommes imposées au sieur de Malvoisin, ainsi que des frais faits à son sujet, afin que les collecteurs et habitants ne soient pas plus longtemps grevés par des garnisons qu'on envoie sans cesse, quoiqu'on connaisse l'impuissance où sont les collecteurs de se faire payer » (1).

Aussi les habitants acceptaient la collecte comme une charge publique à laquelle ils ne pouvaient se soustraire ; mais bien que la nouvelle organisation l'ait rendue moins difficile, ils cherchèrent toujours à l'éviter et toute occasion qui se présentait était un prétexte à réclamations. Les exemples en sont nombreux. C'est aux Montils, un nommé Jacques Benoît, qui refuse de remplacer pour la collecte le sieur Pitancier, élu en 1790 procureur de la commune (2) ; à Romorantin, le sieur Charles Bertheaume, receveur de l'Hôtel-Dieu, qui déclare ne pouvoir à la fois « vaquer en sa charge gratuite de receveur dudit hôtel et faire le recouvrement des tailles » (3) ; à La Chapelle-Saint-Martin, un

---

(1) Dossier sur les impositions de la paroisse de Fossé. A. L.-et-Ch., série C, non inventoriée.
(2) Lettre des p.-s. pr. au b. i., 7 mai 1790. A. L.-et-Ch., C 30 (n° 143 Q).
(3) A. Romorantin, EB 11, f. 31 v°, 26 déc. 1788, et Lettre des p.-s. pr. au b. i., 22 janv. 1789. A. L.-et-Ch., C 30 (n° 135 Q).

nommé Jean Le Roux, qui refuse de faire la collecte des vingtièmes (1), etc. (2).

Nous avons vu qu'avant 1787 il n'y avait aucune règle générale pour la nomination des collecteurs. L'arrêt du Conseil du 8 août 1788 prescrivit les formes à observer pour la nomination à la collecte. Les syndic, membres et greffier de l'Assemblée municipale ne pouvaient être nommés collecteurs. Il ne devait pas y en avoir plus de deux par paroisse ; ils devaient être choisis tour à tour, chaque année, parmi les habitants taillables inscrits dans les trois premières colonnes des tableaux d'imposition (3), c'est-à-dire payant plus de 9 l. d'impositions, les deux collecteurs étant pris chacun dans une colonne différente. Ils étaient nommés, « le dernier dimanche du mois de septembre, par toute l'Assemblée municipale, assistée des trois adjoints..., avec désignation de celui ou de ceux qui devaient, l'année d'après, remplir les mêmes fonctions ». Lecture de la délibération portant ladite nomination et désignation des collecteurs devait être faite le dimanche suivant à l'issue de la messe paroissiale, et un extrait de cette délibération devait être affiché à la porte de l'église. S'il n'était pas procédé à cette nomination dans les formes prescrites, le syndic et les deux membres les plus anciens de l'Assemblée municipale étaient tenus « de faire la levée de la taille et autres impositions, sans toutefois pouvoir prétendre à aucune taxation » (4).

Ces collecteurs étaient chargés non seulement du recouvrement des rôles des tailles, mais de celui de toutes les autres impositions. « L'intention du Roi, écrivait Necker, a toujours été, depuis l'établissement des Assemblées pro-

---

(1) A. Loiret, C 894, f. 173 r° et v°, 18 av. 1789.
(2) V. A. Romorantin, BB 11, f. 33 v°, 11 janv. 1789.
(3) V. ci-dessus.
(4) Arrêt du Conseil du 8 août 1788 (Isambert, t. 28, pp. 609 à 611).

vinciales, que, pour diminuer le concours des poursuites faites par différents collecteurs, simplifier les détails du premier degré de la perception et procurer aux particuliers qui auront à faire la collecte une indemnité plus proportionnée à leurs peines, les collecteurs qui auraient été nommés pour le recouvrement de la taille, fussent en même temps chargés de toutes les autres perceptions qui devront avoir lieu dans leur communauté pour vingtièmes, capitation non taillable et privilégiée, contribution des chemins, et toute autre imposition locale qui aura lieu pour l'année de leur gestion » (1).

La Commission intermédiaire fit rigoureusement observer ces prescriptions (2), excepté cependant pour la perception des vingtièmes. En effet, sur sa demande, le Conseil du Roi, considérant que, « les mutations de noms et de propriétés ne se trouvant point opérées dans tous les rôles des vingtièmes, ce recouvrement pourrait être difficile pour quelques-uns des collecteurs des tailles », autorisa momentanément les Bureaux intermédiaires « à permettre aux municipalités des paroisses et communautés, à l'égard desquelles cette disposition paraissait être indispensable, de nommer des préposés particuliers pour le recouvrement du rôle des vingtièmes » (3).

Les municipalités n'étaient pas seulement chargées de la nomination des collecteurs, elles exerçaient aussi une étroite surveillance sur leurs travaux. Le syndic, ou à son défaut un membre de l'Assemblée municipale, « examinait une fois par semaine... les différents rôles dont le collecteur

---

(1) Lettre du dir. gén. à la c. i., 4 nov. 1788 (copie). A. L.-et-Ch., C 30 (n° 13 A).
(2) V. Lettre des p.-s. pr. au b. i., 8 nov. 1788. A. L.-et-Ch., C 35.
(3) Lettre du dir. gén. à la c. i., 20 fév. 1789 (copie). A. L.-et-Ch., C 30 (n° 124 F).

était porteur, à l'effet de vérifier : 1° si le recouvrement était en retard et quelles en étaient les causes ; 2° si toutes les sommes recouvrées étaient émargées sur le rôle et existaient en entier dans les mains du collecteur en deniers ou quittances valables du receveur de l'élection ou des adjudicataires d'ouvrages à la charge de la communauté » (1).

Malgré la surveillance que les municipalités exerçaient ou devaient exercer sur la collecte, il faut signaler des malversations de la part de certains collecteurs. Tel le nommé Thibault, boulanger du bourg de Cour-Cheverny, qui, « pour soutenir son état pendant la cherté des grains », avait détourné une somme de 825 l. provenant de son recouvrement et, menacé de poursuites par le receveur particulier, écrivait au contrôleur général des finances pour en demander « la décharge ou un délai pour le paiement, en offrant de payer les intérêts ». « Il ne serait pas possible, répondit le contrôleur général Lambert à la Commission intermédiaire, de consentir à la remise que ce préposé sollicite : l'exemple d'une pareille facilité aurait les conséquences les plus dangereuses ; d'un autre côté, il est à propos d'éviter tout ce qui pourrait donner de l'éclat à ce divertissement de deniers ; mais il est en même temps nécessaire que vous engagiez le Bureau intermédiaire à faire connaître à ce particulier, par quelqu'un de ses correspondants, combien il est important pour lui de ne point s'exposer à la rigueur des règlements et de prendre des arrangements avec le receveur particulier des finances de Blois pour lui assurer le remboursement de cette somme » (2). On voit que, si on imposait à tous les citoyens la lourde charge de la collecte, on

---

(1) Règl. 5 août 1787, 1ʳᵉ sect., art. V. Ass. pr. Pr., p. 32.
(2) Lettre du contrôl. gén. à la c. i., 27 sept. 1789 (copie). A. L.-et-Ch., C 34.

montrait beaucoup d'indulgence, même pour les fautes les plus graves qui y étaient commises.

On sait que l'ancien système d'impositions nécessitait l'emploi fréquent de la contrainte. Les contraintes étaient décernées par le receveur particulier des finances, visées par l'intendant ou son subdélégué et portées par les huissiers ou garnisaires (1).

« Les huissiers porteurs de contraintes, nous apprend M. de Montlivault dans son rapport sur la taille à l'Assemblée de département de 1787, sont au nombre de six, à raison de trente sols par jour; ils sont pourvus d'une commission de M. l'intendant et prêtent serment à l'élection.

« Le receveur particulier délivre à chaque huissier une contrainte pour plusieurs paroisses; cette contrainte est visée par MM. les officiers de l'élection.

« L'huissier, en arrivant dans la paroisse, se présente au syndic pour certifier de son arrivée, et, lorsqu'il se retire, il est obligé de même de faire certifier les jours qu'il a marché pour donner son état de travail; cet état est remis entre les mains du receveur particulier pour imposer sur chacun des contribuables à raison de leur retard, et ensuite visé par M. le subdélégué pour être remis au collecteur » (2).

La nouvelle administration ne modifia pas ces anciennes institutions. Elle se contenta de « prévenir tous les abus auxquels pourrait donner lieu l'exécution des contraintes ou garnisons pour fait d'impositions » et veilla notamment « à ce que les huissiers, chefs de garnison ou garnisaires, ne séjournent dans les communautés que le temps nécessaire pour accélérer le recouvrement, et à ce que les frais

---

(1) Règl. 5 août 1787, 1re sect., art. VI. Ass. pr. Pr., p. 33.
(2) A. L.-et-Ch., C 4, f. 18 r° et v°., 10 nov. 1787.

portent principalement sur les redevables le plus en retard » (1).

Dans ce but, sur la demande du Bureau intermédiaire de notre département, la Commission intermédiaire provinciale écrivit à l'intendant « à l'effet de se concerter avec lui et de prendre les mesures convenables, pour que les ordres qu'il pourrait donner aux anciens syndics soient d'accord avec ceux que l'administration provinciale adressait aux syndics municipaux relativement aux abus provenant des contraintes ou garnisons » (2).

Pendant la grande misère de 1789, elle arrêta, en outre, « qu'il serait écrit sur le champ aux receveurs particuliers des finances de Beaugency, Blois et Romorantin, à l'effet de les inviter à porter dans le recouvrement la plus grande modération et de ne décerner des contraintes que le moins qu'il leur sera possible jusqu'à la récolte, en se contentant de faire exactement surveiller les collecteurs » (3).

Pour que les frais soient plus équitablement réglés, les membres de l'Assemblée municipale devaient signer la contrainte avec le collecteur (4). D'après l'arrêt du Conseil du 10 août 1788, les chefs de garnison ou porteurs de contraintes étaient « tenus, en arrivant dans la communauté, de faire constater par le syndic et le curé, et à défaut de l'un des deux par deux autres membres de la municipalité, les jour et heure de leur arrivée, et de même, en se retirant, les jour et heure de leur départ » (5).

La nouvelle administration veilla à l'accomplissement de cette formalité qui était une garantie pour les contri-

---

(1) Règl. 5 août 1787, 1re sect., art. VII. Ass. pr. Pr., p. 33.
(2) A. Loiret, C 894, f. 28 r°, 25 avr. 1788.
(3) A. Loiret, C 894, f. 194 r°, 23 mai 1789.
(4) Règl. 5 août 1787, 1re sect., art. VII. Ass. pr. Pr., p. 33.
(5) Arrêt du Conseil concernant les contestations relatives à la collecte et les règles générales de la perception, 10 août 1788. A. N. AD + 1085.

buables, et la Commission intermédiaire provinciale écrivit au Bureau intermédiaire de Blois et Romorantin, au sujet de difficultés survenues dans la paroisse de Lassay, « que, faute par lesdits chefs de garnison de faire signer l'état de leurs journées de travail par le syndic et le curé et par deux autres membres de la municipalité..., le Bureau intermédiaire devait refuser de régler les états et le receveur particulier des finances devait aussi refuser d'en payer le montant » (1).

(1) A. Loiret, C 894, f. 207 v°, 29 juin 1789.

CHAPITRE IV

QUESTIONS
RELATIVES AUX IMPOSITIONS
LA CAPITATION DES NON-TAILLABLES
LES VINGTIÈMES
LES ROLES
DE SUPPLÉMENT DES PRIVILÉGIÉS
LA CONTRIBUTION PATRIOTIQUE

I. *La Capitation des non-taillables.* — Répartition de cet impôt avant 1787. — La répartition en est confiée au Bureau intermédiaire de département. — Tous les capitables seront portés sur le même rôle. — Capitation des officiers de justice, des employés, des officiers de chancelleries et bureaux des finances et des officiers militaires — Arbitraire de sa répartition. — Classement des contribuables dans des tableaux à colonnes suivant le taux de leur imposition. — Capitation de la ville de Blois. La municipalité reste chargée de sa répartition. — Des adjoints devront collaborer avec elle à ce travail. — Protestation de la municipalité sur cette mesure. — Avis de la commission intermédiaire et nomination des adjoints — Objections de la ville sur la disposition des rôles sous forme de tableaux à colonnes et sur leur publicité. — Capitation des habitants de Chambord.

II. *Les Vingtièmes*. — Rétablissement des vingtièmes par l'édit de septembre 1787. Les vingtièmes avant 1787. — Rapport du bureau des vingtièmes à l'Assemblée de département. — Observations du rapporteur sur la répartition des vingtièmes et l'abonnement de cet impôt. — Le Roi accorde à l'Assemblée provinciale l'abonnement des vingtièmes. — Enquête sur les biens qui doivent être nouvellement soumis aux vingtièmes. — Rôle des municipalités dans cette enquête. — Imposition aux vingtièmes du château de Blois et de ses dépendances. — L'abonnement des vingtièmes remis à plusieurs reprises n'est jamais appliqué. — Refus des municipalités des villes de reviser les vingtièmes d'industrie.

III. *Les Rôles de supplément des privilégiés*. — Décret sur les rôles de supplément des privilégiés. — Les ci-devant privilégiés seront imposés dans le lieu où sont situés leurs biens. — La cote personnelle et la cote d'exploitation ne sont pas dans un rapport constant dans les différentes paroisses. Difficultés qui en résultent pour la confection des rôles de supplément. — Dans certaines paroisses la taille est assise uniquement sur l'exploitation. Mémoire de la ville de Mer et des paroisses voisines à ce sujet. — Impossibilité d'établir la distinction entre la cote personnelle et la cote d'exploitation sans léser les propriétaires. — La cote personnelle sera laissée provisoirement à la charge des fermiers.

IV. *La Contribution patriotique*. — Décret instituant la contribution patriotique. — Retard des déclarations. Demandes d'explications des procureurs-syndics provinciaux.

I. *La Capitation des non-taillables*

Nous avons vu que la capitation était considérée comme un accessoire de la taille et qu'on en faisait la répartition et le recouvrement en même temps que ceux de cet impôt. Il faut distinguer cependant la capitation des habitants exempts de taille : nobles, officiers de justice, privilégiés, employés des fermes et régies et habitants des villes franches. Cette capitation des non-taillables était soumise à des règles différentes. Le montant en était fixé par le brevet général : il atteignait pour la généralité d'Orléans 204.661 l. 11 s. 9 d., sur lesquels les élections de Blois et Romorantin payaient 23.637 l. 4 s. 6 d.

Jusqu'en 1787 la répartition de cet impôt se divisait en cinq rôles particuliers pour les cinq classes de contribuables qui y étaient compris. En 1787 la capitation était ainsi répartie entre ces différentes classes :

	ÉLECTION de BLOIS	Pour l'ABONNEMENT de CHAMBORD	ÉLECTION de ROMORANTIN	TOTAL pour le département DE BLOIS et ROMORANTIN
Nobles	3.386ˡ 16ˢ		711ˡ 12ˢ	4.098ˡ 8ˢ
Officiers de Justice	2.558 8		900	3.458 8
Privilégiés	787 4		266	1.053 4
Employés des Fermes et Régies	441 12		154 16	596 8
Villes franches	14.190 16 6ᵈ	240ˡ		14.430 16 6ᵈ
TOTAL.....	21.364ˡ 16ˢ 6ᵈ	240ˡ	2.032ˡ 8ˢ	23.637ˡ 4ˢ 6ᵈ

La répartition dans chacune de ces classes était ensuite faite ainsi qu'il suit. Les nobles et les privilégiés (particuliers pourvus de charges ou de commissions qui leur confèrent l'exemption de la taille) devaient payer le centième de leur revenu. Les officiers de justice payaient une somme, variant avec leurs fonctions, fixée par le tarif annexé à la déclaration du Roi de 1701 (1). Les employés des fermes et régies étaient imposés pour la capitation à 6 deniers pour livre du montant des appointements de 1.000 l. et au-dessus; à 4 d. pour l. du montant des appointements de 400 à 1.000 l.; et à 2 d. pour l. du montant des appointements de 400 l. et au-dessous. Les officiers municipaux des villes franches étaient chargés de répartir la capitation entre les habitants de ces villes. Les receveurs particuliers étaient chargés du recouvrement (2).

Le règlement du 5 août 1787 sur les fonctions des Assemblées provinciales confiait aux Assemblées municipales « la répartition individuelle de la capitation des domiciliés dans la paroisse, nobles, officiers de justice, privilégiés ou employés sous les ordres de l'administration, et aussi celle de la capitation roturière dans les villes franches » (3). Mais, contrairement à cette décision, l'instruction du mois de novembre suivant prescrivait que le rôle de la capitation des non-taillables, au lieu d'être fait par chaque Assemblée municipale, le serait par le Bureau intermédiaire du département, en le divisant toutefois par paroisses. Ce rôle, après avoir été arrêté par le Conseil et rendu exécutoire par l'intendant, devait être mis en recouvrement par les Assemblées municipales. « Par ce moyen, ajoutait l'instruction, le taux uniforme, réglé par l'Assemblée de département, recevra plus facilement son

---

(1) Ce tarif était le suivant : présidents, lieutenants généraux et particuliers, procureurs du Roi et greffiers en chef des bailliages ou présidiaux, 150 livres ; conseillers et avocats du Roi des mêmes sièges, 120 l ; présidents et lieutenants des élections, 90 l. ; élus et greffiers en chef des élections, 45 l. ; présidents des greniers à sel, 90 l.; autres officiers des greniers à sel, 45 l. ; maîtres particuliers des eaux et forêts, 60 l. ; autres officiers des eaux et forêts, 45 l.
(2) Ass. Pr., pp. 94 à 99, 19 nov. 1787.
(3) Règl. 5 août 1787, 1re sect., art. III. Ass. pr. Pr., p. 31.

application; la dépense de la confection d'un rôle particulier sera épargnée aux Assemblées municipales, et cependant chaque contribuable, demeurant dans une paroisse, paiera ses impositions dans la même paroisse, selon les intentions de Sa Majesté » (1). L'arrêt du Conseil du 8 août 1788 ne faisait guère que confirmer ces dispositions (2).

D'après le règlement du 5 août 1787, la capitation des différentes classes de non-taillables devait être comprise dans un seul rôle. « Ces différents objets, ajoutait le règlement, seront divisés dans le rôle en autant de chapitres, et chaque contribuable y sera taxé, tant à raison de sa fortune personnelle que du produit de ses offices ou emplois, selon le taux commun de la capitation du même genre dans l'élection ou département : abrogeant Sa Majesté tous tarifs précédemment observés à cet égard » (3).

« Dès lors, disait au sujet de cet article de règlement le rapport concernant la capitation à l'Assemblée provinciale, le montant de chaque chapitre des rôles n'est pas invariablement fixé, et il serait possible de décharger le pauvre contribuable en rejetant sur les nobles, privilégiés et employés, partie de la capitation qu'on leur a imposée jusqu'à présent » (4).

Cette réforme était d'ailleurs demandée depuis long-

---

(1) Instr. nov. 1787, 2ᵉ partie, art. I. Ass. Pr., pp. 41-42. — Ces rôles qui inscrivaient les différentes classes de privilégiés dans les paroisses où ils demeuraient sont des documents intéressants au point de vue de l' « absentéisme » de la noblesse ; tandis qu'un certain nombre de nobles sont inscrits dans les villes de Romorantin et surtout de Blois, parmi les 156 autres paroisses du département, il y en a 42 seulement portées sur les rôles de capitation de la noblesse et par conséquent comptant des nobles parmi leurs habitants ; et il est rare d'ailleurs qu'il y ait plus d'un ou deux nobles portés au rôle dans chacune de ces paroisses.
(2) Arrêt du Conseil du 8 août 1788, 2ᵉ sect., art. 6. (Isambert, t. 28, pp. 608-609).
(3) Règl. 5 août 1787, 1ʳᵉ sect., art. III. Ass. pr. Pr., p. 31.
(4) Ass. Pr., pp. 390-391, 20 déc. 1787.

temps. En ce qui concerne les officiers de justice en particulier, la taxation uniforme pour des officiers dont les facultés n'étaient pas les mêmes avait donné lieu à des réclamations fondées, et le Conseil avait dû autoriser, « en faveur des officiers de justice, des modérations nécessaires pour réduire au taux convenable l'imposition exorbitante de presque tous les contribuables de cette classe. Ces modérations multipliées épuisaient, en pure perte pour la province, des fonds dont une autre destination eût chaque année procuré de nouveaux avantages, soit en ménageant des secours plus abondants en faveur des malheureux, soit en facilitant des établissements utiles » (1).

Les fortes diminutions qu'éprouvèrent les impositions des officiers après la suppression des tarifs, prouvent combien elles étaient excessives. Ainsi, dans l'élection de Blois, les officiers de justice qui étaient taxés à 2.558 l. 8 s. virent leur cote s'abaisser après le nouveau règlement à 1.153 l.; dans l'élection de Romorantin, elle fut portée de 900 livres à 282 livres. Les nobles, privilégiés et employés étaient augmentés en conséquence. Voici la répartition de la capitation des non-taillables en 1789 (2); la comparaison de ce tableau avec celui que nous avons donné pour l'année 1787, montrera l'utilité de la réforme :

(1) Lettre de la c. i. au b. i., 17 janv. 1759. A. L.-et-Ch., C 30 (n° 136 E).
(2) Rôles des sommes à imposer sur les non-taillables des élections de Blois et Romorantin pour l'année 1789. A. Loiret, C 18.

	ÉLECTION de BLOIS	Pour l'ABONNEMENT de CHAMBORD	ÉLECTION de ROMORANTIN	TOTAL pour le département DE BLOIS et ROMORANTIN
Nobles	5.650ˡ 12ˢ		1.130ˡ 4ˢ	6.780ˡ 16ˢ
Officiers de Justice	1.153		282	1.435
Privilégiés	849 10		429 4	1.278 14
Employés des Fermes et Régies	643		191	834
Villes franches	14.190 16 6ᵈ	240ˡ		14.430 16 6ᵈ
TOTAL	22.486ˡ 18ˢ 6ᵈ	240ˡ	2.032ˡ 8ˢ	24.759ˡ 6ˢ 6ᵈ

La capitation des employés ne semble pas avoir été beaucoup mieux répartie. L'auteur du rapport sur la capitation à l'Assemblée provinciale, considérant « l'armée des employés qui nous environne, et les émoluments considérables attachés à leurs emplois », s'étonnait que cette imposition ne s'élevât pas à plus de 5.480 l. 8 s. pour les employés de toute la généralité (1); d'autre part, la Commission intermédiaire trouvait que la décision ministérielle fixant la proportion dans laquelle devaient être imposés les différents employés « présentait encore, de la

(1) Ass. Pr., p. 391, 20 déc. 1787.

manière la plus marquée, l'inconvénient de taxer trop rigoureusement les contribuables de cette classe qui n'avaient pour subsister que de minces appointements, et de rendre à peine sensible pour d'autres une imposition, qui ne portait point sur les remises ou gratifications considérables faisant partie de leur traitement » (1).

Le mode d'imposition de certains officiers était, de plus, soumis à des règles assez compliquées. « Il se trouve des officiers, disait la Commission intermédiaire dans une instruction sur la capitation adressée au Bureau de département, comme ceux des grandes et petites chancelleries et du Bureau des finances, dont la capitation se paye par retenue sur leurs gages ; leur répartir un nouveau taux de capitation serait, à leur égard, faire un double emploi.

« Quant aux autres personnes revêtues de charges ou d'offices, et surtout aux officiers militaires qui ont leur domicile dans votre département ou qui y résident pendant sept mois de l'année, ils doivent y être taxés à la capitation à raison de leurs facultés, quoiqu'imposés ailleurs à un taux particulier qu'ils payent par retenue ou autrement. Lorsqu'ils élèvent des réclamations à ce sujet, il a toujours été d'usage de leur tenir compte de cette double capitation, en faisant déduction sur le taux le plus considérable, de celui qui l'est le moins, d'après la quittance qu'ils en produisent » (2).

La répartition de la capitation présentait d'ailleurs bien d'autres difficultés. « La capitation, disait le rapport de l'Assemblée provinciale, est de tous les impôts le plus arbitraire. Il a toujours été très difficile de l'asseoir avec une parfaite justice. La connaissance que l'on croit avoir,

---

(1) Lettre de la c. i. au b. i., 17 janv. 1789. A. L.-et-Ch., C 30 (n° 136 E).
(2) Lettre de la c. i. au b. i., 17 janvier 1789. A. L.-et-Ch., C 30 (n° 136 E).

d'après toutes les informations les plus scrupuleusement prises, des facultés des contribuables, sert de base à la répartition. Le nombre des domestiques, le prix du loyer, l'état de maison qu'on tient, déterminent l'imposition ; mais ces points d'appui sont très incertains et ne peuvent prendre consistance que par le laps de temps » (1).

La Commission intermédiaire, dans une instruction adressée à ce sujet au Bureau de département, faisait les mêmes constatations, mais ne proposait aucune solution pratique et s'en rapportait à la sagesse du Bureau intermédiaire « pour se procurer les connaissances et les éclaircissements nécessaires sur le revenu, la fortune et les facultés des différents contribuables » (2).

Quant à l'Assemblée de département, sur le rapport présenté par M. de L'Arche, elle se contenta de recommander la répartition des capitales, suivant le taux de leurs impositions, dans des tableaux analogues à ceux dont nous avons parlé pour la taille. Un tableau de ce genre devait être dressé par les officiers municipaux de Blois pour les habitants de cette ville franche — nous y reviendrons plus loin — et le Bureau intermédiaire du département devait disposer de même les rôles des nobles, officiers de justice et privilégiés. Il demandait en outre d'exclure sévèrement de ces derniers rôles tous les citoyens qui s'y faisaient inscrire sans aucun droit et qui auraient dû être imposés dans celui de la capitation roturière, ces abus augmentant d'autant la taxe des contribuables de cette dernière classe (3).

---

(1) Ass. Pr., pp. 386-387, 20 déc. 1787.
(2) Lettre de la c. i. au b. i., 17 janv. 1789. [A. L.-et-Ch., C 30 (n° 136 E).
(3) A. L.-et-Ch., C 4, ff. 38 v° et 39 r° et v°, 27 oct. 1788. Ces mesures avaient d'ailleurs été proposées par l'Assemblée provinciale. V. Ass. Pr., pp. 391, 392 et 394, 20 déc. 1787.

La ville de Blois était la seule ville franche du département, et ses habitants payaient pour la capitation une somme plus élevée que tous les autres non-taillables du département.

La municipalité de Blois avait de tout temps été chargée de répartir la capitation de ses habitants et les nouveaux règlements lui conservaient ce privilège. Il semble même que l'administration provinciale ait laissé à ce sujet une grande liberté à la ville et au Bureau intermédiaire du département.

« Il suffira seulement, disait la Commission intermédiaire provinciale au Bureau de département, de porter au bas du rôle des nobles, officiers de justice, etc., la somme à laquelle vous aurez cru devoir fixer la capitation roturière de Blois, et cet objet sera approuvé en masse ». Le rôle devait ensuite être établi par les officiers municipaux, visé par le Bureau intermédiaire du département et envoyé par les procureurs-syndics provinciaux à l'intendant qui devait le rendre exécutoire (1).

La ville de Blois semble avoir eu, dès le début, quelque défiance à l'égard de l'administration provinciale. Le 12 janvier 1788, sa municipalité s'unissait à celle de Vendôme pour présenter à l'intendant « une réclamation sur les privilèges attachés aux municipalités d'asseoir les impôts et que l'Assemblée provinciale d'Orléans tente de leur enlever » (2). Le 8 mars suivant, l'intendant, en fixant le chiffre de la capitation de la ville de Blois, faisait savoir aux officiers municipaux qu'ils pouvaient « travailler à asseoir ladite somme de la même manière qu'ils ont toujours fait jusqu'alors » (3).

---

(1) Lettre de la c. i. au b. i., 17 janvier 1789. A. L.-et-Ch., C 30 (n° 136 E).
(2) A. Blois, BB 33, 12 janv. 1788.
(3) A. Blois, BB 33, 8 mars 1788.

Mais, par l'arrêt du Conseil du 30 septembre 1788, le Roi ordonna que, dans les villes où les impositions étaient précédemment réparties par les seuls officiers municipaux, ceux-ci devraient faire ce travail avec des adjoints dont le nombre — variant de quatre à huit — serait fixé par le Bureau intermédiaire du département. Ces adjoints devaient être élus par une assemblée composée des officiers municipaux et des habitants les plus haut taxés, au nombre de vingt au moins et de quarante au plus également fixé par le Bureau intermédiaire. Cette mesure ne s'appliquait pas aux villes où la répartition était faite « par les officiers municipaux, conjointement avec un certain nombre de notables, députés, conseillers ou quarteniers » (1).

La ville de Blois avait bien des conseillers, mais la municipalité dut reconnaître qu'ils n'avaient jamais participé à la répartition des impôts. Elle demanda cependant au Directeur général des finances de les appeler à ce travail « de préférence à des habitants qui n'entreront dans l'hôtel commun que pour un moment », c'est-à-dire aux adjoints institués par l'arrêt du 30 septembre (2).

Deux jours plus tard, l'Assemblée de département fixait à six le nombre de ces adjoints pour la ville de Blois et prescrivait pour les nommer « de convoquer une assemblée composée au moins de trente votants des plus haut cotisés » (3).

La municipalité protesta vivement contre cette mesure contraire à leur précédente demande. « Jusques ici, dit le premier adjoint Touzard, nous avons fait l'assiette seuls, à notre âme et conscience ; aujourd'hui on nous donne six

---

(1) Arrêt du Conseil qui règle provisoirement les formes de la répartition des impositions par les municipalités des villes, 30 sept. 1788. A. N. AD + 1086.
(2) A. Blois, BB 33, 25 oct. 1788.
(3) A. L.-et-Ch., C 4, f. 39 v°, 27 oct. 1788.

adjoints, c'est-à-dire un nombre de citoyens supérieur à celui de la municipalité, de manière que les premiers seront, s'ils le jugent à propos, les maîtres absolus de l'impôt... [Nous vous rappelons] que c'est vous, Messieurs, qui êtes responsables de 40.780 l. 12 s. 6 d.; que vos collecteurs sont sous votre garantie, tellement que vous payez en votre nom personnel leur déficit...; par conséquent vous avez le plus grand intérêt à la bonne assiette de l'impôt. Cependant le corps des garants ne sera plus maître de l'assiette..., et vous devenez responsables d'une imposition qui n'est pas votre ouvrage » (1).

En conséquence, l'assemblée décida « qu'il serait fait instance pour obtenir que les assesseurs (conseillers) soient admis, de préférence à tous autres, à procéder à la répartition ; que, dans le cas où on ne le déciderait pas ainsi, le nombre des adjoints soit réduit à quatre, en raison de la garantie dont peut être tenue la municipalité; que les vocaux (adjoints) soient choisis par les trente plus haut cotisés dans toutes les classes au-dessus de vingt livres, et cela pour obtenir plus de lumière individuelle des contribuables » (2).

La Commission intermédiaire provinciale consultée par le Directeur général des finances répondit que, si les membres privilégiés du corps municipal d'une ville franche pouvaient coopérer à la répartition de la capitation roturière, le corps municipal de Blois, composé des maire, échevins et conseillers, suffirait pour la répartition des impositions; que, si, au contraire, les privilégiés ne pouvaient participer à cette répartition pour ce qui concerne les non privilégiés, il était indispensable de nommer des adjoints pour seconder le corps municipal qui, par cette

(1) A. Blois, BB 33, 22 nov. 1788.
(2) A. Blois, BB 33, 29 nov. 1788.

disposition, se trouverait peut-être diminué de plus de moitié (1).

Cette considération paraît avoir décidé la municipalité à se soumettre. Sur l'ordre du directeur général, trente des plus haut cotisés au rôle de la capitation roturière furent convoqués, le 15 avril 1789, pour élire six d'entre eux en qualité d'adjoints. A cette assemblée, le maire Boesnier prononça un discours sur l'utilité de cette mesure, qui contrastait avec les protestations faites quelques semaines avant par le premier échevin (2).

Nous avons vu que l'Assemblée de département avait recommandé aux officiers municipaux d'établir pour la capitation roturière des tableaux, où les contribuables seraient répartis par colonnes suivant le taux de leurs impositions ; ces tableaux devaient être affichés publiquement dans une des salles de l'Hôtel-de-Ville (3). Cette mesure fut aussi l'objet de protestations de la part de la municipalité.

Le premier échevin Touzard trouvait d'abord à cette mesure certaines difficultés matérielles ; en effet, sur les anciens rôles les contribuables étaient répartis, non d'après le taux de leurs impositions, mais d'après le quartier où ils demeuraient, ce qui était plus facile pour la collecte, faite à Blois par les quatre valets de ville, chacun étant chargé d'un quartier (4). Mais une autre objection plus intéressante concernait la publicité des rôles.

« On veut, disait Touzard, que ces colonnes, qui seront d'une longueur infinie, soient toutes affichées dans un lieu public. Déjà tous nos concitoyens murmurent contre cette

---

(1) A. Loiret, C 894, ff. 138 v° et 139 r°, 24 déc. 1788.
(2) A. Blois, BB 33, 4 avr. et 15 avr. 1789. (Cette dernière délibération porte sur le registre la date du 15 février : c'est certainement un lapsus).
(3) A. L.-et-Ch., C 4, ff. 38 v° et 39 r° et v°, 27 oct. 1788.
(4) A. Blois, BB 33, 22 nov. 1788.

idée. La publicité de cet impôt ne peut qu'exciter des querelles, une espèce de guerre civile ; c'est un impôt arbitraire, déjà il est sujet à l'erreur, et sa publicité sera la pomme de discorde. Je dis plus, elle fera tort au crédit. Vous savez que, dans le secret de notre imposition, nous nous donnons les motifs de n'imposer tel négociant qui jouit de son crédit qu'à une somme modique. Si la publicité s'en mêle, il faudra ou dévoiler sa gêne ou l'exposer à être en but à ceux qui seront plus haut taxés. Dévoiler son état, c'est perdre le crédit à la faveur duquel il se fût soutenu, c'est annoncer à tout le public son insuffisance et le forcer à manquer » (1).

L'Assemblée arrêta à ce sujet « que, quant à la publicité du rôle, elle entraîne des inconvénients considérables, fait un tort réel au crédit et sème la discorde parmi les contribuables ; pourquoi il sera demandé que le rôle soit fait comme par le passé » (2).

Nous ne savons pas quelle suite fut donnée à cette affaire.

Il faut signaler « la capitation des habitants de Chambord, réglée par forme d'abonnement », qui était le seul impôt payé par les habitants de ce bourg. Le montant de cet abonnement était de 240 l. par an ; le syndic de cette communauté était chargé de la répartition et du recouvrement (3). A l'époque qui nous occupe ce privilège du bourg de Chambord était fort contesté. D'autre part, après la création des nouvelles assemblées, c'est à la municipalité que devait revenir la charge de la répartition et de la collecte, et nous avons vu quels retards furent apportés dans la constitution de cette municipalité. Aussi, au mois

(1) A. Blois, BB 33, 22 nov. 1788.
(2) A. Blois, BB 33, 29 nov. 1788.
(3) Ass. Pr., p. 99, 19 nov. 1787.

d'octobre 1788, à une demande du Bureau intermédiaire du département, la Commission intermédiaire provinciale répond : « 1° que les procureurs-syndics du département doivent faire toutes les diligences nécessaires pour que la municipalité de Chambord soit formée le plus tôt possible ; 2° qu'à l'égard de l'abonnement, il faut le laisser subsister pour cette année; 3° que le Bureau est prié de prendre toutes les informations relatives à cet abonnement et de procurer à la Commission intermédiaire des renseignements qui puissent la mettre à portée de demander au ministre des finances la cassation de l'arrêt, s'il y a lieu » (1). Les choses restèrent en l'état, jusqu'à la Révolution.

II. *Les Vingtièmes*

Lorsque le Roi donna le règlement du 5 août 1787 sur les fonctions des Assemblées provinciales, il venait de décider la suppression des vingtièmes et leur remplacement par une subvention territoriale ; il n'est donc question que de cette subvention dans ce règlement. L'édit de septembre 1787, qui révoquait ceux du mois d'août sur l'impôt territorial et du timbre, restaurait celui des vingtièmes. Ceux-ci seront perçus, disait cet édit, « sur l'universalité du revenu des biens qui y sont soumis..., sans aucune distinction ni exception, telle qu'elle puisse être, même sur les fonds de notre domaine, soit qu'ils soient possédés à titre d'apanage ou d'engagement, ou même qu'ils soient entre nos mains et régis par les administrateurs de nos domaines, et ce dans la juste proportion des revenus effectifs qui doivent supporter lesdites impositions » (2).

On sait qu'en dehors des vingtièmes des biens-fonds, il

---

(1) A. Loiret, C 894, ff. 112 v° et 113 r°, 24 oct. 1788.
(2) Edit de sept. 1787 (Isambert, t. 28, p. 434).

était perçu dans les villes des vingtièmes d'industrie et des vingtièmes des offices et droits. On percevait à cette époque deux vingtièmes. Rappelons aussi qu'avant l'institution des Assemblées provinciales, la répartition et la perception des vingtièmes étaient aux mains de contrôleurs subordonnés à un directeur des vingtièmes, fonctionnaires placés directement sous les ordres de l'intendant; les élections et les bureaux des finances n'avaient pas à s'en occuper.

Cet impôt avait nécessité, depuis 1749, des vérifications générales des biens-fonds, que leur caractère inquisitorial avait rendues fort impopulaires. Ces vérifications supprimées en 1763 avaient été rétablies en 1771; l'arrêt du Conseil du 4 novembre 1777 décida que toutes les vérifications faites depuis 1771 et celles qui se feraient dans l'avenir ne pourraient être renouvelées avant un intervalle de vingt ans. Voici le nombre de paroisses vérifiées chaque année depuis 1771 dans les élections de Blois et de Romorantin (1) :

ÉLECTIONS de	Nombre des Villes et Paroisses de chaque Élection	ANNÉES DES VÉRIFICATIONS										TOTAL
		1773	1774	1775	1776	1777	1778	1779	1780	1781	1782	
Blois	76	3	12	18	3	7	12	13	1	2	2	73
Romorantin	76	0	0	24	3	14	15	6	2	7	4	75

L'Assemblée de département de 1787 s'occupa assez longuement des vingtièmes. Boesnier, le rapporteur du bureau des vingtièmes, rendait compte ainsi des travaux de ce bureau concernant l'élection de Blois, la seule sur laquelle il avait pu se procurer des renseignements :

(1 Ass. Pr., p. 101, 19 nov. 1787. — Les chiffres donnés pour l'élection de Blois par un état portant la date de vérification de chaque paroisse (A. L.-et-Ch., C 32) sont un peu différents.

« Le résultat de ses recherches et de son travail, est l'état qu'il a l'honneur de vous remettre sous les yeux, qui constate le total des vingtièmes des biens-fonds, le montant de cette imposition pour chaque paroisse, l'évaluation des différentes espèces de biens de chacune, et qui a servi de base à ladite imposition ; il est dressé d'après les instructions qu'a fournies au bureau le contrôleur des vingtièmes.

« Le même contrôleur a observé qu'à l'égard des maisons de villes, il avait pris pour base de son évaluation les actes translatifs de propriété et les baux :

« Que la base de l'évaluation des terres, prés, vignes, bois, étangs et autres biens, avait été leur produit dans les vingt années antérieures, ce qu'il constatait dans chaque paroisse en présence et sur l'avis des habitants assemblés ; ces évaluations faites sous les déductions prescrites par l'arrêt du Conseil du 26 avril 1778 (1).

« L'état que le bureau vous présente comprend encore les vingtièmes d'industrie que payent les villes de Blois, Mer et Saint-Dyé, ainsi que les vingtièmes des offices et droits, qui se payent tant à Blois que dans le surplus de l'élection (2).

« D'après les renseignements qu'a procurés le receveur particulier des finances pour l'exercice de cette année,

« Le total des vingtièmes des biens-fonds est de .... 131.660 l. 2 s.

« Celui des vingtièmes d'industrie de. 4.812 l. 7 s.

« Celui des vingtièmes d'offices et droits de............................ 2.787 l. 9 s.

« Ce qui fait en total................ 139.259 l. 18 s.

(1) Ces déductions concernent les biens non affermés, les étangs, moulins et forges, etc.
(2) Cet état ou un état anologue est conservé aux A. L.-et-Ch., C 32.

« L'état de recouvrement du total au 1ᵉʳ novembre était de 49.161 l. Il restait dû 89.998 l. 18 s.

« Les frais de perception sont de deux deniers pour livre pour le receveur, deux autres deniers lorsque le receveur particulier remplit son traité avec le receveur général des finances, et quatre deniers aux collecteurs des vingtièmes (1).

« Les frais de poursuite ne passent pas annuellement la somme de trois cents livres, au moyen de ce qu'ils sont à la charge des préposés.

« Le receveur a exposé au bureau qu'il ne peut donner l'état des modérations et indemnités qu'à la fin de son exercice pour la présente année » (2).

A cet exposé, Boesnier ajouta les considérations suivantes au sujet de la répartition des vingtièmes et, en particulier, du projet d'un abonnement fixe de la province pour cet impôt :

« Le succès des opérations des Assemblées dépend de la confiance publique. Sans ce moyen puissant leurs efforts seront au moins insuffisants.

« Des recherches et des évaluations nécessaires à la répartition juste des vingtièmes excitent des inquiétudes, et, si elles sont suivies d'une augmentation d'impôts, elles rendent odieux tout ce qui paraît y avoir contribué.

« Au contraire, si Sa Majesté veut bien accorder à ce département un abonnement fixe, si elle veut bien exempter cet impôt et celui de la taille de toutes variations et d'accroissements, la confiance facilitera les renseignements et le peuple soulagé par une répartition plus juste des charges qu'il supporte, bénira sans cesse la bienfaisance de Sa Majesté et l'institution qu'elle a fait des Assemblées pour en assurer l'heureux effet.

(1) A ce sujet, voir plus bas. p. 173.
(2) A. L.-et-Ch., C 4, ff. 19 v°, 20 r° et v°, 21 r° et v°, 10 nov. 1787.

« Les vingtièmes ont heureusement une base certaine : la propriété des biens-fonds de toute espèce ; mais sa répartition exige la plus grande circonspection. Si l'impôt est excessif, il se trouve pris alors sur une portion de la valeur du fonds lui-même, au lieu de n'être qu'une partie proportionnelle de la masse des productions qui forment la subsistance ou la richesse du propriétaire. Alors il anéantit progressivement la culture et la fécondité des terres. S'il est trop faible, il ne remplit pas son but, celui de subvenir aux besoins de l'État. Rien de plus difficile à acquérir que la connaissance exacte de la portion du produit des biens-fonds sur laquelle il doit être pris ; rien de plus compliqué par des détails de toute espèce.

« Ce moyen d'imposer ne peut même s'employer que lorsque cette connaissance est portée généralement à un vrai degré de perfection ; sans cela les parties bien connues, bien imposées font sentir avec bien plus de force les erreurs des répartitions commises nécessairement dans celles qui le sont moins. Ces erreurs font le même effet que l'injustice, elles excitent avec raison des plaintes.

« Il serait un autre moyen qu'on pourrait adopter provisoirement ; il est moins parfait sans doute, mais plus facile, et il assurerait au moins une proportion juste entre les contribuables ; mais il ne peut être employé qu'en supposant que Sa Majesté voulût bien accorder un abonnement déterminé.

« Ce moyen est d'établir la proportion et la quotité des vingtièmes d'après la valeur des fonds. On peut réussir à la connaître par la communication des actes translatifs de propriété, par la connaissance peu compliquée de la quantité des terres et de leurs valeurs relatives, que les actes ci-dessus comparés peuvent au moins indiquer et que peuvent assurer des informations prises sur les lieux par les municipalités et par les membres de cette assemblée. On peut encore avoir des renseignements utiles par les états détaillés dont les directeurs des vingtièmes sont dépositaires. L'Assemblée provinciale peut se les faire représenter, en faire faire des copies et les faire passer aux Commissions intermédiaires des Assemblées de département.

« Il serait d'autant plus précieux d'avoir ce premier degré de perfection dans la répartition des vingtièmes qu'il deviendrait aussi la règle certaine de la taille et, par suite nécessaire, de ses accessoires, de la capitation des taillables et de la contribution pour les corvées, qui sont des quotités proportionnelles de la taille.

« Enfin, en admettant un abonnement fixe de ces impôts et la connaissance de la valeur des fonds, il serait facile d'en diviser la masse au marc la livre par départements, élections, paroisses et enfin par propriétés particulières avec la plus grande justesse.

« Pour parvenir à acquérir la connaissance de l'étendue et de la valeur des différentes espèces de biens sujets au vingtième, il serait à propos de faire toutes les recherches nécessaires dans les différents dépôts et d'envoyer à la municipalité de chaque paroisse des instructions détaillées ; la Commission intermédiaire, chargée par vous de le faire, y pourvoirait de la manière qu'elle jugerait la plus convenable ; nous devons compter à cet égard sur sa prudence et sur son zèle » (1).

L'abonnement des vingtièmes fut une des questions les plus importantes que traita l'Assemblée provinciale. Notre département y était intéressé comme les autres parties de la province, mais l'Assemblée de département et son Bureau intermédiaire n'ayant pas eu à intervenir, il n'entre pas

(1) A. L.-et-Ch., C 4, ff. 19 v°, 20 r° et v°, 21 r° et v°, 10 nov. 1787

dans notre plan de traiter cette question ici. Rappelons seulement les résultats auxquels on arriva.

Par son instruction de novembre 1787, le Roi rappelait l'édit du mois de septembre, mais décidait que pour les six premiers mois de 1788 les rôles seraient faits provisoirement comme par le passé. Le Roi maintenait le don gratuit en faveur du Clergé, mais prescrivait que les biens du Clergé seraient néanmoins portés pour mémoire sur les rôles des vingtièmes. Enfin il proposait l'abonnement de la province moyennant une somme de 2.970.000 livres (1).

Le 30 novembre, après le rapport du bureau des vingtièmes et les conclusions des procureurs-syndics, l'Assemblée provinciale décide « de supplier Sa Majesté : 1º de vouloir bien se contenter de 2.300.000 l., excédant de 400.000 l. l'imposition actuelle des vingtièmes, non compris la somme de 420.000 l. que Sa Majesté déclare accepter pour mémoire ; 2º de vouloir bien abandonner entièrement à l'Assemblée provinciale cette branche d'administration, afin qu'elle se livre à des économies de perception, sans lesquelles il lui serait même impossible d'offrir ces 400.000 l. de plus. » L'Assemblée insistait, en outre, sur l'application de l'édit de septembre en ce qui concerne les domaines et les apanages (2).

Le 17 décembre, sur de nouvelles propositions du contrôleur général, l'Assemblée refusait de nouveau de consentir à une somme supérieure à 2.300.000 l. (3). Enfin, le 21 décembre, une lettre du contrôleur général au duc de Luxembourg annonçait que le Roi accordait l'abonnement des vingtièmes aux conditions demandées par la province (4).

---

(1) Instr. nov. 1787, 4ᵉ partie. Ass. Pr., pp. 62 à 67.
(2) Ass. Pr., pp. 188 à 203, 30 nov. 1787.
(3) Ass. Pr., pp. 351-352, 17 déc. 1787.
(4) Ass. Pr., pp. 397-398, 21 déc. 1787.

La province ne pouvait arriver à subvenir au supplément de dépenses que lui imposait les conditions de l'abonnement qu'en exigeant le paiement des vingtièmes, conformément à l'édit de septembre 1787, de tous les biens qui en avaient été exemptés. Aussi l'Assemblée de département et les municipalités durent-elles se mettre à l'œuvre pour dresser l'état de ces biens qui allaient être nouvellement imposés. Dès que le Roi eut accordé l'abonnement, les députés de la Commission intermédiaire provinciale rappelèrent au Bureau intermédiaire de Blois et Romorantin que les forêts et domaines du Roi, les apanages de Monsieur, du comte d'Artois et du duc d'Orléans, les biens de Malte et des hôpitaux devaient, à partir de cette date, être soumis aux vingtièmes.

« D'après l'examen général, ajoutait-elle, il a été prouvé qu'il se trouvait plusieurs personnes qui avaient échappé à l'impôt, soit par oubli, soit par des décisions du Conseil. Il est important aujourd'hui que toutes ces différentes erreurs soient vérifiées et corrigées, parce que c'est en atteignant ceux qui ne payaient pas que vous pouviez soulager ceux qui payaient trop. Vous êtes appelés à dénoncer et à corriger tous les abus de l'assiette de l'impôt des vingtièmes : l'Assemblée générale ne s'est déterminée à solliciter un abonnement que pour les rectifier. Elle a voulu par là arrêter les progrès d'une gradualité, qui ne cessait d'augmenter tous les jours et qui menaçait de s'accélérer davantage. Elle a espéré retrouver la somme (qu'elle s'est vue obligée d'offrir pour empêcher qu'on en perçoive une plus considérable) dans les nouveaux objets soumis à l'impôt que nous venons de vous détailler et dans tous les avantages d'une perception plus juste, qui tournera uniquement au profit des pauvres contribuables. »

La Commission intermédiaire demandait, en conséquence, au Bureau intermédiaire de département, de dresser un état détaillé par paroisses de tous les domaines du Roi et de tous les biens appartenant aux princes apanagistes, en y ajoutant une évaluation de ce que ces biens peuvent produire. Elle lui recommandait, pour obtenir les renseignements nécessaires, de s'adresser aux contrôleurs des vingtièmes et aux municipalités et à leurs syndics, qui agiraient ainsi dans leur propre intérêt. Cet état devait fournir la base de la répartition entre les départements. La Commission intermédiaire demandait ces renseignements pour le mois de mars 1788 au plus tard, l'abonnement devant commencer au premier juillet (1).

La réforme n'était pas si aisée que l'avait d'abord pensé la Commission intermédiaire, et on ne tarda pas à s'apercevoir que les renseignements qu'on avait dû demander aux municipalités « étaient trop étendus et trop multipliés relativement à la faiblesse et au peu d'usage que la plupart avaient d'un travail suivi et compliqué ».

De nouvelles instructions leur recommandèrent de borner leurs recherches à « l'appréciation et contenance » des biens qui devaient être nouvellement imposés et « de prendre note des biens oubliés dans les rôles de l'imposition du vingtième, ainsi que des cotes qui y seraient fixées avec tant de disproportion qu'elles sembleraient évidemment éluder la loi aux dépens de ceux qui en seraient trop rigoureusement atteints ».

La Commission intermédiaire ajoutait que cette opération confiée aux municipalités devait « bannir toute espèce de méfiance de leur part et calmer tous leurs soupçons et leurs craintes ». « En effet, disait-elle, leur demander l'état exact des biens des riches, c'est leur annoncer déjà que le pauvre ne supportera plus tout seul la masse de l'impôt » (2).

(1) Lettre de la c. i. au b. i., 26 déc. 1787. A. L.-et-Ch., C 30 (n° 1 F).
(2) Lettre de la c. i. au b. i., 1ᵉʳ fév. 1787. A. L.-et-Ch., C 30 (n° 50 F).

Les municipalités se mirent à l'œuvre pour réaliser le travail qu'on leur demandait et semblent avoir employé des moyens différents pour y parvenir. Ainsi, la municipalité de Mer impose à « tous propriétaires domiciliés dans cette paroisse... de fournir une nouvelle déclaration du bien qu'ils y possèdent, soit qu'ils l'exploitent ou qu'ils l'afferment, de quelque nature qu'il soit, article par article, avec désignation du climat où chaque pièce est située, ainsi que sa contenance. . ». Il devait être fait. « différentes classes de la nature des biens pour en fixer la valeur suivant la même évaluation » (1).

A Blois, au contraire, la municipalité n'exige pas de nouvelle déclaration des propriétaires ; c'est sur les registres du receveur des domaines qu'elle veut asseoir ses estimations ; elle demande pour les officiers municipaux « le pouvoir et le droit de compulser les registres du receveur des domaines » (2).

A Blois, la question était d'ailleurs assez délicate, car le château et toutes ses dépendances plus ou moins éloignées formaient un domaine considérable qui, d'après les mesures projetées, devait être imposé aux vingtièmes dont il était exempt auparavant comme domaine royal. Les officiers municipaux demandèrent d'abord à la Commission intermédiaire « sur quel pied ils évalueront le château ? est-ce sur le prix qu'il pourrait être vendu ou sur le pied estimatif des loyers qu'on pourrait tirer des appartements ? » (3).

D'autre part le Bureau intermédiaire de Blois et Romorantin s'informa des « moyens d'obtenir les renseignements nécessaires concernant les domaines attachés au château de Blois » et demanda « si les mouvances dépen-

---

(1) A. Mer, Registre de délibérations municipales, 17 fév. 1788, f. 75 v°.
(2) A. Blois, BB 33, 1ᵉʳ mars 1788.
(3) A. Blois, BB 33, 1ᵉʳ mars 1788.

dantes de ce château, qui ne seraient pas situées dans l'étendue de la municipalité de Blois, devaient être regardées comme existantes dans le lieu du fief dominant ou dans le lieu où elles étaient situées ».

La Commission intermédiaire répondit :

« 1° Que, comme les mouvances et autres droits seigneuriaux sont attachés à la glèbe, toutes les mouvances du comté de Blois, les différents droits et autres objets qui en dépendent, sauf les domaines corporels, doivent être compris et réunis dans un même état, et que c'est à la municipalité de la ville de Blois, où le château est situé et où se doivent rendre les devoirs féodaux, à donner cet état ;

« 2° Que la municipalité de Blois doit s'adresser à la personne chargée de la régie des domaines de Sa Majesté pour en obtenir les renseignements nécessaires concernant les domaines du comté de Blois, et qu'en cas de refus formel, la municipalité déclarera l'impossibilité absolue où elle se trouve de donner l'état des domaines dudit comté au Bureau intermédiaire, qui voudra bien en faire part à la Commission intermédiaire provinciale » (1).

Ce travail devait être inutile et l'abonnement des vingtièmes ne fut jamais appliqué dans la généralité. Reportée d'abord au second semestre de 1788, son application fut ensuite reculée jusqu'au 1er janvier 1789 (2). Mais avant cette date, prévoyant les grands changements qu'allait amener la convocation des États généraux, Necker prit le parti d'ajourner la réforme *sine die*.

« Le Roi, ayant ordonné la convocation des États généraux pour le mois de janvier prochain, écrivait-il le 15 octobre 1788 à la Commission intermédiaire de l'Or-

---

(1) A. Loiret, C 894, f. 12 v°, 14 mars 1788.
(2) A. Loiret, C 894, f. 26 v°, 22 avr. 1788.

léanais, j'ai eu l'honneur de vous faire connaître que Sa Majesté avait en conséquence permis qu'il ne fût rien innové, en 1789, à l'égard de l'imposition des vingtièmes et que les rôles de cette imposition pour l'année prochaine fussent faits comme ceux de 1788 » (1).

L'année suivante l'Assemblée nationale prolongea encore d'une année l'ancien mode d'imposition, et la Commission intermédiaire fit procéder à l'imposition des vingtièmes comme par le passé. « Vu le décret de l'Assemblée nationale du 17 juin 1789, dit le procès-verbal de la Commission intermédiaire du 22 décembre 1789, par lequel il a été déclaré que pendant la session actuelle les impôts et contributions continueront d'être levés de la même manière qu'ils l'ont été précédemment ; vu le décret du 26 septembre 1789, par lequel l'Assemblée nationale, persistant dans son décret du 17 juin, reconnaît la nécessité de faire travailler promptement aux rôles de 1790 dans la même forme que ci-devant, jusqu'à ce qu'elle puisse faire jouir les contribuables du nouveau mode d'imposition qu'elle ordonnera pour 1791 » ; et en particulier pour les vingtièmes d'industrie ; « vu pareillement les ordres de Sa Majesté contenus dans la lettre de M. le contrôleur général du 16 novembre 1789, qui porte que les rôles des vingtièmes d'industrie et des offices et droits seront faits dans la forme ordinaire ; la Commission intermédiaire a arrêté que les vingtièmes d'industrie seront imposés pour 1790 de la même manière que par le passé dans toutes les villes de la généralité où cette imposition a eu lieu jusqu'à présent » (2).

Il fut seulement prescrit aux nouvelles municipalités de 1790 de reviser ces rôles des vingtièmes d'industrie ; mais,

(1) Lettre du dir. gén. à la c. i., 15 oct. 1788 (copie). A. L.-et-Ch., C 30 (n° 26 F).
(2) A. Loiret, C 894, 22 déc. 1789.

sans que nous en apercevions la raison, les municipalités des villes du département de Blois et Romorantin semblent s'y être refusées. Les procureurs-syndics provinciaux écrivaient en effet, le 18 mars 1790, au Bureau intermédiaire du département : « M. le directeur des vingtièmes vient d'informer la Commission intermédiaire que les municipalités de Blois, Menars-la-Ville, Saint-Dyé, Romorantin, Saint-Aignan et Saint-Christophe-de-Vatan paraissaient se refuser à faire la revision des rôles des vingtièmes d'industrie pour 1790 : opération qui avait été jugée nécessaire pour constater les changements survenus en 1789, et n'employer dans les rôles de 1790 que des industriels existants..... » (1).

En somme, l'abonnement des vingtièmes, mesure prise par l'Assemblée provinciale contre les abus de notre ancien régime d'impositions, était, comme tant d'autres du même genre, resté sans application, étant rendu inutile par les réformes plus complètes de notre système fiscal entreprises par l'Assemblée constituante.

III. *Les Rôles de supplément des privilégiés*

Outre les impositions que nous venons d'étudier, le Bureau intermédiaire de l'Assemblée de département eut à s'occuper, vers la fin de son exercice, de taxes nouvelles : les impôts de supplément des privilégiés et la contribution patriotique.

Le décret de l'Assemblée constituante du 25 septembre 1789 disait :

« [Art. II]. Il sera fait, dans chaque communauté, un rôle de supplément des impositions ordinaires et directes,

---

(1) Lettre des p.-s. pr. au b. i., 18 mars 1790. A. L.-et-Ch., C 30 (n° 152 F).

autres que les vingtièmes, pour les six derniers mois de l'année 1789, à compter du premier avril dernier, jusqu'au 30 septembre suivant, dans lesquels seront compris les noms et les biens de tous les privilégiés qui possèdent des biens en franchise personnelle ou réelle, à raison de leurs propriétés, exploitations et autres facultés ; et leur cotisation sera faite dans la même proportion et dans la même forme qui auront été suivies pour les impositions ordinaires de la même année, vis-à-vis des autres contribuables.

« [Art. III]. Les sommes provenant de ces rôles de supplément seront destinées à être réparties en moins imposé sur les anciens contribuables, en 1790, dans chaque province.

« [Art. IV] Dans les rôles de toutes les impositions de 1790, les ci devant privilégiés seront cotisés avec les autres contribuables, dans la même proportion et la même forme, à raison de toutes leurs propriétés, exploitations et autres facultés » (1).

Les rôles de supplément, ainsi que le faisait observer le contrôleur général en envoyant ces prescriptions à la Commission intermédiaire, ne devaient pas comprendre les domaines du Roi, « la distinction de la cote personnelle et de la cote d'exploitation répugnant à la dignité royale » ; mais ils étaient applicables aux villes franches (2).

Nous avons vu les difficultés qu'avait soulevées à plusieurs reprises la question de savoir si les contribuables devaient être imposés au lieu où étaient situés leurs biens ou au lieu de leur domicile. Pour les rôles de supplément,

---

(1) Décret de l'Assemblée nationale, 25 sept 1789. Collection Baudoin, t. I, pp. 93-94.
(2) Lettre du contrôl. gén. à la c. i., 30 déc. 1789 (copie). A. L.-et-Ch., C 30 (n° 55 bis A).

l'Assemblée constituante décida que les ci-devant privilégiés seraient imposés dans le lieu où leurs biens étaient situés, aussi bien pour la cote personnelle que pour la cote d'exploitation (1).

Des lettres imprimées et envoyées à toutes les municipalités expliquaient ces nouvelles dispositions.

« ..... Le changement ne tombera donc, disaient-elles, que sur les cotes personnelles, qui ne s'établiront plus d'après le domicile du contrôleur, mais qui seront déterminées par la situation des biens qui en seront l'objet.

« Les ci-devant privilégiés, domiciliés dans votre communauté, doivent être imposés :

« 1° A une cote d'exploitation pour les biens situés dans la communauté, qu'ils font valoir par eux-mêmes ;

« 2° A une cote personnelle pour la propriété de ces mêmes biens ;

« 3° A une cote personnelle seulement, pour leurs autres biens situés dans la communauté, qu'ils ne font point valoir ;

« 4° Enfin à une cote personnelle à raison de leurs facultés mobilières, rentes actives, commerce ou industrie, d'après le taux commun.

« A l'égard des ci-devant privilégiés non domiciliés dans votre communauté, ils doivent être imposés :

« 1° A une cote d'exploitation pour les biens qui sont situés dans la communauté et qu'ils exploitent ;

« 2° A une cote personnelle à raison de la propriété des mêmes lieux ;

« 3° Enfin à une cote personnelle seulement, à raison

---

(1) Décrets du 26 septembre et du 28 novembre 1789. — Lettres patentes données à Paris le 29 nov. 1789 (imprimées). A. L.-et-Ch., C 30. — Lettre du contrôl. gén. à la c. i., 4 déc. 1789 (copie). A. L.-et-Ch., C 30 (n° 61 B).

des autres biens qu'ils possèdent dans la communauté et qu'ils ne font pas valoir » (1).

Malgré la clarté de cette dernière clause, qui s'appliquait aux habitants des villes franches pour les biens qu'ils possédaient dans les autres communautés, la ville de Blois crut devoir adresser un mémoire à l'Assemblée nationale « concernant l'impôt de supplément pour les six derniers mois 1789 et la manière de l'asseoir sur les bourgeois propriétaires de vignes » (2). Cette dernière démarche de la ville, concernant les impositions des vignobles possédés par ses habitants (3), n'eut d'ailleurs d'autre résultat que de retarder beaucoup la confection des rôles de supplément dans ce département, ce qui attira au Bureau intermédiaire de vives remontrances de la part de la Commission intermédiaire provinciale (4).

Il fut très difficile de savoir à quelle somme on devait imposer les privilégiés dans les rôles de supplément On sait qu'aux termes de l'édit de juillet 1766, les biens de certains privilégiés (officiers communaux, officiers des élections, officiers de judicature et de finance) étaient toujours soumis à la taille d'exploitation. De même les biens des nobles, ecclésiastiques, officiers des cours supérieures et bureaux des finances, officiers des grandes et petites chancelleries, quand ils étaient affermés, étaient soumis à

(1) Seconde lettre aux municipalités, déc. 1789. A. L.-et-Ch., C 30 (n° 53 B).
(2) Lettre des p.-s. pr. au b. i., 17 déc. 1789. A. L.-et-Ch., C 30 (n° 57 B).
(3) Cf. ch. III.
(4) Lettre de la c. i. au b. i., 24 fév. 1790. A. L.-et-Ch., C 30 (n° 156 B). — D'autres paroisses, comme celle de la Madeleine-Villefrouin, se plaignirent aussi de l'augmentation éprouvée en 1790 « par la diminution de la matière imposable, résultant de la cotisation des biens au lieu de leur situation ». Cette communauté perdait par cette mesure 574 arpents de terres imposables et n'en recouvrait que 55.

la taille d'exploitation payable par le fermier. Même lorsque les privilégiés de cette dernière catégorie exploitaient eux-mêmes leurs biens, le privilège de l'exemption de la taille d'exploitation devait être limité à une seule terre, dans une seule paroisse et de l'étendue de quatre charrues seulement (1). Il aurait donc été facile de déterminer le montant des impositions aux rôles de supplément, s'il eût existé un rapport déterminé entre la cote personnelle et la cote d'exploitation ; mais il était loin d'en être ainsi.

« Les renseignements que s'est procurée la Commission intermédiaire, écrivaient les procureurs-syndics provinciaux aux députés de Blois et Romorantin, n'ont fait que lui prouver de plus en plus que ce rapport [entre la cote personnelle et la cote d'exploitation] variait dans tous les points de la province. Elle a vu qu'en cherchant à réduire à un terme moyen les différents rapports qui existent entre les deux cotes dans les différentes élections, elle mécontenterait tous les nouveaux contribuables qui possèdent des biens dans une élection où ce rapport est moindre que ne serait le terme moyen, tandis qu'elle abaisserait la cote de ceux qui possèdent des biens dans une élection où le cas contraire existe, au-dessous de la cote des anciens contribuables de la même élection. Ainsi, dans un canton de la généralité il s'élèverait des réclamations de la part des ci-devant privilégiés, et dans un autre canton les anciens contribuables se plaindraient de ce que les ci-devant privilégiés ne supporteraient pas le même fardeau qu'eux » (2).

La Commission intermédiaire pensait donc que les privilégiés devaient « être soumis à toutes les variétés locales que ces impositions reçoivent dans la province ». Elle n'adoptait, en conséquence, aucune base fixe ; mais, pour

(1) V. *Nouveau code des tailles*, t. 4, p. 294 et t. 6, p. 218.
(2) Lettre des p.-s. pr. au b. i, 19 déc. 1789. A. L.-et Ch., C 30 (n° 54 A).

prévenir les écarts auxquels les municipalités auraient pu se livrer, elle invitait le Bureau intermédiaire à se concerter avec les officiers des élections pour découvrir les variations du rapport des deux espèces de cotes, les limites de ces variations devant être indiquées comme des termes que les asséeurs de chaque communauté de l'élection ne devraient pas dépasser.

D'ailleurs, en consultant les officiers des élections, la Commission intermédiaire avait surtout pour but d'éviter les difficultés dont ces officiers étaient les juges par la voie contentieuse. « Les asséeurs, disaient les procureurs-syndics, seront beaucoup moins exposés à des procès, et l'administration sera moins tourmentée par les réclamations des contribuables » (1).

Si l'on en croit certaines municipalités, la distinction de cote personnelle et de cote d'exploitation n'existait pas dans plusieurs paroisses, et même dans toute la généralité, et la taille, pour les biens-fonds, n'était assise que sur leur exploitation. Il résulterait de ce fait cette conséquence curieuse que les « privilégiés » n'auraient été en fait dans ces paroisses l'objet d'aucun privilège véritable pour l'imposition de leurs biens.

C'est en effet ce qui ressort d'un mémoire adressé au contrôleur général des finances par « les députés composant le comité et la municipalité de la ville de Mer et ceux composant les assemblées municipales de Séris, Lussay et Avaray, et autres propriétaires ».

« En suivant ces instructions concernant les rôles de

---

(1) Lettre des p.-s. pr. au b. i., 19 déc. 1789. A. L.-et-Ch., C 30 (n° 54 A). — Cette méconnaissance de la séparation des pouvoirs qui annihilait, ou à peu près, les effets de la juridiction contentieuse pour que « l'administration soit moins tourmentée », est conforme au rôle qu'avaient toujours rempli les officiers des élections qui prenaient une part importante à la répartition des impôts et étaient aussi juges au contentieux sur ces mêmes questions.

supplément], disait ce mémoire, les ci-devant privilégiés seront beaucoup plus imposés, proportion gardée, que les anciens contribuables. Et, en effet, dans toutes les paroisses de la généralité d'Orléans, et notamment dans celles ci-dessus nommées, la taille n'a jamais été assise que sur les facultés mobiliaires et sur l'exploitation des biens-fonds. Si les asséeurs avaient fait deux cotes, outre celle relative aux facultés mobiliaires, ces deux cotes n'auraient pu monter ensemble qu'à la somme produite par la seule cote d'exploitation, et il serait de la justice d'y assujettir également les ci-devant privilégiés. Mais cette opération, n'ayant point été faite et ne pouvant se faire pour les anciens contribuables qu'en 1790, doit être également retardée pour les ci-devant privilégiés. La raison en est bien sensible : ils payent par leurs fermiers, ou doivent payer eux-mêmes, s'ils font valoir, la cote d'exploitation dans la même proportion que les anciens contribuables. Or, cette cote d'exploitation comprenant la cote de propriété, il est évident qu'une seconde cote de propriété, à laquelle on les imposerait pour les six derniers mois de 1789, formerait un double emploi à leur préjudice » (1).

Un autre mémoire des « députés composant le comité et la municipalité de la ville de Mer » examinait l'hypothèse dans laquelle, sans augmenter le chiffre total des impositions dues par les privilégiés pour leurs biens-fonds, le montant de ces impositions serait divisé en deux parties, une cote personnelle à la charge du propriétaire et une cote d'exploitation à la charge du fermier, dans le cas où la propriété serait affermée. Mais cette solution lésait les intérêts du propriétaire au profit du fermier, celui-ci se trouvant déchargé d'une partie des impôts qu'il payait

---

(1) Mémoire adressé par les municipalités de Mer, etc., au contrôl. gén. (copie). A. L.-et-Ch., C 30 (n° 169 A).

auparavant, sans que le prix de son bail en soit modifié (1).

Aussi le contrôleur général des finances, qui examina longuement cette question, pensa qu'il était préférable que, dans les paroisses où ce mode de répartition était en usage, « le fermier de tous les biens fonds appartenant à un ci devant privilégié soit tenu, pour les 6 derniers mois 1789 et pour l'année 1790, d'acquitter la cote personnelle à la décharge du propriétaire » (2).

La Commission intermédiaire provinciale, ayant pris l'avis du Bureau intermédiaire de Blois et Romorantin et s'étant fait remettre sur ce sujet un acte de notoriété des officiers de l'élection de Blois, arrêta « qu'il serait adressé au ministre un projet de proclamation pour fixer la proportion de la cote personnelle avec le revenu et que Sa Majesté serait suppliée de déterminer cette proportion au 40me du revenu net dans toute l'étendue de la généralité » (3).

IV. *La Contribution patriotique*

Le Bureau intermédiaire du département eut enfin à s'occuper de la contribution patriotique. On sait que cette contribution extraordinaire, qui ne devait être payée qu'une fois, fut fixée par le décret de l'Assemblée nationale du 6 octobre 1789 « au quart du revenu dont chacun jouit, déduction faite des charges foncières des impositions, des intérêts par billets ou obligations, des rentes constituées auxquelles il se trouve assujetti, et, de plus, à deux et demi pour cent de l'argenterie ou des bijoux d'or et d'argent dont on sera possesseur, et à deux et demi pour cent de

---

(1) Mémoire de la municipalité de Mer au contrôl. gén. A. L.-et-Ch., C 30 (n° 169 A).
(2) Lettre du contrôl. gén. à la c. i., 13 janv. 1790 (copie). A. L.-et-Ch., C 30 (n° 169 A).
(3) A. Loiret, C 894, f. 280 v°, 5 févr. 1790.

l'or et de l'argent monnayés que l'on garde en réserve ». Il y avait des exceptions pour les ouvriers et les revenus inférieurs à 400 l. Cette contribution devait être acquittée par tiers, et chaque citoyen devait aller lui-même faire la déclaration de la somme qu'il devait payer avant le 1er janvier 1790 (1).

Mais de tels retards furent apportés dans ces déclarations que l'Assemblée nationale, par un décret du 26 décembre 1789, dut accorder un nouveau délai de deux mois (2). Les procureurs-syndics provinciaux demandèrent des renseignements sur ces retards au Bureau intermédiaire de Blois et Romorantin.

« Le ministre désire connaître, disaient ils, l'état actuel et les progrès de cette opération. Nous vous prions, en conséquence, de vouloir bien nous transmettre tous les détails que vous avez pu vous procurer à cet égard, et de nous marquer si, dans les différentes villes ou principaux lieux de votre département, ces déclarations se font avec zèle, s'il en a déjà été fourni un assez grand nombre, quelles sont les causes qui auront pu les ralentir et les moyens qu'il vous paraîtrait convenable d'employer pour que cette opération marchât avec activité.

« Un assez grand nombre de personnes paraissent avoir différé jusqu'à présent de faire leurs déclarations, parce qu'incertaines sur la conservation de la totalité de leur revenu, il leur paraissait difficile d'en faire dans ce moment l'évaluation. D'autres personnes ont aussi témoigné qu'elles étaient indécises sur la quotité des impositions et sur la nature des autres charges dont elles sont autorisées

---

(1) Décret de l'Assemblée nationale, 6 oct. 1789. Collection Baudoin, t. I, pp. 105 à 112.
(2) Décret de l'Assemblée nationale, 26 déc. 1789. Collection Baudoin, t. I, pp. 287-288.

à faire la déduction pour n'avoir à déclarer que le quart de leur revenu net » (1).

Nous ne connaissons pas la réponse que les procureurs-syndics du département adressèrent à la Commission intermédiaire, pour lui rendre compte de la situation où se trouvait dans la ville de Blois l'opération de la contribution patriotique et l'informer des efforts qu'ils étaient disposés à faire pour accélérer les déclarations relatives à cette contribution (2). Mais on sait que les déclarations des contribuables donnèrent de si médiocres résultats que, par ses décrets du 27 mars et du 8 août 1790, l'Assemblée constituante dut imposer aux municipalités de taxer d'office les contribuables qui n'avaient pas fait leur déclaration et de rectifier les déclarations notoirement infidèles.

(1) Lettre des p.-s. pr. au b. i., 22 janv. 1790, A. L.-et-Ch., C 30 (n° 167 C).
(2) Lettre des p.-s. pr. au p.-s. dép., 22 fév. 1790, A. L.-et-Ch., C 30 (n° 158 C).

CHAPITRE V

QUESTIONS RELATIVES AUX IMPOSITIONS
FRAIS DE RECOUVREMENT
REMISES, DÉCHARGES et MODÉRATIONS
DÉPENSES LOCALES

I. *Les Frais de recouvrement.* — Insuffisance des renseignements des Assemblées provinciales et de département à ce sujet. - Tableau des taxations accordées pour la perception des impôts. — Frais de poursuites. — Recouvrement alternatif par deux receveurs des tailles. Projet de suppressions d'offices.

II. *La Remise du Roi.* — Destination de la remise du Roi. Sa répartition avant la création des Assemblées provinciales. — Cette répartition est confiée à l'administration provinciale. — Montant de la remise. - Rassemblement des demandes. — Concours des officiers de l'élection et des receveurs particuliers. — Mode de répartition. — Lenteur et négligences du Bureau intermédiaire dans l'accomplissement de ce travail. — États de répartition de la remise du Roi.

III. *Décharges et Modérations.* — Attributions contentieuses de la Commission intermédiaire. — Rôles des municipalités et des Bureaux intermédiaires. — Marche à suivre pour obtenir les décharges et modérations. — Conditions à exiger pour accorder les décharges et modérations. — Emploi d'une partie des fonds destinés à cet objet au profit des officiers trop taxés. — Pour la taille les élections conservent leurs attributions contentieuses.

IV. *Dépenses de la province et du département.* — Fonds libres de la capitation et fonds variables. — Approbation des dépenses par le Conseil du Roi. — A partir de 1789 l'emploi des fonds libres et des fonds variables est approuvé par une seule ordonnance pour chacun de ces fonds. — Montant de ces dépenses. — Frais occasionnés par l'Assemblée de département. Projet de budget. — Modifications apportées à ce projet.

V. *Dépenses des municipalités. Impositions locales.* — Impositions locales annuelles et accidentelles. — L'approbation préalable du Conseil du Roi ne sera plus nécessaire pour les dépenses inférieures à 500 livres. — Frais occasionnés par les nouvelles municipalités.

VI. *Tableau des impôts royaux directs des paroisses du département de Blois et Romorantin.*

I. *Les Frais de recouvrement*

A la fin de l'ancien régime l'opinion publique considérait les frais de recouvrement comme absorbant une grande partie du produit des impôts. Parmi les cahiers de doléances des paroisses du bailliage de Blois pour les États généraux de 1789, beaucoup estiment que les frais de perception atteignent la moitié, les deux tiers, les cinq sixièmes même de la totalité des impôts (1). Ces évaluations sont certainement très exagérées. Il serait cependant très intéressant, pour savoir jusqu'à quel point de pareilles plaintes

(1) A. L.-et-Ch., série B (non classée). V. notamment les cahiers de Saint-Denis-sur-Loire, Les Montils, Villamblain, Boursay, Ruan, Saint-Cyr-Semblecy. — Il est vrai que les frais de recouvrement des impôts indirects (aides, gabelles, etc.) étaient beaucoup plus élevés que ceux des impôts directs, les seuls dont nous ayons à nous occuper ici. Mais les réformes proposées (suppression des receveurs des tailles, versement direct de la taille par les municipalités aux coffres du Roi, etc.) montrent bien que ces plaintes s'appliquaient spécialement à la perception de la taille et autres impôts directs.

étaient fondées, de connaître exactement quels étaient les frais de recouvrement. Malheureusement l'Assemblée de département et l'Assemblée provinciale semblent avoir elles-mêmes été imparfaitement renseignées à ce sujet.

En effet, dans le rapport présenté au nom du bureau de la taille à l'Assemblée de département de 1787, M. de Montlivault ne signale pas parmi les frais de perception les 3 deniers pour livre touchés par le receveur général des finances sur toutes les impositions ; il porte à 6 deniers au lieu de 4 la taxation des collecteurs pour les accessoires de la taille et la capitation taillable ; il évalue à 4.508 l. 10 s. les 3 deniers pour livre accordés aux receveurs particuliers des finances pour les impositions ordinaires (1) de l'élection de Blois qu'il fixe lui-même à la somme de 425.373 l. 3 s. 11 d., ce qui est une erreur de calcul manifeste ; etc. (2). De son côté l'Assemblée provinciale a commis aussi quelques omissions (par exemple les 2 deniers pour livre accordés aux receveurs généraux pour les receveurs particuliers qui remplissaient leurs engagements à époque fixe), et les chiffres donnés dans différents tableaux ne coïncident pas toujours (3).

Ces contradictions rendent assez difficile de fixer aujourd'hui le montant de ces taxations. Cependant à l'aide des renseignements fournis par la réunion de ces différentes sources et de ce que nous savons sur les règles générales qui déterminaient ces taxations, nous avons cru pouvoir tracer le tableau suivant (4) :

---

(1) Les vingtièmes n'étaient pas compris dans les impositions ordinaires.
(2) A. L.-et-Ch., C 4, f. 18 r° et v°, 10 nov. 1787.
(3) V. Ass. Pr., p. 106 et tableau, p. 108, 19 nov. 1787.
(4) Ces chiffres, calculés théoriquement d'après le montant des impositions, ne correspondent peut-être pas exactement à la réalité. Toutefois, nous croyons, d'après ceux que nous connaissons, qu'ils s'en écartent fort peu.

		TAXATIONS ACCORDÉES AUX			
		Collecteurs (1)	Receveurs particuliers des finances (2)	Receveur général pour les receveurs particuliers qui remplissent leurs engagements à époque fixe (3)	Receveur général (4)
ÉLECTION DE BLOIS	Pour le principal de la Taille, à raison de 6 deniers aux collect., 3 den. au recev. part., 2 den. au recev. gén. pour le recev. part., et 3 den. au recev. gén.	4.161l 15s d	2 080l 17s 6d	1.387l 5s d	2.080l 17s 6d
	Pour les accessoires de la Taille, la Capitation des taillables et de la ville de Blois, à raison de 4 den. aux collect., 3 den. au recev. part., 2 den. au recev. gén. pour le recev. part. et 3 den. au recev. gén.	3.471 2 7	2.603 7	1.735 11 3	2.603 7
	Pour la Capitation des nobles, officiers de justice, etc., à raison de 3 den. au recev. part., 2 den. au recev. gén. pour le recev. part. et 3 den. au recev. gén.	....	896 15	597 16 8	896 15
	Pour le montant de la Prestation représentative de la corvée, à raison de 6 den. pour les collect.	1.037 6 3	....	....	....
	Pour les Impositions particulières, à raison de 6 den. aux collect.	10	....	....	....
	Pour les Vingtièmes, à raison de 4 den. aux collect., 2 den. au recev. part., 2 den., au recev. gén. pour le recev. part. et 3 den. au recev. gén.	2.321	1.160 10	1.160 10	1 740 15
	Totaux de l'élection de Blois	11.001 3 10	6.741 9 6	1.881 2 11	7.321 14 6
ÉLECTION DE ROMORANTIN (Même répartition que ci-dessus)	Pour le principal de la Taille	3.725 2 5	1.862 11 3	1.241 14 2	1.862 11 3
	Pour les accessoires de la Taille et la Capitation des taillables	2.900 19 6	2.175 14 7	1.450 9 9	2.175 14 7
	Pour la Capitation des nobles, officiers de justice, etc.	....	25 8 6	16 18 8	25 8 6
	Pour le montant de la Prestation représentative de la corvée	931 5 7	....	....	....
	Pour les Impositions particulières	12 14 6	....	....	....
	Pour les Vingtièmes	1.236 10 7	618 5 3	618 5 3	927 7 11
	Totaux pour l'élection de Romorantin	8 806 12 7	4.681 19 7	3.327 7 10	4.991 2 3
	Totaux pour le Département	19.807l 16s 5d	11.423l 9s 1d	8.208l 10s 9d	12.312l 16s 9d

(1-2-3-4) Voir notes à la page suivante.

Soit une somme totale pour le département de 51.752 l. 13 s., à laquelle il faut ajouter un droit de quittance de 2 l. par paroisse, au profit du receveur des tailles, plus les frais de poursuites et de contraintes. Ceux-ci comprenaient le salaire des chefs et hommes de garnison. Au dire de M de Montlivault, rapporteur du bureau de la taille à l'Assemblée de département de 1787, les huissiers porteurs de contraintes étaient au nombre de six dans l'élection de Blois; ils étaient payés 35 sous par jour; les frais de poursuite pour chaque exercice étaient évalués à 3.500 l. D'après le rapport des procureurs syndics à l'Assemblée provinciale, les salaires des chefs de garnison s'élevaient à 2 livres par jour dans les élections de Blois et de Romorantin (5).

Les frais de recouvrement dans les élections de Blois et de Romorantin, ainsi que dans celle de Châteaudun, étaient, relativement au montant de leurs impositions, sensiblement plus élevés que ceux des autres départements. Les procureurs-syndics provinciaux attribuaient cette différence à ce fait que les recouvrements étaient dans ces élections confiés alternativement à deux receveurs. Cette créa-

---

(1) Pour les taxations des collecteurs, v. Necker, *De l'administration des Finances*, Paris, 1784, t. I, p. 67, et Ass. Pr., tableaux pp. 106 et 108, 19 nov. 1787.

(2) V. Édit de janvier 1782 portant création des receveurs particuliers des finances (*Nouveau code des tailles*, t. V, p. 365), et Ass. Pr., tableaux pp. 106 et 108, 19 nov. 1787.

(3) V. Necker, ouv. cit., p. 66. — Cette remise était en quelque sorte une indemnité payée aux receveurs des tailles pour les avances qu'ils devaient faire afin d'arriver à effectuer leurs versements aux dates fixées par leurs traités avec les receveurs généraux. On voulait ainsi donner un terme suffisant pour le recouvrement sur le contribuable, tout en engageant les receveurs par un bénéfice modéré à accomplir exactement leurs paiements.

(4) V. Édit d'octobre 1781 portant création de 48 offices de receveurs généraux, art. X (*Nouveau code des tailles*, t. V, p. 351), et Ass. Pr., tableaux pp. 106 et 108, 19 nov. 1787.

(5) Ass. Pr., p. 107, 19 nov. 1787.

tion de deux charges de receveurs des tailles pour une même recette avait eu surtout un but fiscal, et on sait que Necker avait vivement combattu cette mesure (1). « On s'est élevé souvent, disait un des procureurs-syndics à l'Assemblée provinciale, contre les inconvénients attachés à cette perception alternative. L'exemple de ces trois élections est un argument de plus contre cette forme de recouvrement » (2).

Un rapporteur du bureau des impositions à l'Assemblée provinciale proposait, en outre, de réaliser une nouvelle économie « par une rentrée plus directe du produit des subsides au Trésor royal et par la suppression d'intermédiaires coûteux, dont on ferait remplir les fonctions d'une manière plus économique ». Le seul inconvénient était le remboursement des offices et des avances des comptables envers le gouvernement ; mais le rapporteur avait confiance dans le crédit des nouvelles assemblées pour y arriver (3).

II. *La Remise du Roi*

Toutes les impositions ne devaient pas être acquittées entièrement. Tous les ans, il était accordé à la généralité une somme appelée *Remise du Roi* ou *Moins-imposé*, dont on devait diminuer le montant des tailles de la province. La remise du Roi n'était pas répartie sur les élections et les paroisses proportionnellement à la taille ; c'était un secours accordé à la province et qui devait être réparti sur les paroisses ou les particuliers qui avaient éprouvé des pertes, des accidents ou autres calamités qui augmentaient momentanément leurs charges.

(1) V. Necker, *De l'administration des finances*, t I, pp. 128 à 131.
(2) Ass. Pr., p. 108, 19 nov. 1787.
(3) Ass. Pr., pp. 392-393, 20 déc. 1787.

Ce secours était annoncé par une lettre ministérielle suivie d'un arrêt du Conseil, après que le département de la taille était achevé, et il était « effectué en diminution sur les cotes établies ». Avant la création des Assemblées provinciales, le montant de la remise était distribué entre les élections par l'intendant, et la répartition par paroisse était ensuite proposée à l'intendant par les officiers de l'élection, le subdélégué et le receveur particulier. Il était enfin réparti entre les contribuables de chaque paroisse en présence des officiers de l'élection, et contradictoirement avec le syndic et les collecteurs (1).

Après l'institution des nouvelles assemblées, la répartition de la remise du Roi leur fut confiée comme celle des impositions (2). Le comité chargé de l'examen des objets qui devaient être soumis à la Commission intermédiaire fut même d'avis de n'y pas comprendre la remise du Roi, dont la distribution devait être réservée à l'Assemblée elle-même. « Les députés, disait il, lui fourniront des connaissances locales, puisées de tous les cantons de la généralité : elle seule peut avec justice faire l'importante répartition des grâces du Souverain. Leur emploi doit être pour elle un devoir sacré, dont elle ne peut se reposer sur personne » (3).

L'Assemblée sanctionna cette proposition (4); mais comme elle n'eut pas d'autre réunion, ce fut en fait la Commission intermédiaire qui eut à répartir la remise du Roi entre les départements. Comme pour les impositions, la répartition entre les paroisses fut confiée aux Bureaux intermédiaires des départements, et la répartition entre les contribuables de chaque communauté aux municipalités.

(1) Ass. Pr., pp. 114 à 116, 20 nov. 1787.
(2) Ass. Pr., p. 114, 20 nov. 1787.
(3) Ass. Pr., pp. 371-372, 19 déc. 1787.
(4) Ass. Pr., p. 374, 19 déc. 1787.

De même ce fut seulement à partir de 1789 que les nouvelles assemblées furent chargées de cette répartition. Le 10 juin 1789, les procureurs-syndics provinciaux envoyèrent à ce sujet au Bureau intermédiaire du département de Blois et Romorantin des instructions qui nous donnent des renseignements circonstanciés sur la manière dont devait être réparti ce secours (1).

La remise du Roi avait été fixée à 110.000 livres pour la généralité d'Orléans. Malgré « le peu de proportion de cette somme avec les besoins sans nombre que les calamités de toute espèce avaient fait naître dans la province », les procureurs-syndics n'avaient pu obtenir davantage. Après s'être enquis de la situation des différentes élections de la généralité, ils avaient fixé à 15.000 livres la somme pour laquelle le département de Blois et Romorantin devait participer à ce secours.

Les procureurs-syndics demandaient au Bureau intermédiaire du département de rassembler les différentes demandes qui lui avaient été adressées et les connaissances particulières qui avaient pu lui parvenir sur la situation des contribuables qui avaient droit à ce secours. D'ailleurs ils lui laissaient la plus grande liberté pour en faire la répartition. Ils le priaient seulement d'avoir égard à quelques demandes qui leur avaient été adressées, « sans cependant, disaient-ils, que notre opinion puisse influer sur le jugement que vous en porterez et gêner vos opérations ».

Ils invitaient seulement le Bureau intermédiaire à prendre particulièrement en considération les malheurs éprouvés par la partie de la Sologne qui dépendait du département. « Nous vous observons, disaient-ils, que la

---

(1) Lettre des p.-s. pr. au b. i., 10 juin 1789. A. L.-et-Ch., C 30 (n° 94 L).

somme remise à votre disposition eût été beaucoup moins considérable si nous n'eussions pas eu en vue de soulager le plus qu'il sera possible la profonde misère des habitants de cette contrée ».

Les officiers des élections et les receveurs particuliers des finances avaient été jusqu'à cette époque consultés sur la répartition du moins-imposé. « Les chevauchées que les premiers sont obligés de faire dans les différentes paroisses soumises à leur juridiction, disaient les procureurs-syndics, les mettent dans le cas de recueillir des renseignements et de donner des avis dont l'utilité avait été depuis longtemps reconnue. Les relations habituelles des receveurs particuliers des finances avec les communautés de leur département leur donnent les moyens d'en connaître la situation, et de s'assurer de l'état des contribuables.

« Mais, ajoutaient les procureurs-syndics, les officiers des élections ne s'étant point trouvés à portée de faire, en 1788, les chevauchées d'usage, il vous paraîtra sans doute inutile de les consulter. Il suffira, suivant l'intention du Conseil, de leur donner connaissance de vos opérations en déposant dans chaque greffe un extrait de l'état qui en sera dressé. Mais la perfection de votre travail semble demander qu'il soit fait de concert avec les receveurs particuliers des finances dont l'activité n'a été ni suspendue ni ralentie. »

Les procureurs-syndics insistaient particulièrement sur le mode de répartition de la remise du Roi entre les contribuables de chaque paroisse. Ils distinguaient deux cas :

« 1° Si par exemple une communauté a tellement souffert que tous les habitants vous paraissent dans le cas de participer au moins-imposé, vous trouverez juste de proposer suivant les circonstances la répartition au marc la livre, soit de la taille, soit du prix des pertes. Ce dernier mode surtout pourrait sembler préférable lorsqu'il s'agit de pertes de bestiaux, dont les effets sont communément plus sensibles que tout autre accident.

« Lorsque le mal ne sera plus aussi considérable, il vous paraîtra convenable de n'affecter le secours qu'à ceux des contribuables qui auront le moins de ressources, en déterminant le taux d'imposition au-dessous duquel seulement la remise aura lieu.

« 2° Dans le cas où une paroisse entière aurait souffert d'une calamité générale, comme d'un défaut de récolte, etc., il peut se trouver quelques habitants que leur fortune ou le genre de leur commerce mette au-dessus des besoins et à l'abri des pertes. Il est alors plus expédient de les porter par exception dans la colonne d'observations, en les désignant par leur nom ou par celui de leur état, que d'écrire ailleurs le nom de tous les contribuables admis à participer au secours. Il suffit alors d'indiquer collectivement dans la colonne nominative *tous les habitants* ».

Malgré ces recommandations, le Bureau intermédiaire semble s'être acquitté des opérations qui lui étaient confiées avec une grande lenteur et une certaine négligence.

En effet, le département de Blois et Romorantin n'envoya à la Commission intermédiaire provinciale les états de répartition de la remise du Roi pour l'année 1789 qu'à la fin du mois de novembre de cette année, et ces états étaient si peu conformes aux instructions envoyées à ce sujet que la Commission intermédiaire fut obligée de demander qu'ils soient recommencés ; elle faisait remarquer que ce retard empêchait l'envoi au Conseil des états adressés par les autres départements et que la généralité entière souffrait de ce délai (1).

Le 24 décembre, le Bureau intermédiaire n'avait pas encore répondu. La Commission intermédiaire provin-

(1) A. Loiret, C 894, f. 250 r° et v°, 28 nov. 1789.

ciale considérant « que le retard occasionné par le silence et l'inaction dudit Bureau intermédiaire dans le travail général de cette partie du service, cause un grand préjudice aux contribuables les plus malheureux de la province et les expose à des contraintes et à des frais qu'une répartition plus prompte aurait pu leur épargner », arrêta que les états de la remise du Roi seraient arrêtés pour les autres départements et que la somme destinée à celui de Blois et Romorantin serait réservée jusqu'à ce que le Bureau intermédiaire ait fourni les renseignements nécessaires (1).

C'est seulement le 9 janvier 1790 que le Bureau intermédiaire envoya les renseignements demandés et que la Commission intermédiaire approuva les états de la remise du Roi pour ce département, « malgré l'imperfection de ce travail », jugeant « qu'en le faisant encore rectifier, il en résulterait un retard trop préjudiciable aux malheureux contribuables » (2).

Un exemplaire de l'état de la remise du Roi de 1789 pour l'élection de Blois est conservé aux Archives de Loir-et-Cher (3). Le montant en est de 7.900 l. Il restait donc 7.100 l. pour l'élection de Romorantin. Les motifs invoqués par les paroisses auxquelles ce secours est accordé sont la grêle, l'inondation des paroisses voisines de la Loire, et surtout les pertes et le défaut de récoltes; quelques-unes obtiennent ce secours à cause de leur « pauvreté et infirmité », sans qu'il soit fait mention de pertes ni d'accidents momentanés. Dans quelques communautés il n'est accordé d'indemnités qu'à quelques particuliers; dans d'autres, le moins-imposé est réparti sur la généralité des habitants, au marc la livre de la taille. Mais le plus souvent la remise est répartie, selon les indications de la

(1) A. Loiret, C 894, f. 264 r° et v°, 24 déc. 1789.
(2) A. Loiret, C 894, f. 270 r°, 9 janv. 1790.
(3) A. L.-et-Ch., C 16-17.

Commission intermédiaire, seulement sur les petits contribuables dont le taux d'imposition est inférieur à une somme déterminée qui varie, suivant les paroisses, de 24 l. à 5 l.

III. *Décharges et modérations*

Les contribuables qui se trouvaient trop imposés pouvaient encore recourir à la voie contentieuse et adresser une demande en décharge ou modération. Avant la création des Assemblées provinciales, ces demandes étaient jugées, selon la nature des impositions, soit par les élections et en appel par la Cour des aides (taille et accessoires), soit par l'intendant et en appel par le Conseil du Roi (capitation des privilégiés, vingtièmes). Le règlement du 5 août 1787 avait conservé à l'intendant tout le contentieux de l'administration à l'exception des affaires qui étaient de la compétence des élections et Cour des aides (1). Mais par son instruction du mois de novembre, le Roi, se conformant au règlement rendu pour la province du Berry, enlevait à l'intendant presque toute la partie du contentieux dont il était chargé en matière d'impositions, pour la confier à la Commission intermédiaire provinciale (2). Ce règlement fut complété par une « instruction sur les formes qui doivent être observées pour l'examen et la décision des différentes demandes en décharges et modérations présentées sur les impositions, dont la connaissance est attribuée aux Assemblées provinciales » (3).

La Commission intermédiaire provinciale eut donc à statuer sur « les demandes en décharges d'impositions pour

---

(1) Règl. 5 août 1787, 4ᵉ section, art. IX. Ass. pr. Pr., p. 44.
(2) Extrait du règlement rendu pour la province du Berry. Ass. Pr., pp. 50 à 59.
(3) A. L.-et-Ch., C 30.

cause d'incendie, grêle, gelée, inondation, dommages causés par le feu du ciel et autres intempéries, perte de bestiaux, nombreuse famille, infirmités, etc. ». Elle jugeait aussi « les demandes pour cause de division ou mutation de cote de vingtièmes et pour doubles emplois »; et, quand il se rencontrait dans les rôles des cotes inexigibles, les collecteurs devaient s'adresser à elle pour obtenir que ces non-valeurs leur soient allouées. Toutes les réclamations sur les taxes d'office, la capitation des privilégiés, les vingtièmes étaient de son ressort (1).

Bien que les demandes en décharges et modérations fussent toutes portées devant la Commission intermédiaire provinciale, les Bureaux intermédiaires de département et les municipalités jouaient un rôle important dans l'expédition de ces affaires. Pour « les demandes en décharges ou modérations de capitation pour cause accidentelle », la Commission intermédiaire provinciale ne statuait qu' « après avoir fait communiquer la demande à la municipalité par la voie du Bureau intermédiaire du département et avoir reçu les observations tant de ladite municipalité que l'avis du Bureau intermédiaire ». Pour les vingtièmes, les requêtes étaient transmises par le directeur des vingtièmes au Bureau intermédiaire; celui-ci chargeait « le contrôleur des vingtièmes de se transporter sur les lieux pour en faire la vérification contradictoire avec la partie intéressée... et avec la municipalité »; puis il faisait « repasser avec son avis à la Commission intermédiaire provinciale la requête et le travail du contrôleur des vingtièmes » (2).

Les fonds accordés pour les décharges et modérations

(1) Extrait du règlement rendu pour la province du Berry. Ass. Pr., pp. 50 à 59.
(2) Instruction sur les formes qui doivent être observées, etc. A. L.-et-Ch., C 30.

des impositions ordinaires (1) faisaient partie des fonds libres de la capitation (2). Pour les vingtièmes il n'y avait pas de fonds spéciaux destinés à cet effet; les décharges et modérations étaient prélevées sur le produit de cet impôt qui se trouvait diminué d'autant (3).

Les députés de la Commission intermédiaire provinciale donnèrent différentes instructions au Bureau intermédiaire du département sur l'emploi du « fonds de décharges et modérations ».

« Il est spécialement destiné, écrivaient-ils le 16 juin 1788, à venir au secours de ceux des pauvres contribuables que des malheurs particuliers ou une impossibilité connue mettent dans le cas de ne pouvoir acquitter leurs contributions. Les requêtes qu'ils présentent à cet effet doivent être appuyées du certificat des municipalités et accompagnées de l'extrait de l'imposition des suppliants. Le Bureau intermédiaire doit se faire rendre compte des faits énoncés dans ces requêtes et en constater la vérité. D'après ses observations et son avis, la Commission intermédiaire refuse ou accorde les modérations, même la décharge totale des impositions ; elle délivre à cet effet des ordonnances adressées au Bureau intermédiaire, pour être par lui envoyées aux suppliants » (4).

Le 12 juillet suivant une nouvelle instruction complétait ces renseignements. Les constatations des municipalités devaient suffire pour les pertes particulières ; mais, lorsqu'il s'agissait d'une perte générale, elle devait être vérifiée par un membre de l'Assemblée de département. La Com-

---

(1) Impositions directes autres que les vingtièmes (taille, accessoires, capitation, prestation).
(2) V. ci-dessous, p. 187.
(3) Compte rendu par la c. i. au département de Loir-et-Cher des fonds remis à sa disposition pendant les années 1788, 1789 et 1790. A. L.-et-Ch., C 31.
(4) Lettre de la c. i. au b. i., 16 juin 1788. A. L.-et-Ch., C 30 (n° 46 I.).

mission intermédiaire cherchait à faciliter le plus possible aux municipalités l'établissement des requêtes qui devaient comprendre « le nom du suppliant, son âge, le nombre de ses enfants, le montant de ses impositions, la nature, la quotité, l'évaluation et l'époque fixe de la perte ». Des modèles faciles à remplir devaient leur être envoyés pour leur éviter d'être rançonnées par des agents d'affaires qui leur demandaient jusqu'à 24 ou 30 sous pour composer une requête dont elles ne retiraient souvent aucun fruit (1).

La Commission intermédiaire insistait surtout sur la réserve avec laquelle devaient être accordées ces modérations. Elle recommandait à cet effet de distinguer « ceux qui demandent des dédommagements pour des pertes légères d'avec ceux qui sont hors d'état de payer leurs impositions par des malheurs qui se sont accumulés sur leurs possessions...... ceux qui ont de grandes ressources dans leurs exploitations et ceux qui n'en ont que dans leurs bras » : d'avoir surtout égard « aux accidents qui mettraient dans le cas ceux qui les auraient éprouvés, de ne pouvoir plus faire les avances nécessaires à la culture et à la reproduction des terres » ; de refuser les demandes des propriétaires aisés ou celles pour pertes de bestiaux « qui rentreraient dans l'ordre des casualités des événements et des inégalités ordinaires dans les produits de l'agriculture » (2).

Le mois suivant la Commission intermédiaire demanda même de n'envoyer de suite que les demandes « qui auraient pour objet un secours pressant et indispensable, dont la privation pourrait, en quelque sorte, compromettre l'existence de celui qui le réclame ou arrêter son exploitation, comme si un particulier, réduit à l'indigence par

---

(1) Lettre de la c. i. au b. i., 12 juill. 1788. A. L.-et-Ch., C 30.
(2) Ibid.

des pertes, ne pouvait éviter de voir vendre ses meubles saisis pour l'acquittement de ses impositions ». Pour les requêtes moins urgentes, comme celles occasionnées par les pertes de bestiaux ou de récoltes, on en tiendrait compte seulement dans la répartition de la remise du Roi (1).

Il fallait aussi se tenir en garde contre les fraudes. La Commission intermédiaire déclara « qu'aucune demande en décharge des vingtièmes ne serait accordée aux propriétaires pour remise faite à leurs fermiers, à moins que ces propriétaires n'aient fait parvenir au Bureau intermédiaire du département une déclaration signée d'eux, par laquelle ils affirmeraient qu'ils ont fait à tel ou tel de leurs fermiers telle ou telle remise ». La Commission intermédiaire pensait ainsi lutter « contre les détours de la mauvaise foi qui, par une remise simulée, cherche à s'approprier des secours uniquement destinés aux malheureux » (2).

Nous avons vu que jusqu'en 1787 les fonds des décharges et modérations se trouvaient en partie épuisés par les réductions accordées aux officiers de justice. « Les décharges et modérations prises sur les fonds libres de la capitation, disait un député de l'Assemblée provinciale, sont depuis longtemps regardées comme des dettes de la province envers des officiers peut être trop taxés. » Et il concluait : « Ne serait-il pas à désirer que l'on pût joindre une partie des fonds libres à la remise du Roi, pour augmenter les secours que Sa Majesté destine aux malheureux et qui s'élèvent à peine à 3 pour 100 du montant des impositions directes de cette province ? » (3).

---

(1) Lettre des p.-s. pr. au b. i., 17 août 1788. A. L.-et-Ch., C 30 (n° 38 O).
(2) Lettre de la c. i. au b. i., 27 août 1788. A. L.-et-Ch., C 30 (n° 39 F).
(3) Ass. Pr., p. 372, 19 déc. 1787.

La suppression des tarifs ayant ramené à un taux équitable la cote des officiers autrefois trop taxés, les fonds de décharges et modérations pouvaient être employés entièrement par l'administration provinciale à leur véritable but.

Pour la taille, les élections avaient conservé leur attribution de juger les demandes en surtaux et en radiation de cote, c'est-à-dire en diminution ou suppression totale d'impositions. Les sommes dont les contribuables se trouvaient ainsi déchargés n'étaient pas perdues pour le trésor royal ; elles étaient réimposées l'année suivante par forme de rejets sur la paroisse du contribuable déchargé. Les cotes irrécouvrables par suite de l'insolvabilité des contribuables étaient de même réimposées au profit des collecteurs, et les deniers divertis par un collecteur insolvable étaient réimposés au profit du receveur. Les municipalités étaient donc directement intéressées à « défendre devant l'élection aux demandes en surtaux et radiation de cote ». Bien que l'administration provinciale n'eût pas à intervenir sur le fond, les municipalités devaient être autorisées à prendre part à ces procès par la Commission intermédiaire provinciale sur l'avis du Bureau intermédiaire du département, et les nombreuses autorisations mentionnées sur le registre de la Commission intermédiaire montrent que c'était là une occupation importante de ces assemblées.

IV. *Dépenses de la province et du département*

Le montant de toutes les impositions n'était pas versé au trésor royal. Certaines sommes étaient allouées à la province pour ses différentes dépenses et le maniement en fut confié aux nouvelles assemblées [1]. C'étaient : les *Fonds*

---

(1) Instr. nov. 1787, 2ᵉ partie, § 3. Ass. Pr., p. 46.

libres de la Capitation ; les fonds destinés à l'acquittement des dépenses variables dits *Fonds variables ;* le *Moins-imposé* ou *Remise du Roi ;* les fonds des ateliers de charité ; les *Fonds du Roi,* pour les ponts et chaussées ; la *Prestation représentative de la corvée ;* les *Fonds extraordinaires* ou secours accordés pour les besoins du moment ou accidents imprévus. Nous avons déjà parlé ou nous parlerons plus loin des quatre derniers aux chapitres concernant ces différents genres de dépenses. Nous dirons seulement quelques mots ici des fonds libres de la capitation et des fonds variables.

Les *Fonds libres de la capitation* étaient la partie de cet impôt qui ne devait pas être versée au trésor royal. Ils étaient destinés « à l'acquittement des dépenses d'administration, aux secours et dispositions de bienfaisance en faveur des pères de nombreuse famille, de ceux qui ont éprouvé des incendies, grêles ou autres fléaux, au traitement des épidémies, épizooties et à tout autre objet d'utilité publique ». Ils comprenaient en outre les fonds de décharges et modérations dont nous avons déjà parlé ; la somme insuffisante des fonds libres proprement dits, dut à plusieurs reprises être complétée par une partie de celle destinée aux décharges et modérations (1).

Les *Fonds variables* étaient composés d'impositions accessoires, les unes de la taille, les autres de la capitation. Ils étaient destinés « à acquitter les dépenses relatives au casernement des troupes et de la maréchaussée, aux logements militaires, etc., à subvenir aux dépenses annuelles, mais susceptibles de varier, et aux dépenses momentanées » (2).

---

(1) Compte rendu par la c. i. au département de Loir-et-Cher des fonds remis à sa disposition pendant les années 1788, 1789 et 1790. A. L.-et-Ch., C 31.

(2) Même compte rendu. A. L.-et-Ch., C 31.

Une instruction envoyée le 10 mars 1788 à la Commission intermédiaire (1) indiquait la marche à suivre pour l'ordonnancement de ces dépenses. Chaque objet de dépense imputé sur les fonds libres ou sur les fonds variables, disait cette instruction, « doit être porté sur un état à trois colonnes destinées, la 1re, à l'énoncé de la dépense, la 2e, au développement des motifs, et la 3e, à recevoir la décision du Conseil ; le montant des dépenses précédemment autorisées doit être rappelé en tête de chaque état successivement expédié, afin de présenter chaque fois la situation des fonds. Cet état doit être adressé à M. le contrôleur général. Lorsque la dépense aura été approuvée, copie de l'état sera renvoyée à M. l'intendant, qui fera passer à la Commission intermédiaire une ordonnance du montant pour être remise au receveur général des finances comme pièce comptable, et la dépense sera acquittée sur les mandats particuliers de la Commission intermédiaire délivrés au profit de chacune des parties prenantes » (2).

Mais l'année suivante, la nécessité d'obtenir une autorisation particulière du Conseil pour chaque article de dépense que la Commission intermédiaire se proposait de faire acquitter, parut trop gênante. Pour simplifier les formes et mettre plus de célérité dans le service, Necker indiqua pour 1789 une autre marche, et, par sa lettre du 10 janvier 1789, il fit savoir à la Commission intermédiaire qu'il autorisait l'intendant à expédier sur le receveur général des finances en exercice pour la même année deux ordonnances générales, l'une du montant total des fonds libres, et l'autre du montant total des fonds variables. Au moyen de ces ordonnances, qui évitaient l'embar-

---

(1) Instruction concernant les fonds libres et les dépenses variables, envoyée à la c. i. par le contrôl. gén., 10 mars 1788. A. L.-et-Ch., C 32.

(2) Même compte rendu, pp. 4 et 5. A. L.-et-Ch., C 31.

ras des ordonnances partielles et successives, la Commission intermédiaire expédia ses mandats pour l'acquittement des dépenses d'après les règles indiquées par le ministre pour leur division suivant leurs différentes natures.

Elles devaient être partagées en trois classes : la 1re, contenant les secours de bienfaisance, pris ordinairement sur les fonds libres et dont la prompte application augmentait l'utilité ; la 2e, ayant pour objet les dépenses annuelles et déjà autorisées par le Conseil, imputées sur les deux espèces de fonds, tels que logements militaires, loyers de casernes, fournitures d'ustensiles, etc. ; enfin, la 3e, comprenant toutes les dépenses qui n'étaient pas, comme celle de la 1re classe, susceptibles d'être ordonnées sur le champ et n'étaient pas non plus du nombre de celles qui se trouvaient déjà autorisées. Ces dépenses devaient être approuvées avant que la Commission intermédiaire pût y pourvoir.

Pour mettre le Conseil à portée de connaître les dispositions que la Commission intermédiaire faisait d'après les autorisations et les instructions qu'elle avait reçues, il était adressé, tous les deux mois, au ministre, deux bordereaux séparés, l'un pour les fonds libres et l'autre pour les fonds variables, divisés en trois chapitres d'après la classification ci-dessus (1).

Nous connaissons pour chaque année le montant de ces sommes pour la généralité (les fonds libres s'élevaient en 1788 à 179.329 l. 16 s. 4 d. et les fonds variables à 77.558 l.) et même le détail de ces dépenses (2) ; mais, comme elles étaient directement réparties et acquittées par la Commission intermédiaire provinciale, on ne peut déterminer la partie qui fut employée dans notre département. Nous ne nous en occuperons donc pas ici.

(1) Même compte rendu, pp. 6 et 7.
(2) Ibid.

C'est sur les fonds libres et les fonds variables que furent prélevées les sommes nécessaires à l'acquittement des frais nécessités par les nouvelles assemblées. Les frais d'administration de l'Assemblée de département furent l'objet de plusieurs délibérations de cette assemblée.

L'Assemblée préliminaire établit le projet de budget suivant :

« Il a été arrêté à la pluralité des suffrages que la location d'un lieu convenable pour tenir les séances, servir de dépôt aux archives, ne pouvait pas être porté à moins de cinq cents livres, ci. .... 500 l.

« L'ameublement en tables, bureaux, chaises, armoires, distributions, etc..... 2.000

« Frais de bureau et de correspondances inappréciables pour le moment et qui ne peuvent se calculer qu'après une année au moins d'expérience pour...... Mémoire

« A l'égard du traitement à faire aux deux procureurs-syndics, qu'on ne pouvait accorder moins de deux mille quatre cents livres à celui qui quittera sa résidence pour venir s'établir à Blois, ci.... 2.400

« Et dix-huit cents livres à celui qui y fait sa résidence, ci.................. 1.800

« Aux membres qui composeront la Commission intermédiaire et qui seront obligés de se déplacer, à chacun mille livres, ci........................ 2.000

« A ceux qui résident à Blois, à chacun six cents livres, ci.................. 1.200

« Au secrétaire-greffier pour ses honoraires et frais de bureau personnels quinze cents livres, ci................ 1.500

« Aux greffiers de municipalités pour leur travail ordinaire quarante livres par chaque paroisse de cent feux et au-dessous et dix livres d'augmentation par chaque cinquante feux, ce qui par aperçu pourrait former une somme de neuf à dix mille livres, ci .... 10.000 l.

« Quant aux syndics, l'Assemblée, espérant qu'il sera possible de s'en procurer qui, animés par le zèle du bien public et par des distinctions attachées à leurs places, feront gratuitement leur service, ne croit devoir porter cet article seulement que pour...................... Mémoire

« A l'huissier ou concierge deux cents livres, au moyen du logement qui lui sera donné dans le dépôt des archives, ci.... 200

Somme totale..... 21.600 l. » (1).

Lors de la réunion définitive de l'Assemblée, le procureur-syndic, Pajon de Chambeaudière, proposa d'installer l'Assemblée de département à l'hôtel de ville. Les frais d'aménagement nécessaires se seraient élevés, d'après les devis dressés par l'entrepreneur Guillon, à la somme de 8.000 livres (2). L'Assemblée approuva ce projet, en proposant toutefois de suspendre les travaux « jusqu'à l'époque où des améliorations dans le sort des contribuables la mettront à portée de le faire sans qu'il puisse leur être onéreux » (3). L'Assemblée de département et ses bureaux s'installèrent, en effet, définitivement à l'hôtel de ville.

(1) A. L.-et-Ch., C 4, f. 5 r°, 16 oct. 1787.
(2) A. L.-et-Ch., C 4, ff. 11 v°, 12 r° et v°, 5 nov. 1787.
(3) A. L.-et-Ch., C 4. f. 23 r°, 10 nov. 1787.

Pajon de Chambeaudière fit aussi remarquer qu'on avait eu tort de s'occuper des traitements des syndics et greffiers des Assemblées municipales, ces frais devant être fixés par les municipalités elles-mêmes (1).

Quant aux traitements des membres du Bureau intermédiaire, procureurs-syndics et secrétaire-greffier, qui, d'après le projet de l'Assemblée préliminaire, devaient s'élever au total de 8.900 l., ils furent réduits par l'Assemblée provinciale à 5.000 l. (2). Cette somme fut encore diminuée par le Conseil et il fut définitivement alloué (3) :

Aux 4 membres du Bureau intermédiaire, à 300 l. chacun	1.200 l.
Aux 2 procureurs-syndics, à 1.000 l. chacun.	2.000
Au secrétaire, à 1.000 l.	1.000
	4.200 l.
A ces dépenses fixes, il faut joindre des dépenses variables consistant en frais de bureau qui, pour 1789, s'élevaient à	2.642 l. 7 s.
(au lieu de 500 l. allouées par le Conseil).	
et en loyer de bureau (4)	120
(au lieu de 500 l. allouées par le Conseil La somme de 300 l. allouée par le Conseil pour logement des membres de l'Assemblée ne fut pas employée).	
Soit une somme totale de	6.962 l. 7 s.

(1) A. L.-et-Ch., C 4, f. 12 r° et v°, 5 nov. 1787.
(2) Ass. Pr., p. 400, 20 déc. 1787.
(3) Compte rendu au Conseil des frais d'administration de l'Assemblée provinciale de l'Orléanais, année 1789. A. L.-et-Ch., C 32.
(4) Il s'agit sans doute d'un local en dehors de l'hôtel de ville.

V. *Dépenses des municipalités. Impositions locales*

Tous les impôts dont nous avons parlé jusqu'ici étaient employés soit au profit de l'État, soit à celui de la province. Quant aux dépenses faites par les municipalités, elles étaient payées à l'aide de contributions locales, les unes annuelles, les autres accidentelles. Les premières étaient supportées par quelques paroisses pour portions congrues et logements de curés, dots de vicaires, entretien de maîtres et maîtresses d'école, et autres charges annuelles. Elles étaient réparties « par forme de rejet conjointement avec la taille et au marc la livre d'icelle ». Chacune de ces impositions avait été autorisée par un arrêt particulier du Conseil homologuant le consentement de la paroisse ; elles étaient de plus ordonnées, chaque année, par un nouvel arrêt qui en relatait le motif, l'objet et le titre primordial (1).

Les impositions locales momentanées étaient ordonnées par arrêts du Conseil, d'après le consentement des paroisses, pour pourvoir aux dépenses occasionnées par les reconstructions ou réparations d'églises ou presbytères. Elles étaient supportées, deux tiers par les propriétaires, ecclésiastiques et non taillables, et l'autre tiers par les habitants taillables ; la portion contributive des premiers était fixée d'après leurs revenus, et celle des seconds au marc la livre de la taille (2).

Cependant, pour les constructions neuves qui avaient un caractère d'utilité général, la dépense n'était à la charge de la paroisse que jusqu'à concurrence d'une somme proportionnée aux forces de ladite paroisse. L'excédent était réparti entre les paroisses du département, ou même, si la dépense était trop considérable, de la généralité (3).

1) Ass. Pr., p. 102, 19 nov. 1787.
2) Ass Pr., pp. 102 et 103, 19 nov. 1787.
3) Règl. 5 août 1787, 1re sect., art. XII. Ass. Pr., p. 36.

Les règlements de 1787 restreignirent le contrôle du pouvoir royal et laissèrent plus d'initiative aux assemblées locales. Toute levée de deniers supérieure à 500 l. devait bien être préalablement ordonnée par le Conseil du Roi, mais au-dessous de cette somme les dépenses étaient seulement approuvées par une délibération de la Commission intermédiaire provinciale, visée de l'intendant ; ces impositions étaient validées tous les six mois seulement par un arrêt du Conseil (1).

Nous avons vu qu'on laissait aux municipalités le soin de fixer elles-mêmes le traitement de leur syndic et de leur greffier (2). Dans son instruction de novembre 1787 le Roi demandait à l'Assemblée provinciale d'examiner s'il ne serait pas possible de ne leur accorder aucun traitement (3) ; mais il ne fut pas donné suite à ce projet. D'ailleurs les sommes demandées furent minimes ; elles varient pour les paroisses de notre département entre 8 l. (et même 3 l.) et 80 l. par an. La municipalité de Mer fit exception et demanda 200 l. pour son syndic et pareille somme pour son greffier. Plusieurs s'en rapportèrent à l'Assemblée de département qui fixa ce traitement à 40 l. Quelques-unes allouèrent une indemnité à leurs membres pour les journées passées à la confection des rôles. Mais un grand nombre de syndics et quelques greffiers demandèrent eux-mêmes à remplir gratuitement leurs fonctions.

En dehors de ces modiques traitements, beaucoup de municipalités ne firent aucune dépense, ou seulement quelques frais de bureau insignifiants. D'autres louèrent une chambre pour tenir leurs séances, achetèrent quelques meubles, des registres, une caisse pour serrer les archi-

---

(1) Instr. nov. 1787, 2ᵉ partie, § 2. Ass. Pr., p. 45.
(2) Règl. 5 août 1787, 1ʳᵉ section, art. XI. Ass. pr. Pr., p. 35.
(3) Instr. nov. 1787, 2ᵉ partie, § 1. Ass. Pr., p. 44.

ves, etc. En somme ces dépenses furent rarement bien élevées (1).

VI. *Tableau des impôts royaux directs des paroisses du département de Blois et Romorantin*

Nous terminerons l'étude des questions relatives aux impositions en donnant le tableau des différents impôts directs payés par chaque paroisse du département à la fin de l'ancien régime. Nous empruntons nos chiffres pour la taille, accessoires et capitation des taillables, dans l'élection de Blois au département des impositions ordinaires de cette élection pour l'année 1789 (2), et dans l'élection de Romorantin aux rôles de ces impositions (3). Le montant de la prestation représentative de la corvée, étant le quart du principal de la taille, est calculé d'après le chiffre de cette dernière imposition (4). Les chiffres que nous donnons pour la capitation des non-taillables nous sont fournis par les rôles de répartition de cet impôt dans les élections de Blois et Romorantin (5). Ceux des vingtièmes dans l'élection de Blois sont donnés par un état de la répartition de cet impôt entre les paroisses de cette élection pour l'année 1787 (6) et dans l'élection de Romorantin par les états dressés en 1791 pour le remplacement de la gabelle et au-

---

(1) A. L.-et-Ch., C 33.
(2) A. L.-et-Ch., C 9.
(3) A. L.-et-Ch., série C non inventoriée. Cette collection de rôles de l'élection de Romorantin en 1789 présente quelques rares lacunes; nous avons pour ces paroisses complété nos chiffres par les rôles de l'année précédente, ce qui explique sans doute la légère différence des totaux obtenus pour les accessoires et la capitation taillable de cette élection avec les chiffres plus exacts que nous avons publiés plus haut.
(4) Pour la ville de Blois, voir le chapitre des *Travaux publics*.
(5) A. Loiret, C 18.
(6) A. L.-et-Ch., C 32.

tres droits supprimés (1) ; ces derniers états ne concernant que les paroisses rurales des greniers à sel dépendant du département de Loir-et-Cher, ne donnent que des résultats incomplets.

Il aurait fallu pour être complet porter en outre les taxations des collecteurs pour la taille, accessoires et capitation et le droit de quittance de 2 livres par rôle, qui devaient être imposés en sus de ces impositions. On aurait pu y joindre encore les impositions particulières de certaines paroisses qui avaient lieu annuellement avec la taille (2). Mais ces différentes impositions ne représentent guère plus de 1 o/o du montant total des impôts du département. Nous n'avons pas porté non plus sur ce tableau les impositions de supplément des privilégiés sur lesquelles nous sommes d'ailleurs insuffisamment renseignés.

(1) A. L.-et-Ch., L 439, 440 et 442 (cotes provisoires). L'impôt de remplacement étant proportionnel à la somme des anciens impôts directs (vingtièmes et impositions ordinaires), le montant de ces impositions pour l'année 1790 est indiqué sur les états dressés pour l'établir. Il faut cependant remarquer qu'en 1790 les propriétés précédemment exemptes de vingtièmes furent imposées par un rôle distinct désigné sous le nom de deuxième cahier des vingtièmes ; nous possédons les états du montant du rôle du deuxième cahier des vingtièmes en 1790 pour le département de Loir-et-Cher (A. L.-et-Ch., L 393 provisoire). Il faudra donc, pour avoir le chiffre exact des vingtièmes de chaque paroisse avant 1790, retrancher du total de cet impôt en 1790 le montant du second cahier pour cette paroisse : c'est ce que nous avons fait dans le tableau que nous publions. Les résultats ainsi obtenus ne sont d'ailleurs complets que pour les paroisses rurales appartenant actuellement au département de Loir-et-Cher : en effet, nous n'avons pas retrouvé de documents analogues pour les autres départements, et, pour les villes, les vingtièmes ne sont pas indiqués sur les états dressés pour les impôts de remplacement.

(2) Contres payait 100 l., Romorantin 300 l. et Saint-Aignan 150 l. pour l'entretien d'un maître d'école ; Saint-Laurent-de-Vatan 29 l. et Saint-Oustrille 30 l. pour le loyer du presbytère ; Maslives 300 l. pour la portion congrue du curé (Ass. Pr., pp. 103-104).

ÉLECTION DE BLOIS. — ARRONDISSEMENT DE BLOIS

	Taille en principal	Accessoires de la Taille	Capitation des Taillables	Prestation représentative de la corvée	Capitation des non-taillables	Vingtièmes	Total
Ville de Blois, plus une subvention de	500	»	»				
p^{sse} St-Honoré de Blois	2.750	2.166 19 11	2.429 10 2	2.132 19 14	19.652 18 6	26.214 15	72.520 8 10
p^{sse} St-Nicolas de Blois	3.900	1.552 2 8	1.806 17 6				
p^{sse} St-Saturnin de Blois	1.600	855 14 10	998 7 9				
p^{sse} St-Solenne de Blois	400	213 8 11	240 16 9				
Candé	1.400	828 4 1	872 9 3	975	»	1.886 10	5.343 3 4
Chailles	2.020	1.134 13 1	1.259 0 4	725	»	1.733 12	6.649 5 5
Chambon	1.300	635 8 3	810 0 9	600	30	1.059 17	4.220 15 2
Chouzy	2.500	1.387 17 6	1.558 0 8	100	60	2.078 9	8.209 7 5
Coulanges	700	374 15 1	436 14 6	350	40	533 10	2.259 19 2
Francay	2.300	1.043 11 10	1.558 0 8	505	6	987 5	9.228 12 1
Jussay	2.600	1.391 16 4	1.620 0 0	325	»	2.714 16	9.228 17 6
Landes	2.000	1.606 4 8	1.868 17 4	625	252	1.199	8.424 1 9
Mesland	1.050	511 5 7	642 5 11	175	»	864	3.305 1 5
Monteaux	1.100	487 17 6	685 11 6	625	»	1.783 2	4.451 11 6
Les Montils	1.700	959 0 5	1.059 6 11	650	120	819 10	4.980 17 4
Onzain	4.323	2.373 9	2.702 19 4	257 10	27	3.820 6	14.427 4 7
Orchaise	700	374 15 4	436 14 6	275	120	931 14	2.618 8 7
Prunay	190	101 6 3	119 0 4	425	»	460 12	2.040 11 8
St-Gervais	650	347 4 4	404 5 3	1.087 10	»	501 12	6.879 9 7
St-Lubin-en-Vergonnois	2.250	1.206 17 9	1.401 10	175	»	1.458 12	3.906 9 9
St-Secondin	1.250	658 0 8	766 4 8	137 10	6	938 6	2.686 14 1
St-Sulpice	950	497 14 2	579 6 11	362 10	»	447 3	7.329 13 4
St-Victor	2.450	1.341 9	1.526 11 2	307 10	»	1.429 9	5.477 3 4
Santenay	1.800	962 19 1	1.121 6 6	232 10	»	1.142 18	1.153 10 2
Seillac	280	149 10 2	174 2 3	612 10	»	383 18	16.454 16 10
Vineuil	5.000	2.592 15 9	3.115 5 1	450	96	4.406 16	
				70			
				1.250			
	51.703	25.781 19 8	30.202 13 11	14.227 19 1	20.400 18 6	57.582 10	199.908 1 2

— 198 —

ÉLECTION DE BLOIS. — ARRONDISSEMENT DE MER

	Taille en principal	Accessoires de la Taille	Capitation des Taillables	Prestation représentative de la corvée	Capitation des non-taillables	Vingtièmes	Total
Mer	9.000	4.814 9	5.606 11 2	2.250	236	5.773 7	27.679 18 2
Aunay	2.580	1.480 6 5	1.607 4 4	645	»	1.372 5	7.684 16 1
Averdon	2.700	1.150 16 11	1.681 19 5	675	»	1.431 18	7.339 13 10
Champigny	3.100	1.659 6 11	1.930 16 5	775	»	1.011 9	8.476 12 4
Conan	1.700	719 6	1.059 6 11	425	300	889 7	5.092 13 11
Cour-sur-Loire	1.450	776 1 4	903 18 9	362 10	»	651 15	4.144 5 1
La Chapelle-St-Martin	4.250	2.276 1 4	2.647 17 5	1.062 10	»	2.118 1	12.354 9 9
La Chapelle-Vendômoise	1.900	1.017	1.184 5 3	475	»	946 11	5.522 16 3
Fossé	1.600	868 17 4	998 7 3	400	»	»	5.547 11
La Madeleine-Villefrouin	1.000	535 7 8	623 12 2	250	»	33 11	2.442 4 10
Marolles	1.350	495 14 10	840 10 9	337 10	»	734 16	3.750 0 7
Mayes	3.062	1.637 14 2	1.908 4 7	765 10	»	1.344 4	8.717 12 2
Menars-le-Château	1.500	803 12 5	934 2 8	375	15	1.480 12	5.108 12 9
Muisans	2.780	1.487 4 4	1.732 2 5	695	»	865 7	7.559 14
St-Bohaire	1.420	219 6 11	884 3 3	355	»	583 11	3.462 3 6
St-Denis	2.750	1.471 9 7	1.713 8 11	687 10	84	2.036 12	8.803 0 2
Suèvres. Pssc St-Christophe	3.050	1.631 16 1	1.900 6 7	762 10	»	2.443 11	9.788 8 8
— Pssc St-Lubin	»	695 8 3	810 9 11	325	»	1.575 4	4.706 2 2
— Pssc St-Martin	530	284 5 3	330 9 14	132 10	160	748 11	2.185 16 2
Talcy	2.500	1.289 10 2	1.558 8 7	625	»	1.676 19	7.649 9 10
Villebaron	4.100	2.202 14 11	2.554 19 9	1.025	24	2.142 5	12.138 8 6
Villefrancœur	387	206 11 2	240 19	96 15	»	262 7	1.193 12 11
Villerbon	2.200	1.226 11 3	1.371 3	550	»	1.265 17	6.613 11 3
Villexanton	1.700	909 16 9	1.059 6 11	425	»	1.158 17	5.253 0 8
	57.909	29.628 7 4	36.082 13 7	14.477 5	849	34.286 4	173.193 9 11

— 199 —

	Taille en principal	Accessoires de la Taille	Capitation des Taillables	Prestation représentative de la corvée	Capitation des non-taillables	Vingtièmes	Total
Cour-Cheverny	4.050	2.867 4 5	2.522 19 1	1.012 10	119	3.958 18	13.930 11 6
Bracieux	1.800	962 19 4	1.121 6 3	650	»	331 7	4.865 12 4
Chambord	»	»	»	»	240	»	240 » »
Chaumont	2.300	1.231 9 7	1.433 2 4	575	»	1.920 1 1	7.479 12 11
Cheverny	3.058	1.636 14 6	1.905 2 5	764 10	»	5.071 1 1	12.436 12 0
Chitenay	3.200	1.226 11 5	1.371 3 3	530	62	3.275 16	8.685 10 6
Contres	4.150	2.221 19 3	2.388 18 5	1.037 10	17	1.991 »	12.003 7 3
Courdes	650	347 4 4	404 3 6	162 10	»	674 6	2.238 5 7
Courmemin	1.880	1.006 4 8	1.171 9 7	455	»	873 13	5.386 13 3
Feings	1.000	535 » 1	625 12 2	250	»	1.049 19	3.458 12 10
Fontaine	2.000	1.071 3 3	1.246 4 8	500	»	1.423 8	6.240 15 8
Fougères	1.300	695 8 8	810 » 3	325	»	1.134 15	4.263 0 2
Fresnes	850	454 8 8	530 » »	212 10	»	788 14	2.835 15 11
Huisseau	4.300	2.302 12 10	2.679 6 11	1.075	564	2.225 17	13.086 3 11
Masslives	600	320 13 9	373 15 6	150	»	611 4	2.055 9 3
Mont	3.600	1.926 17 2	2.242 12 6	900	60	1.995 3	10.766 13 7
Montlivault	600	1.066 4 9	1.184 » 2	475	»	530 15	2.698 » 7
Monthou-sur-Bièvre	900	481 19 5	560 13 6	225	»	1.204 4	4.892 14 5
Muides	1.450	776 1 7	902 19 3	362 10	200	1.543 6	5.833 17 0
Onchamps	1.800	883 5 1	1.121 6 8	450	36	2.018 10	12.114 11 8
Pontlevoy	4.160	2.217 1 4	2.578 0 8	1.035	126	2.497 11	13.983 11 »
St-Claude	4.750	2.594 16 2	2.958 13 10	1.187 10	»	2.163 14	7.614 15 3
St-Dyé	2.300	1.162 18 11	1.433 2 4	575	»	774 8	4.146 15 5
Sambin	1.400	749 10 2	872 9 3	350	»	459 5	1.974 12 6
Sassay	630	335 8 6	392 9 3	157 10	74	2.509 13	8.202 0 10
Selettes	2.300	1.340 5 6	1.433 16 2	575	»	475 15	1.679 » 3
Seur	500	267 10 10	310 16 4	125	»	1.000 3	5.094 12 12
Soings	1.700	908 17 1	1.060 6 7	425	»	1.388 4	5.482 7 8
Tour-en-Sologne	1.700	909 16 9	1.059 6 11	425	»	» » »	» » »
Valaire	400	213 8 11	249 16 9	100	»	498 17	1.462 2 8
	59.608	32.060 17 1	37.139 1 7	14.857	1.498	45.883 16	191.076 14 8

ÉLECTION DE ROMORANTIN. — ARRONDISSEMENT DE ROMORANTIN

	Taille en principal	Accessoires de la Taille	Capitation des Taillables	Prestation représentative de la corvée	Capitation des non taillables	Vingtièmes	Total
Romorantin	10.000	5.342 19 1	6.231 3 9	2.500	1.256	404 16	1.989 6 2
La Ferté-Beauharnais	700	373 15 5	335 14 9	175	»	864 12	4.876 3 3
Langon	1.700	827 4 4	1.069 6 11	425	»	1.225 19	5.743 11 8
Lanthenay	1.875	1.001 6 3	1.166 11 2	468 15	6	499	2.567 13 9
Lassay	900	382 12 6	360 13 2	225	12	570 5	2.912 15 9
L'Hôpital	1.050	364 18 5	653 2 6	262 10	»	610	4.965 3 8
Loreux	1.800	961 19 5	1.121 6 3	450	»	1.333 15	10.438 4 1
Marcilly-en-Gault	3.850	1.857 19 3	2.434 3	962 10	»	973 10	6.268 13 6
Millançay	2.200	1.173 8 2	1.371 2 4	550	»	614 18	4.763 13 8
Monthault	1.724	929 13 7	1.073 2 1	431	»	1.273 16	8.435 18 8
Mur	3.000	1.603 5 5	1.868 17	750	»		
Nançay	3.450	1.646 6 2	2.154 2 6	862 10	»	2.266 11	15.185 7 5
Neung	5.366	2.870 0 7	3.341 6 3	1.341 10	»	319 11	3.104 11 6
Orçay	1.110	394 1 4	653 8 11	277	30	810 3	5.384 9 11
Pruniers	1.900	1.016 15 9	1.183 5 7	475	»	1.863 2	16.226 12 7
Salbris	6.200	2.712 15 9	3.870 9 11	1.550	30	3.701 10	21.323 12 9
Selles-Saint-Denis	7.150	4.195 18 11	4.488 13 10	1.787 10	»	1.606	12.225 17 11
Souesmes	4.400	2.376 12 4	2.743 5 7	1.100	»	1.364 19	10.792 16 9
Theillay	3.840	2.053 15 3	2.394 2	960	54	2.220 7	16.483 9 1
Tremblevif	5.900	3.155 8 3	3.678 13 10	1.475	32	836 11	4.772 12 2
Veilleins	1.622	866 11 2	1.010 3	405 10	»	1.637 18	9.823 6 9
Vernou	3.400	1.816 14 6	2.118 13 10	850	»	314 12	4.275 9 10
Villefranche	400	242 0 10	268 17 3	100	»	969 13	5.618 6 4
Villeherviers	1.850	1.182 5 11	1.153 15 5	462 10	»		
	75.387	39.598 14 2	46.923 14 2	18.846 45	1.440		

ÉLECTION DE ROMORANTIN — ARRONDISSEMENT DE SAINT-AIGNAN

	Taille en principal	Accessoires de la Taille	Capitation des Taillables	Prestation représentative de la corvée	Capitation des non-taillables	Vingtièmes	Total
St-Aignan ville	4.417	2.360 13 2	2.752 2 8	1.104 5	134 4		
St-Aignan hors l'enclos	880	474 3	547 17 5	220	»		
Billy	1.350	601	841 19 6	337 10	»		3.731 1 5
Chabris	4.500	2.279 0 4	2.804 6 3	1 125	»	600 12	
Châteauvieux	1.650	873 8 10	1.026 17 9	412 10	24	1.049 19	5.036 15 7
Châtillon-sur-Cher	1.025	545 18	640 6 9	256 5	»	585 15	3.053 4 8
Chémery	1.650	882 16 11	1.026 17 9	412 10	»	1.053 5	5.025 9 8
Choussy	710	379 13 6	441 12 10	177 10	»	752 19	2.461 15 4
Couffy	1.450	773 1 8	902 19 4	362 10	21	998 16	4.510 15 9
Givres	1.350	724 19 5	839 0 4	337 10	»	723 5	3.971 14 9
Gy	1.700	907 17 5	1.059 6 11	425	»	840 8	4.932 12 4
Lye	2.500	1.337 14 2	1.554 2 1	625	1 4		
Mehers	863	462 5 11	536 1 4	215	»	424 1	2.500 8 3
Mennetou-sur-Nahon	750	399 6 11	467 19 5	187 10	26	760 2	3.986 7 10
Meusnes	1.350	670 16 5	844 19 3	337 10	100	1 201 15	5.035 6 6
Monthou-sur-Cher	1.550	828 4	967 17 3	387 10	12	785 19	3.876 14 6
Noyers	1.300	641 6 3	812 9 10	325	»	458 14	2 414 0 7
Oisly	812	435 14 9	504 11 8	203	16		
Parpeçay	1.620	830 4	1.808 8	405	»		
Paulmery	1.657	780 7 2	902 19 4	364 5	»	122 2	842 6 10
Rougeou	360	158 7 2	196 17 8	75	»	827 15	3.955 14 1
S-Romain	1.300	693 8 11	809 10 2	325	»	785 8	3.193 2 2
Ségy	1.000	535 1 8	622 12 6	250	»		
Sembloçay	508	279 9 11	315 14 10	127	»		
Thézée	1.450	775 1 8	905 0 4	362 10	33	696 6	4 188 18
Varennes	2.320	1.315 4	1.384 19 3	555	»		
Villedieu	254 18	135 14 10	158 7	63 14 6	»	125 19	738 13 7
	39.916 18	21 076 10 6	25.656 1 9	9.978 9 6	367 8		

ÉLECTION DE ROMORANTIN — ARRONDISSEMENT DE GRAÇAY

	Taille en principal	Accessoires de la Taille	Capitation des Taillables	Prestation représentative de la corvée	Capitation des non-taillables	Vingtièmes
Graçay	1 200	640 6 7	747 10 10	300	»	
Aize	800	422 19 9	438 13 9	200	»	
Anjoing	1 860	988 11 2	1 537 14 1	465	23	
Bagneux	1 460	1 269 16 9	909 16 9	365	»	
Buxeuil	1 154	615 14 10	720	268 10	»	
La Chapelle-Mone-Martin	773	396 7 11	484 18 3	193 5	»	394 14 2 152 5 4
La Chapelle-St-Laurian	950	368 3 11	392 2 7	237 10	»	
Châtres	2 028	903 18 9	1 262 19 8	507	»	861 17 3 363 14 10
Dontray	850	650 9 11	525 3 8	212 10	»	494 14 2 236 17 7
Dun-le-Poëlier	1 354	572 9 3	844 18 5	338 10	»	
Fontenay	1 050	359 13 5	653 2 4	262 10	15	
Maray	812	433 15 5	504 11 10	203	»	368 1 2 322 8 0
Menneton-sur-Cher	2 100	1 120 6 7	1 300 2 8	525	»	1 083 10 6 158 3 3
Mery-sur-Cher	1 460	774 13 10	902 19 1	362 10	24	
Noian-en-Graçay	1 860	910 5 1	1 159 13 6	465	18	
Orville	500	261 19 4	315 14 10	125	32	
Poulaine	2 350	1 253 1 8	1 464 11 10	587 10	»	
St-Christophe-en-Bazelle	820	509 10 2	522 5 11	200 15	»	346 5 2 364 18 2
St-Julien	900	369	560 13 2	225	»	486 4 2 701 17 2
St-Loup	900	480	560 13 2	225	»	
St-Oustrille	861	469	546	215 5	30	
St-Phallier	450	240 19 9	279 6 11	112 10	»	
Ste-Cécile	550	296 14 6	343 15 7	137 10	»	
Thenioit	1 600	736 16 6	935 3 7	400	»	
Vatan-P^se St-Christophe	3 350	1 853 19 2	2 149 16 7	862 10	63	
— P^se St-Laurent	1 600	856 14 6	996 7 11	400	»	
	33 701	17 752 10 4	21 010 19 2	8 425 5	225	

— 202 —

CHAPITRE VI

LES CALAMITÉS DE L'ÉTÉ 1788
ET DE L'HIVER 1788-89
LES SECOURS

I. *Situation économique du département et en particulier de la Sologne avant la Révolution.* — La misère avant la Révolution. — Etat de l'agriculture en Sologne. — Etat de l'industrie. — Rôle du Bureau intermédiaire.

II. *Les grêles de 1788.* — Grêle du 29 mai 1788. Les propriétaires sont autorisés à ensemencer de nouveau leurs terres. — Grêle du 13 juillet 1788. - Secours de 30.000 l. — Mesures à prendre pour la distribution de ce secours. Il est accordé 3.500 l. au département de Blois et Romorantin Les cultivateurs de la Sologne devront y participer - Secours de 50.000 l. Il est accordé, à deux reprises, 3.500 l au département de Blois et Romorantin. — Loterie de 12 millions.

III. *L'hiver 1788-89.* — Envoi de riz à Romorantin. — Lettre de la municipalité de Romorantin. Etat de la misère dans cette ville. — Nouveau secours. — Disette de farine Les boulangers font des approvisionnements à Orléans par les soins de la Commission intermédiaire — Disette dans les campagnes de Sologne. Lettre de Necker. Il ouvre un crédit de 12.000 livres. — Secours offert par le duc de Luxembourg. — La misère à Blois. — Organisation d'un atelier de charité. Il n'aura pas lieu par crainte d'une émeute.

IV. *L'inondation de la Loire.* — La débâcle des glaces et l'inondation. Récit du maire de Blois. — Récit du subdélégué. — Organisation des secours. — Secours accordés par le Bureau et la Commission interdiaires. — Générosité du duc de Luxembourg. Ouverture d'un bureau de charité. — Lettre de Necker. Il accorde un secours de 12.000 livres.

I. *Situation économique du département et en particulier de la Sologne avant la Révolution*

Malgré les réformes entreprises par l'Assemblée provinciale et par l'Assemblée de département, les impôts pesaient lourdement sur les populations de notre région. La charge était accablante pour notre département, non seulement à cause du principe de sa répartition, qui la faisait supporter surtout par le peuple des campagnes, mais encore à cause de l'extrême misère qui sévit pendant les années qui nous occupent sur toute la France et, en particulier, sur ce département. On connaît les calamités qui s'abattirent sur la France à la veille de la Révolution, et la misère qui en fut la conséquence a été maintes fois décrite; mais peu de contrées se trouvaient moins en état de la supporter et en souffrirent plus cruellement que cette « triste Sologne » qui formait la plus grande partie du département de Blois et Romorantin.

Cette région, la plus pauvre de la généralité, était, en effet, à la fin du XVIIIe siècle, profondément misérable. On n'avait pas su tirer parti pour la culture, de ce sol sablonneux et argileux; malgré les conseils d'hommes expérimentés, aucun travail d'amélioration et d'assainissement n'avait encore été entrepris. Aussi la plupart des auteurs de l'époque, l'Encyclopédie, l'abbé Rozier, le marquis de Mirabeau, décrivent-ils cette région inculte et malsaine comme une des plus pauvres de la France; c'est aussi l'impression qui se dégage des mémoires de Huet de Froberville (1) et de M. d'Autroche (2) qui entrevoient cependant la possibilité d'améliorations et proposent de sages mesures. Au moment même où se réunissaient les Assemblées provinciales et de département, l'agronome anglais Young, qui parcourait la province, parlait ainsi de ce « pays plat, maigre et graveleux, avec beaucoup de bruyères » : « Les pauvres gens qui cultivent ici la terre sont des métayers, c'est-à-dire des gens qui louent la terre sans avoir les facultés de la faire valoir; le propriétaire est obligé de fournir les semences et les bestiaux, et il partage le produit avec son fermier, misérable système, qui perpétue l'ignorance et empêche les cultivateurs de s'instruire..... Les champs offrent des scènes pitoyables d'une mauvaise administration et les maisons des tableaux de misère..... La pauvreté et la misère y règnent partout; l'agriculture y est au dernier degré de la décadence..... Elle ne produit que du seigle, dont les récoltes sont si petites que c'est une satire sur le royaume d'y avoir semé..... C'est une honte pour le gouvernement français, comme pour les particuliers, propriétaires ou fermiers du sol de cette province, de la laisser languir dans un état si misérable » (3).

Ce sol ingrat était couvert d'étangs et de marécages qui étaient des foyers constants de paludisme. Les propriétaires, qui savaient tirer si peu de profit de leurs pauvres cultures, ne cherchaient pas à les dessécher. Souvent, au contraire, ils convertissaient en étangs poissonneux les espaces de terrains déprimés et humides; leur pêche leur procurait ainsi un bénéfice facile, et le médiocre produit de la vente

---

(1) *Vues générales sur l'état de l'Agriculture dans la Sologne et des moyens de l'améliorer*, Orléans, 1788.
(2) *Mémoire sur l'amélioration de la Sologne*, Orléans, 1787.
(3) Arthur Young, *Voyages en France pendant les années 1787-88-89 et 90*, traduit de l'anglais par F. S. (F. Soulès), Paris, Buisson, 1793.

du poisson était alors une des principales ressources de cette pauvre province.

Tandis qu'au point de vue agricole on n'avait encore apporté aucune amélioration à cette contrée, l'industrie y avait perdu à cette époque son ancienne prospérité. Les importantes manufactures de draps de Romorantin se trouvaient dans une situation critique. Les draps de Romorantin avaient perdu leur ancienne réputation, et, si l'on en croit Huet de Froberville (1), les fabricants auraient contribué à ce discrédit par la mauvaise qualité de leurs marchandises. Toujours est-il que les principaux industriels avaient fait banqueroute et avaient dû se retirer, laissant un grand nombre d'ouvriers sans travail. Au dire d'un mémoire de Tribert (2), inspecteur des manufactures en 1790, l'importance des manufactures de Romorantin diminuait de jour en jour, et le nombre de pièces de draps fabriquées était moitié moindre qu'il ne l'avait été autrefois (3).

Tel était l'état de cette province, c'est-à-dire de la plus grande partie du département, quand elle eut à subir les différentes calamités qui frappèrent le pays en 1788 et 1789. Ce furent d'abord les orages et les grêles de l'été 1788, qui détruisirent une grande partie des récoltes; puis le terrible hiver 1788 89; puis l'inondation de la Loire; puis le manque de récolte et la disette de l'année suivante.

(1) Huet de Froberville et Lecomte de Bièvre, manuscrit de la bibliothèque de M. L. de Froberville, à la Pigeonnière, près Blois.
(2) *Mémoire sur l'état actuel des manufactures d'une partie de la France, ci-devant nommée la généralité d'Orléans, et sur les moyens de l'améliorer*, 1790, manuscrit, A. L.-et-Ch., L 434 (cote provisoire).
(3) Au sujet de la situation agricole et industrielle de la Sologne, v. Dupré, *Recherches historiques sur Romorantin et la Sologne* (*Loir-et-Cher historique*, 1889 à 1893). Signalons aussi plusieurs mémoires manuscrits sur l'état de l'agriculture en Sologne et les moyens de l'améliorer adressés par divers auteurs à la Société de physique, d'histoire naturelle et des arts d'Orléans et conservés aux A. Loiret, C 58.

Le Bureau intermédiaire de l'Assemblée de département eut à intervenir contre les malheurs causés par tous ces fléaux. Nous l'avons déjà vu répartir la remise du Roi et les décharges d'impositions en faveur des paroisses et des particuliers les plus éprouvés. Mais ces réductions étaient fort insuffisantes, et le gouvernement dut accorder de nouveaux crédits pour apporter un soulagement, bien faible, il est vrai, à tant de misères. C'est encore le Bureau intermédiaire qui fut chargé de la répartition de ces nouveaux secours.

II. *Les Grêles de 1788*

Les premiers malheurs dont s'occupa le Bureau intermédiaire furent les orages et les grêles de l'été 1788. Le 29 mai, une averse de grêle avait dévasté les campagnes d'une partie de ce département. A la suite de cet orage, « plusieurs propriétaires et fermiers demandèrent à être autorisés à mettre la charrue dans leurs terres pour y semer des blés noirs ou autres graines dont la saison permettrait d'espérer la récolte ».

La Commission intermédiaire provinciale écrivit au Bureau intermédiaire du département « pour l'autoriser à donner toute permission nécessaire aux propriétaires des terres dévastées par ce fléau, pour y faire toute culture qu'ils jugeront convenable », « vu, dit-elle, que cette liberté est une suite naturelle du droit de propriété et qu'on doit s'en rapporter à l'intérêt personnel de chacun pour tirer de ses terres le plus grand avantage possible » (1).

« Il paraît, au surplus, écrivaient les procureurs syndics provinciaux, de toute justice et même de nécessité de permettre à ceux qui ont perdu toute espérance de récolte de donner une nouvelle culture à leurs champs, pour y semer

---

(1) A Loiret, C 894, f. 51 r°, 13 juin 1788.

du blé noir ou toute autre espèce de grain. La Commission intermédiaire ne voit aucun motif de se refuser à la demande de ses habitants ; elle désire, au contraire, que pour leur ménager cette faible ressource, vous leur donniez l'assurance qu'ils peuvent, en toute liberté, se livrer à ce nouveau travail, sans craindre d'être inquiétés. Votre sagesse, Messieurs, et votre surveillance sauront, d'ailleurs, écarter tous les inconvénients que pourraient faire naître de pareilles dispositions, qui n'ont pour but que l'avantage et le soulagement des malheureux » (1).

Le Bureau intermédiaire fut « chargé de constater les faits et d'évaluer le dommage, pour mettre l'Assemblée provinciale à portée d'accorder aux paroisses frappées de la grêle une indemnité convenable sur la remise du Roi de l'exercice 1788 » (2).

Le 13 juillet suivant, survint une nouvelle grêle, plus terrible que la précédente, qui ravagea une partie de la France et n'épargna pas notre département. Aussitôt après ce désastre, la Commission intermédiaire provinciale demanda au Bureau de département de déléguer quelques-uns de ses membres, pour voir par eux mêmes l'état des lieux dévastés, et de nommer des experts pour constater en présence des membres de la municipalité les pertes éprouvées (3).

En même temps, elle rendit compte au Conseil de la situation et des besoins des paroisses ravagées. « Le simple aperçu des désastres causés par ce fléau, écrivaient quelques jours plus tard les procureurs-syndics provinciaux, a suffi

---

(1) Lettre des p.-s. pr. au b. i., 13 juin 1788. A. L.-et-Ch., C 30 (n° 47 O).
(2) A. Loiret, C 894, f. 51 r°, 13 juin 1788.
(3) Lettre de la c. i. au b. i., 22 juillet 1788. A. L.-et-Ch., C 30 (n° 45 O).

pour déterminer Sa Majesté à accorder provisoirement une somme de 30.000 l. destinée particulièrement à soulager les cultivateurs les plus maltraités. »

Pour permettre de répartir entre les départements cette somme de 30.000 livres destinée à toute la généralité, la Commission intermédiaire demanda « qu'il soit formé, par paroisse, un état détaillé des pertes qu'aura éprouvées chaque particulier, avec indication des secours, soit en argent, soit en grains, qu'exigera sa position ». « Pour donner à cet état plus de précision et entrer dans les vues du Conseil, ajoutaient les procureurs-syndics, nous vous prions, Messieurs, de distinguer avec soin les journaliers et petits cultivateurs qui se trouvent absolument sans ressources d'avec ceux que leurs facultés, une exploitation considérable et les remises totales ou partielles qui leur auront été faites par les propriétaires de leurs fermes, mettent dans le cas de moins ressentir l'effet des ravages de la grêle, de manière que ceux-là seuls doivent participer au secours provisoire des 30.000 l. qui se trouveront dans l'impossibilité d'ensemencer leurs terres, soit par leur situation personnelle, soit par celle de leurs maîtres qui seraient hors d'état de leur faire des avances ». Ils recommandaient ensuite de n'user qu'avec la plus grande réserve des secours en argent qu'on pouvait trop facilement détourner de leur destination (1).

La Commission intermédiaire fixa à 3.500 l. la part du secours destinée au département de Blois et Romorantin.

« Comme ce secours, écrivirent les procureurs-syndics provinciaux, est particulièrement destiné au soulagement des petits cultivateurs qui seraient hors [d'état] d'ense-

---

(1) Lettre des p.-s. pr. au b. i., 10 août 1788. A. L.-et-Ch., C 30 'n° 42 P).

mencer leurs terres, la Commission intermédiaire désire, Messieurs, que la faveur en soit étendue aux parties de la Sologne qui se trouvent dans votre département, quoique les cultivateurs de ce canton de la généralité n'aient pas tous éprouvé le fléau de la grêle. La plupart d'entre eux se trouvent cependant privés de récoltes par l'intempérie des saisons et dans l'impossibilité de se procurer du seigle, dont le prix est considérablement augmenté » (1).

Le Bureau intermédiaire pensa que la somme de 3.500 l. accordée au département, déjà bien faible pour parer aux désastres causés par la grêle, était tout à fait insuffisante s'il fallait y faire participer les cultivateurs de la Sologne.

De son côté la Commission intermédiaire provinciale pensait « qu'une somme si modique deviendrait en quelque sorte insensible, lorsqu'elle serait répandue sur le grand nombre de malheureux qui ont droit d'y prétendre ». Aussi « elle ne négligea rien auprès du ministre des finances pour obtenir un secours particulier pour la Sologne ». Mais ses lettres restèrent sans réponse et elle dut se contenter d'observer au Bureau intermédiaire que, quelque faible que soit la somme de 3.500 l. destinée au département, elle n'aurait pu être accordée si l'on n'avait voulu en faire profiter les cultivateurs de la Sologne. Les secours obtenus par les départements de Chartres et de Châteaudun (12.000 l. et 7.000 l.) étaient, il est vrai, plus élevés ; mais on ne pouvait comparer les pertes occasionnées par la grêle du 13 juillet dans ces départements très riches en céréales et dans celui de Blois. La Commission intermédiaire voulait d'ailleurs éviter dans ce partage tout soupçon de partialité. « Dans les commencements d'une administration née, pour ainsi dire, du sein des orages et des cala-

---

(1) Lettre des p.-s. pr. au b. i., 13 août 1788. A. L.-et-Ch., C. 30 (n° 41 P).

mités, disait-elle, il est nécessaire d'ôter à la malignité tous les prétextes, et, à plus forte raison, de ne point lui fournir des armes » (1).

D'après les ordres du ministre, les mandats devaient être expédiés au profit des greffiers des municipalités; mais la Commission intermédiaire observa que cette mesure empêcherait de distribuer des secours en grains et entraînerait les plus grands abus, et elle demanda l'autorisation de délivrer ses mandats au profit des secrétaires de département. Le 15 septembre, elle reçut enfin l'autorisation de délivrer sur le receveur général en exercice de la généralité les mandats nécessaires pour le paiement du secours (2).

Quelques jours plus tard le Roi envoya une nouvelle somme de 50.000 l. pour les « pauvres cultivateurs de cette généralité ruinés par la grêle et l'intempérie des saisons. » La Commission intermédiaire, ne possédant pas encore tous les renseignements nécessaires pour la juste répartition de ce secours, arrêta « que provisoirement il serait envoyé aux Bureaux intermédiaires des cinq départements qui devaient participer aux secours, des mandats pour la somme de 30.000 l. distribuée dans la même proportion que le premier secours provisoire accordé par Sa Majesté. Quant aux 20.000 l. restant de la somme de 50.000 l. accordée par le Roi, la Commission intermédiaire se réservait de les porter dans les parties de la généralité où les besoins se feraient sentir davantage, quand elle aurait reçu tous les renseignements ultérieurs » (3).

Le département de Blois et Romorantin reçut donc une

---

(1) Lettre des p.-s. pr. au b. i, 6 septembre 1788. A. L.-et-Ch., C 30 (n° 37 P).
(2) A. Loiret, C 894, ff. 92 v° et 93 r°, 15 sept. 1788.
(3) A. Loiret, C 894, f. 110 v°, 21 oct. 1788.

nouvelle somme de 3.500 l., qu'il fut encore chargé de répartir en y faisant participer les paroisses de la Sologne. Il s'acquitta sans doute habilement de cette tâche, car la Commission intermédiaire provinciale déclara « qu'elle ne pouvait qu'applaudir aux mesures sages que l'Assemblée avait prise pour distribuer ces secours dans la proportion des véritables besoins » (1).

Le 7 janvier 1789, la Commission intermédiaire décida de répartir entre les départements les 20 000 livres qui n'avaient pas encore été distribuées. Le département de Blois et Romorantin reçut encore 3.500 l. « pour être employées à l'achat des semences de mars nécessaires aux pauvres cultivateurs qui manquent de ressources ». La Sologne blésoise devait participer à ce nouveau secours pour la somme de 2.500 l.

« Vous voudrez bien, Messieurs, écrivaient les procureurs-syndics provinciaux, ne point perdre de vue les principes qui doivent vous diriger dans la distribution de ce secours. Il s'agit surtout d'assurer la reproduction ; le besoin et le défaut de ressources doivent être les seuls titres pour avoir part à ce bienfait du gouvernement » (2).

Il faut encore signaler un secours d'un autre ordre : c'est une loterie de 12 millions, instituée par arrêt du Conseil du 26 juillet 1788 en faveur des provinces ravagées par la grêle. La Commission intermédiaire envoya aux députés du Bureau du département plusieurs copies de cet arrêt, en les priant « de vouloir bien donner leurs soins pour la publicité de cet arrêt dans les lieux où ils croyaient qu'il pouvait provoquer les secours de la bienfaisance » (3).

---

(1) A. Loiret, C 894, f. 115 v°, 4 nov. 1788.
(2) Lettre des p.-s. pr. au b. i., 10 janv. 1789. A. L.-et-Ch., C 30 n° 137 P).
(3) Lettre de la c. i. au b. i, 11 août 1788. A. L.-et-Ch., C 34.

III. L'Hiver 1788-89

Le terrible hiver 1788-89 vint encore accroitre la misère occasionnée par les orages de l'été. La Commission intermédiaire crut devoir, dans ces circonstances, envoyer de nouveaux secours à notre département et, en particulier, à la ville de Romorantin. Au mois de décembre, sur la demande des officiers municipaux de Vendôme, de Montargis et de Romorantin, « concernant l'extrême misère où les glaces et l'âpreté de l'hiver, en enchainant tous les bras, réduisaient les pauvres habitants desdites villes », elle envoya provisoirement deux milliers de riz à chacune de ces villes. En même temps, elle écrivit au directeur général des finances, « pour lui exposer la misère de la plupart des villes de la généralité, et le prier de solliciter au Conseil de Sa Majesté un secours extraordinaire de 6.000 l. à cause de la rigueur de l'hiver, et d'autoriser la dépense faite par avance et sur le crédit personnel des membres de la Commission intermédiaire, pour l'envoi de 6 milliers de riz dans les villes de Romorantin, Montargis et Vendôme » (1).

« Notre pays, pauvre depuis longtemps, écrivaient les officiers municipaux de Romorantin en accusant réception de cet envoi, n'avait pas de ressources pour prévenir les besoins que la stérilité de l'année autant que la rigueur de la saison ont multipliés, de sorte que notre ville se trouve absolument accablée sous le poids de ces deux fléaux réunis.

« Inutilement avons-nous tenté les plus grands efforts pour trouver chez nous les moyens de sortir de cet état malheureux. Ceux de nos concitoyens les moins malaisés étant épuisés par le défaut de récolte, le non paiement de

(1) A. Loiret, C 894, f. 136 r°, 22 déc. 1788.

leurs fermes, les secours qu'ils sont en outre obligés de donner à leurs colons, et les fabricants par les faillites, ne peuvent nous aider.

« Un nombre de plus de quinze cents pauvres (1), augmenté par les habitants de nos campagnes réduits à venir disputer les faibles charités de la ville, est le tableau frappant et effrayant de notre situation.

« Vous la jugerez sans doute bien cruelle, et plus encore si vous voulez considérer que les pauvres de notre ville trouvaient ordinairement des secours chez les habitants de la campagne, et que dans ce moment cette ressource leur est interdite, puisque ces mêmes habitants viennent eux-mêmes solliciter des besoins qu'ils soulageaient auparavant. Enfin, Messieurs, nous ne craindrons pas de vous avancer que chaque jour nous apprend la mort de plusieurs malheureux victimes de la famine.....

« Notre pays, qui tire ordinairement ses grains du Berry, ne peut plus s'en procurer; le peu qui nous parvient, qui se vend actuellement en froment quarante-six sous le boisseau pesant quatorze livres, ne peut être converti en farine par la rareté de l'eau, de sorte que nous payons le pain blanc quatre sous six deniers la livre, le commun ou bis trois sous trois deniers, et, à ce prix exorbitant, le boulanger n'en a pas à suffire » (2).

Enfin, exposant la menace « d'une famine totale, qui interdira tout secours pour les pauvres et nous réduira dans la cruelle nécessité de les laisser périr de faim », les officiers municipaux demandaient des secours « proportionnés au nombre de nos pauvres et à l'état de détresse dans lequel nous nous trouvons » et insistaient particulièrement pour réclamer l'envoi de farines.

(1) Sur une population de 6 à 7.000 âmes.
(2) Lettre de la mun. de Romorantin à la c. i., 2 janv. 1789. A. L.-et-Ch , C 33.

Quand elle reçut cette lettre, la Commission intermédiaire reprocha à la municipalité de Romorantin de ne s'être pas adressée au Bureau de département « qui n'a certainement pas mérité, disait-elle, un manque de confiance dont il pourrait se plaindre ». Elle prit cependant sa demande en considération et lui envoya à nouveau deux milliers de riz et la somme de 400 l. « pour acheter le bois, la graisse, le sel, et pour la cuisson et distribution du riz ».

« Le dernier calcul fait à Paris, disait-elle, prouve qu'avec 100 l. pesant de riz bien cuit avec de la graisse et du sel, on peut nourrir 1.000 personnes. Ainsi, Messieurs, nous vous conseillons de ne distribuer que du riz cuit et de ne faire servir l'argent qu'à acheter des comestibles » (1).

Malgré ces envois de riz, la disette des farines rendait la famine imminente, et les officiers municipaux alarmés écrivaient à nouveau quelques jours après leur première lettre :

« En sollicitant vos secours pour les pauvres nécessiteux de cette ville, nous ne croyions pas la disette des farines si prochaine, et que ce nouveau fléau nous obligerait à réclamer continuellement votre assistance.

« Nos petites rivières, seule ressource que nous ayons pour la mouture de nos grains, étant absolument arrêtées et séchées par la prolongation du froid, les moulins qui y sont placés ne pouvant plus tourner, cette ville est menacée d'une famine, nous ne dirons pas seulement prochaine, mais presque existante ; de sorte, Messieurs, que nous craignons et avec juste raison qu'il n'y ait pas de farines ici pour alimenter six mille habitants et plus jusqu'au retour de notre courrier, sans avoir l'espoir d'en tirer des environs » (2).

(1) Lettre de la c. i. à la mun. de Romorantin, 5 janv. 1789. A. L.-et-Ch., C 33. et A. Loiret, C 894, f. 142 r°, 5 janv. 1789.
(2) Lettre de la mun. de Romorantin à la c. i., 6 janv. 1789. A. L.-et-Ch , C 33.

Dans cette triste situation, « nous osons vous supplier.... disaient-ils à la Commission intermédiaire, de faire fournir à nos boulangers représentés par le sieur Auger, l'un d'eux, la quantité de trente sacs de farine de première et seconde qualité, au meilleur prix possible, et qui seront payés comptant par le porteur de la présente » (1).

Les députés de la Commission intermédiaire répondirent qu'ils ne pouvaient qu'applaudir au parti pris par les boulangers. Ils prirent soin de faire donner à celui des membres de cette communauté qui leur avait été adressé « toutes les facilités qu'il pouvait désirer pour l'acquisition et la libre exportation de la quantité de farine dont [il] avait dessein de se pourvoir ». Trente-deux sacs furent achetés et « conduits sans frais à Romorantin, attendu, disaient-ils, que nous ferons acquitter le prix de la voiture à l'effet d'éviter à vos concitoyens l'augmentation que cet objet aurait nécessairement apporté dans le prix du pain ». Ils envoyaient en même temps l'état du prix de ces farines, pour mettre la municipalité à portée de fixer celui du pain (2).

L'état dans lequel la rigueur de l'hiver avait réduit les communautés rurales de la Sologne, n'était pas moins misérable (3), malgré les secours en riz qui leur furent envoyés à plusieurs reprises (4).

---

(1) Lettre de la mun. de Romorantin à la c. i., 6 janv. 1789. A. L.-et-Ch., C 33.
(2) Lettre de la c. i. à la mun. de Romorantin, 10 janv. 1789. A. L.-et-Ch., C 33.
(3) Cf. notamment : Supplique de la mun. de Vernou à la c. i., 10 janv. 1789. A. L.-et-Ch., C 33.
(4) Le 30 décembre la Commission intermédiaire arrête « qu'il sera envoyé quatre cents livres de riz à la paroisse de Theillay en Sologne où la misère extrême et le défaut de farines font craindre que les habitants ne manquent de pain » (A Loiret, C 894, f. 139 v°, 30 déc. 1788) Le 10 janvier la Commission intermédiaire arrête « qu'il sera envoyé trois milliers de riz au Bureau intermédiaire d'Orléans et deux milliers à celui de Blois et Romorantin pour secourir les paroisses de la Sologne où la misère se fait le plus

Necker, qu'on avait sans doute intéressé à la situation de cette province, écrivait, le 7 janvier, aux députés de la Commission intermédiaire :

« Il vient de me parvenir, Messieurs, des détails bien affligeants sur la position des habitants indigents de la ville de Romorantin ; la population de cette ville n'est point considérable ; il semble dès lors qu'une somme modique pourrait répandre parmi les indigents des secours suffisants et la consolation qui leur est si nécessaire. Il paraît aussi que quelques villages voisins de cette ville éprouvent les plus grands besoins. Je vous prie de vous aider du crédit de 12.000 l. que je vous ai ouvert par ma lettre du 31 décembre dernier, pour venir au secours de ce canton. Je vous demande instamment, Messieurs, d'étendre partout vos soins et votre sollicitude » (1).

Les députés de la Commission intermédiaire rendirent compte au directeur général des mesures qu'ils avaient prises pour soulager les misères de la ville de Romorantin. « Mais, ajoutaient-ils, cette ville n'est pas la seule qui ait besoin d'un secours prompt et efficace ; un grand nombre de celles de la généralité éprouvent à peu près au même degré les calamités qu'entraînent l'excès de la misère et la rigueur du froid. Les peuples des campagnes sont de même dans la détresse et dans la désolation. Jamais les besoins n'ont été plus grands et nos ressources sont trop insuffisantes pour espérer de pouvoir y subvenir » (2)

sentir » (A. Loiret, C 894, f. 143 r°, 10 janv. 1789). Le 13 janvier il est fait lecture d'une lettre de M. d'Autroche « qui expose à la Commission intermédiaire l'extrême misère où les paroisses de Tremblevif, Neung et paroisses voisines sont réduites par la rigueur de l'hiver ». Il est arrêté « qu'il sera donné un millier de riz à la disposition de M. d'Autroche, pour être distribué par lui dans lesdites paroisses suivant les besoins respectifs » (A. Loiret, C 894, f. 144 r°, 13 janv. 1789).
(1) Lettre de Necker à la c. i., 7 janv. 1789. A. L.-et-Ch., C 33.
(2) Lettre de la c. i. au dir. gén., 10 janv. 1789 A. L.-et-Ch., C 33.

La ville de Romorantin venait pourtant de recevoir une aide de la générosité du duc de Luxembourg, le président de l'Assemblée provinciale, qui, avec « quelques autres personnes bienfaisantes », avait offert une somme de 2.400 l. « pour être employées à secourir la ville de Romorantin ». L'emploi en fut confié à Thuault de Beauchesne, lieutenant général du bailliage de Romorantin et membre de l'Assemblée provinciale (1).

Mais de nouvelles demandes adressées à Necker et au duc d'Orléans restèrent sans réponse et on ne trouva dans la ville personne pour s'occuper de la cuisson et de la distribution du riz que l'on voulait acheter avec cette somme. « Ce n'est pas, disait Thuault de Beauchesne, qu'on n'y soit charitable, mais tous aujourd'hui y souffrent du défaut absolu de récolte et ne peuvent guère aider à secourir les plus malheureux » (2).

En veillant à la distribution de ces secours, les officiers municipaux constataient « l'heureuse révolution qu'ils ont opérée dans la situation de nos pauvres », mais apprenaient aussi à mieux connaître le nombre des malheureux, « et, disaient-ils, un dénombrement qui n'est que trop exact les porte déjà à plus de deux mille » (3).

La ville de Romorantin et la Sologne n'étaient pas les seules parties du département qui avaient besoin de l'assistance de l'administration provinciale. Au mois de décembre, le Bureau intermédiaire demandait qu'il fût aussi accordé un secours aux paroisses de l'élection de Blois, « qui, disait-il, n'éprouvent pas un besoin moins sensible,

---

(1) A. Loiret, C 894, f. 143 r°, 10 janv. 1789.
(2) Lettre de M. Thuault de Beauchéne à la c. i., 21 janv. 1789. A. L.-et-Ch., C 33.
(3) Lettre de la mun. de Romorantin à la c. i., 22 janv. 1789. A. L.-et-Ch., C 33.

et qui vont se trouver bientôt réduites à essuyer les plus dures extrémités » (1).

A Blois même, le froid avait fait aussi sentir ses ravages. A l'assemblée particulière du corps de ville du 20 décembre 1788, le maire expose « que la grande rigueur de l'hiver prive une partie de nos concitoyens de leur subsistance, que toutes espèces de travaux sont interdites depuis plus d'un mois, que la misère pour les journaliers est à son comble, qu'il est [à] craindre que la longueur de l'hiver, le prix excessif du pain valant aujourd'hui 32 fr. les 12 l. épuisent les charités des paroisses, que depuis longtemps il nous aurait proposé de prendre en considération la misère publique, si nous n'avions vu avec reconnaissance le régiment Royal-Comtois et la société de cette ville, sous le titre de Club, s'empresser de venir au secours des malheureux. Mais le moment est arrivé ; l'hiver ne fait que commencer et, depuis trois semaines, il fait sentir la plus cruelle rigueur ; nos maisons sont remplies de pauvres au nombre desquels nous en voyons qui, habitués au travail, ne se présentent que parce qu'ils sont sans ressource de ce côté-là ; pourquoi il croit devoir nous proposer de faire une distribution de pain aux paroisses de cette ville, jusqu'à ce que la saison ait permis aux malheureux journaliers de se livrer au travail » (2).

« La calamité de l'hiver continuant », l'assemblée générale, réunie le 29 décembre, décide « d'autoriser le corps de ville à dépenser jusqu'à concurrence de la somme de quinze cents livres, y compris la dépense déjà faite pour la subsistance des pauvres, laquelle à ce moyen cessera d'avoir lieu, à la charge que les deniers seront employés à faire travailler les pauvres valides des paroisses de cette

(1) Lettre du b. i. à la c. i., 31 déc. 1789. A. L.-et-Ch., C 33.
(2) A. Blois, BB 33, 20 déc. 1788.

ville à déblayer les neiges et glaces des principales rues et abords » (1).

Mais, le 2 janvier, l'assemblée municipale extraordinairement convoquée, le maire expose « que, s'étant mis en devoir d'exécuter la délibération de l'assemblée générale du 29 décembre dernier, il aurait vu ce matin sur les sept heures, temps auquel il se proposait d'ouvrir l'atelier de charité pour le déblaiement des glaces, les salles, la cour de l'hôtel de ville remplies de prétendus pauvres qui se disposaient au travail ; que tous les esprits lui ont paru très échauffés et disposés à la révolte, que tous voulaient travailler, que partie d'entre eux ne pouvaient être regardés comme pauvres, que ceux-là s'opposaient à ce que les véritables pauvres se missent au travail ; qu'il a cru s'apercevoir que messieurs les curés n'avaient pu parvenir à faire une liste de ceux auxquels les aumônes sont destinées ; que, pour éviter la sédition, il a pensé que le parti le plus prudent pour le moment était de renvoyer tous les ouvriers au nombre d'environ 14 à 1500 » et de convoquer sur le champ l'assemblée « pour aviser au parti à prendre ».

L'assemblée décide que, « pour éviter une émeute, l'entreprise portée par la délibération n'aura pas lieu, attendu le danger de l'exécution ; que, pour remplir autant qu'il est possible les vues de l'assemblée générale de subvenir à la misère excessive des pauvres de cette ville, il sera fourni, comme par le passé, la quantité de pains prescrite dans la délibération du 20 décembre dernier » (2).

IV. *L'Inondation de la Loire*

A la misère causée par la rigueur de l'hiver, vint bientôt s'ajouter un nouveau désastre. Dans la nuit du 19 janvier 1789, la débâcle des glaces détruisit les nombreux bateaux

(1) A. Blois, BB 31, f. 78 r° et v°, 29 déc. 1788.
(2) A. Blois, BB 33, 2 janv. 1789.

qui, à cette époque, faisaient le commerce fluvial sur la Loire. De plus, la vallée fut ravagée par le débordement du fleuve et la ville de Blois eut particulièrement à en souffrir. Cette inondation est une des plus terribles dont on ait gardé le souvenir. Les eaux de la Loire n'atteignirent depuis le même niveau qu'une seule fois, lors de la crue de 1856, qui dévasta également notre ville.

« A peine commencions nous à jouir de la douce satisfaction d'avoir conservé les malheureux et de voir succéder à un hiver des plus violents une température plus douce, disait trois mois plus tard le maire, Boesnier, à l'assemblée municipale, qu'un événement horrible est venu replonger nos âmes dans un deuil universel. La débâcle de cette rivière, aussi horrible dans son aspect que funeste dans ses effets, a menacé de la dévastation la plus entière deux de nos faubourgs et a replongé dans la misère la plus affreuse tous les habitants des quartiers bas de la ville et tous les meuniers et mariniers; et, si quelque chose a été conservé, nous le devons encore aux soins de la Providence, qui a comme suspendu l'effet de ce fléau jusqu'au jour. Qui peut s'imaginer l'étendue du mal s'il nous avait surpris au milieu des ténèbres de la nuit et accablés par le sommeil? » (1).

Le 10 décembre, il y avait déjà eu un moulin « fracassé » et plusieurs bateaux perdus à Blois, à Chouzy et à Chaumont (2). Le 18 janvier, un exprès de l'intendant prévint le subdélégué, Bourdon, de la prochaine débâcle. C'est le 19, « à 5 heures et demie du matin, écrivait celui-ci à l'intendant le lendemain de la catastrophe, qu'elle a commencé à paraître, et tout à coup nos bas faubourgs de Saint-Jean, Vienne et le Foix ont été assaillis

(1) A. Blois, BB 33, 15 avr. 1789.
(2) État des naufrages causés sur la Loire par la débâcle des 8, 9 et 10 déc. 1788. A. Loiret, C 261.

d'eau et de glaces, ainsi que la partie de la basse ville régnant au long de notre quai et plus bas, à la hauteur de 6, 7, 8, 9, jusqu'à 10 pieds, de sorte que tous les habitants de ces maisons n'ont eu que le temps de se réfugier au premier et deuxième étage sans pouvoir rien tirer des meubles, effets, papiers, etc. étant dans le rez-de-chaussée englouti dans les eaux; quantité de malheureux étaient sans pain bloqués dans leurs greniers. Nos paroisses de la campagne voisine de la ville ne s'en sentaient pas encore, mais le mal augmentait dans les faubourgs par la crue, qui continuait et n'avait plus de dégorgement au pont absolument barré et fermé par les glaçons, qui s'y sont accumulés et entassés à la hauteur des avant-becs. Ces glaçons se tiennent et n'en font plus qu'un seul depuis environ un quart de lieue au-dessus du pont jusqu'après deux lieues plus bas. Dans cette circonstance pressante, où les faubourgs allaient périr si on ne facilitait pas un écoulement à la rivière par la rupture [d'une levée], on était à délibérer où il fallait faire cette rupture, lorsqu'une nouvelle levée faite pour barrer le déchargeoir qui est au-dessus du pont de peut-être cinq cents pas, afin de préserver le val des grandes crues, a été emportée par l'impétuosité des eaux, et, donnant un libre cours aux eaux et aux glaces, a, d'un côté, arrêté et même diminué le mal de nos faubourgs et, d'un autre, ruiné le val depuis Blois jusqu'à Candé... Cette rupture de la levée et les torrents d'eau qui l'ont suivie ont pénétré dans les paroisses de Saint-Gervais, Chailles et Candé et quelques maisons de Vineuil, où bien des habitants sont aussi restés sans pain et sans chemin pour en aller chercher. Quelques fermes même des paroisses de Chailles et Candé se sont trouvées dans les eaux avec tout leur bétail et leurs granges » (1).

(1) Lettre de Bourdon, subdélégué de Blois, à l'intendant, 20 janv. 1789. A. Loiret, C 261.

On craignait beaucoup aussi que le faubourg de Vienne fût complètement inondé et on n'évita ce danger que grâce au zèle du régiment Royal-Comtois, qui travailla à faire des bâtardeaux aux endroits où les eaux menaçaient de déborder les levées. On songea aussitôt à organiser les secours.

« Dans ce fatal moment, disait le maire dans le discours que nous avons déjà cité, vous avez vu avec une douce satisfaction nos concitoyens recevoir chez eux les tristes victimes de la débâcle, les consoler dans leur situation ; vous n'aurez pu voir sans attendrissement les soins que notre doyen prélat a prodigués à ceux auxquels il a pu donner l'hospitalité dans son palais, et ceux que messieurs les curés ont exercés dans leurs paroisses. Quant à nous, aidés des secours que le Bureau intermédiaire nous a procuré et du peu de fonds dont nous pouvions disposer, nous [nous] sommes empressés à veiller à la subsistance des malheureux submergés, et, à l'aide du régiment, à pourvoir à la conservation des parties menacées, à celle des hommes et des effets qui, restés dans les domiciles ouverts et inondés, couraient les plus grands risques. Heureusement nos efforts n'ont pas été sans succès ; mais, après avoir pourvu au mal du moment, il nous restait un autre objet de sollicitude de la plus grande importance.

« La dévastation était affreuse ; la plupart des malheureux submergés avaient perdu au moins une partie de leurs effets les plus nécessaires ; à peine avaient-ils eu le temps de se sauver avec leurs femmes et leurs enfants ; trois moulins avaient été brisés ; la majeure partie des bateaux étaient anéantis ; tout était couvert de débris.

« La destruction de la marine, en entraînant la ruine des maîtres, la privation de travaux et, par conséquent, de subsistance pour les journaliers mariniers, mettait en outre un obstacle cruel au transport de nos vins [et] de nos denrées » (1).

Les officiers municipaux de Blois, dans une lettre adressée le 30 janvier à l'intendant, évaluent à 60.000 l. la perte des bateaux, à 18.000 celle des moulins et à 12.000 celle des effets des autres habitants de Blois (2). La campagne n'avait pas été moins dévastée. Les habitants du val, depuis Blois jusqu'à Candé et Chaumont, « ont perdu, dit le subdélégué, toute espérance de récolte pour cette année et toute celle qu'ils avaient dans leurs granges qui a été submergée » (3). A Chaumont, plusieurs maisons furent renversées (4).

Le Bureau intermédiaire du département s'était aussitôt porté au secours des victimes. Le lendemain de la catastrophe, à l'assemblée du corps de ville, le maire dépose sur le bureau une lettre des procureurs-syndics « par laquelle ils annoncent que, touchés des malheurs du pays à l'occasion de la débâcle des glaces de la nuit d'hier, [ils] veulent bien faire remettre une somme de neuf cent livres et dix-huit boisseaux de riz pour les trois paroisses qui ont souffert de la dite calamité ». Et le bureau partage sur le champ la dite aumône entre les trois paroisses de Saint-Saturnin, Saint-Nicolas et Saint-Solenne (5).

Le lendemain 21 janvier, la Commission intermédiaire provinciale décida d'envoyer provisoirement 1.500 l. à chacun des Bureaux intermédiaires d'Orléans et de Blois

---

(1) A. Blois, BB 33, 15 avr. 1789.
(2) Lettre de la mun. de Blois à l'intendant, 30 janv. 1789. A. Loiret, C 261.
(3) Lettre du subdélégué à l'intendant, 22 janv. 1789. A. Loiret, C 261.
(4) Lettre des habitants de Chaumont à l'intendant, 1er fév. 1789. A. Loiret, C. 261.
(5) A. Blois, BB 33, 20 janv. 1789.

et de solliciter un nouveau secours du directeur général (1).

Le 22, elle entend l'ingénieur en chef « sur les détails de l'inondation causée par la rupture de la levée de la Loire », et elle arrête « qu'elle s'assemblera tous les jours pendant la durée de ce fléau, pour être à portée de prendre les mesures que les circonstances rendront nécessaires » ; et l'ingénieur en chef est prié « de se rendre chaque jour auprès d'elle pour lui rendre compte de tous les malheurs qui pourront être le fait de cet événement » (2).

Dans cette circonstance encore, les pouvoirs publics reçurent une aide de la générosité des particuliers et notamment de celle du duc de Luxembourg, président de l'Assemblée provinciale, qui fit remettre à la municipalité une somme de 600 l. (3).

D'autre part, « un citoyen anonyme » ayant proposé une souscription « en faveur de la marine de cette ville » (4), la municipalité, « considérant combien il était urgent de venir au secours de nos malheureux concitoyens qui avaient souffert de l'inondation, notamment des mariniers dont les pertes se montaient déjà par aperçu à la somme de 60.000 l., qu'il était du plus grand intérêt pour la classe plus opulente de nos concitoyens et pour le commerce de contribuer au rétablissement de la marine », arrêta « qu'il serait à partir de ce jour ouvert un bureau de charité ». A cet effet, « toutes les compagnies, corps et communautés, ainsi que messieurs les curés des paroisses de cette ville », et même « les marchands de vin et épiciers de la ville de Paris et tous autres corps qui pouvaient avoir intérêt au rétablissement de notre marine » furent invités à apporter leur offrande (5).

---

(1) A. Loiret, C 894, f. 147 r° et v°, 21 janv. 1789.
(2) A. Loiret, C 894, f. 149 r°, 22 janv. 1789.
(3) A. Blois, BB 33, 31 janv. 1789.
(4) Ibid.
(5) A. Blois, BB 33, 7 fév. 1789.

On sollicita aussi le secours des seigneurs des environs. Enfin on réunit une somme de 5.238 l. Le 15 avril, on tint une assemblée générale pour nommer des commissaires qui furent chargés de la répartition de ce secours (1).

Enfin Necker fit aussi parvenir un secours par la voie de la Commission intermédiaire provinciale et du Bureau de département. Le ministre, tout en reconnaissant que « les pertes ne seraient point aussi considérables qu'il était naturel de le craindre dans le premier moment », recommandait de faire réparer par des ateliers de charité les chemins de communication rompus ou dégradés, d'accorder des remises de taille sur le moins-imposé de 1789 aux habitants qui avaient éprouvé des dommages, et il accordait une somme de 12.000 livres pour les familles de journaliers qui avaient perdu des bestiaux ou qui n'avaient pu retrouver leurs effets ou leurs instruments aratoires emportés par les eaux.

A la fin de cette lettre, Necker avait ajouté de sa main :
« Je vous prie, Messieurs, d'économiser cette somme et de la faire servir habilement et attentivement à tout, car nous ne sommes pas riches.

« Faites bénir le nom du Roi » (2).

La Commission intermédiaire provinciale répartit cette somme d'après les états détaillés et nominatifs des pertes occasionnées par l'inondation, qui furent dressés par les Bureaux intermédiaires des départements (3) ; 8.000 l. furent accordées au département d'Orléans et Beaugency, et 4.000 à celui de Blois et Romorantin (4).

(1) A. Blois, BB 33, 15 avr. 1789.
(2) Lettre du dir. gén. à la c. i., 8 fév. 1789. A. Loiret, C 26. Copie aux A. L.-et-Ch., C 30 (n° 131 O).
(3) Lettre de la c. i. au b. i., 11 fév. 1789. A. L.-et-Ch., C 30 (n° 130 O).
(4) A. Loiret, C 894, ff. 155 v° et 156 r°, 16 fév. 1789.

CHAPITRE VII

LA MISÈRE DANS LES CAMPAGNES.
LES ATELIERS DE CHARITÉ.

I. *La Misère dans les campagnes en 1789.* — Les demandes des paroisses pour obtenir des ateliers. Les renseignements qu'elles fournissent. — Dégâts causés par l'inondation de la Loire et autres intempéries. — Manque de récolte en 1789. Disette des grains. Rareté du pain. — Retard de la moisson. Nouvelle hausse du prix des blés. — Manque de récolte des vignes. — Pertes de bestiaux et des poissons des étangs. — Manque de travail. — État général de la misère. Nombreuses demandes de secours. — Mauvais état des chemins. — Lettre de la municipalité de Pruniers.

II. — *Les Ateliers de Charité.* — Utilité des ateliers de charité. Opinion de l'Assemblée provinciale. — Fonds de charité et contributions volontaires. Secours de 6.000 livres. — Plusieurs paroisses ne peuvent pas fournir la contribution volontaire. — On déroge à la règle d'exiger une contribution volontaire égale à la somme accordée par le Roi. — Retard des paiements. Avances des particuliers. — Mode de paiement. Salaires. — Traitement des directeurs, conducteurs et piqueurs. — Conflit pour la direction de l'atelier de La Ferté-Beauharnais. — Crainte d'émeutes. — Demande d'un nouveau secours pour être employé en ateliers de charité et éviter les séditions.

I. *La Misère dans les campagnes en 1789*

A partir du printemps 1789, le Bureau intermédiaire put disposer d'un nouveau genre de secours, qui était alors très populaire : les ateliers de charité. Ces ateliers avaient un double but : 1° venir en aide aux malheureux qui manquaient de travail ; 2° subvenir à la construction et à l'entretien des chemins ruraux, les fonds de la prestation représentative de la corvée étant exclusivement réservés aux grandes routes (1).

Cette sorte de secours fut très recherchée des paroisses, et les archives départementales de Loir-et-Cher possèdent encore un très grand nombre de lettres de municipalités, de syndics, de seigneurs, de curés, demandant l'établissement d'un atelier dans leur communauté. Ces lettres sont des documents intéressants, qui nous dépeignent la misère et les besoins des habitants des campagnes. Certes il ne faut accepter qu'avec ménagement ces renseignements fournis par les intéressés, et il y a souvent lieu de les croire exagérés. Dans l'intérêt de leurs concitoyens et dans l'espoir d'obtenir une plus forte subvention, les suppliants poussaient au noir leur description et avaient recours à la phraséologie emphatique si en vogue à cette époque. Cependant nous savons par d'autres sources que leurs plaintes n'étaient le plus souvent que trop fondées, et ils donnent de nombreux détails précis que l'on ne saurait croire inventés de toutes pièces. Cette collection de lettres et de mémoires constitue, en somme, la source la plus précieuse que nous possédions sur l'état des campagnes de notre région à la veille de la Révolution.

(1) L'étude des ateliers de charité peut donc être rattachée soit à celle de la misère et des secours, soit à celle des ponts et chaussées. La plupart des documents que nous possédons à ce sujet étant surtout intéressants pour l'étude de la misère dans les campagnes, nous ne séparerons pas ces deux questions.

Nous avons déjà parlé des dégâts causés par les glaces et par l'inondation de la Loire. Les membres de la municipalité de Chaumont demandent un atelier pour leur paroisse, « dont le bourg a souffert un si grand dommage par les glaces que deux maisons ont été entièrement rasées, une détruite à moitié et deux autres ébranlées dans leurs fondements, dont les terres et les prés, dans sa varenne, ont été déchirés par les glaces et couverts de sable par la dernière crue » (1).

« Vous connaissez, expose la municipalité de Vineuil, les désastres que la débâcle de l'année dernière et les deux fortes crues qui ont eu lieu cet automne ont causés à toutes les espèces de biens fonds qu'elle cultive dans le val ; récoltes et semences perdues, prés ensablés, vignes dépouillées en entier de leurs échalas, tels ont été les tristes effets de ce premier fléau » (2).

Les crues du Cher avaient aussi occasionné de grands ravages. « Deux débordements de la rivière du Cher, arrivés ce printemps dernier, écrivent les habitants de La Chapelle-Moine-Martin, ont détruit toutes les récoltes du val... et ont occasionné à semer une seconde fois les mêmes blés » (3).

Plusieurs invoquent d'autres intempéries, « les pluies continuelles qui ont duré presque sept mois » (4), la grêle, etc. M. de Salaberry rappelle que la paroisse de Saint-Bohaire « a éprouvé, il y a six ans, la fureur d'un ouragan qui a tout ravagé, détruit des maisons, renversé toute la toiture de l'église sur les paroissiens occupés à fêter leur patron, que cette paroisse n'a pu se relever de ce désastre » (5).

(1) Lettre de la mun. de Chaumont au b. i., 24 mai 1789. A. L.-et-Ch., C 24.
(2) Lettre de la mun. de Vineuil à la c. i. A. L.-et-Ch., C 24.
(3) Lettre des habitants de La Chapelle-Moine-Martin aux députés de l'Assemblée provinciale, juillet 1789. A. L.-et-Ch., C 24.
(4) Ibid.
(5) Lettre de M. de Salaberry à la c. i. A. L.-et-Ch., C 24.

Mais, en 1789, ce fut surtout le manque complet de récoltes qui amena les plaintes de tous les points du département. Il ne fut d'ailleurs pas limité à cette région, et la rareté des grains qui s'ensuivit contribua à accroître la misère causée par la rigueur de l'hiver.

« La paroisse de Saint-Loup, dit sa municipalité, n'a fait en 1787 qu'une très mince récolte, tant en gros qu'en menus blés, et celle de l'année dernière 1788 a été si mauvaise qu'elle n'a qu'à peine ramassé les grains nécessaires à ensemencer ses terres ; enfin, le temps froid ou pluvieux et si contraire, que nous avons depuis si longtemps, met le comble à notre infortune par le funeste retard qu'il occasionne à cette prochaine moisson » (1).

La municipalité de Mennetou-sur-Cher incrimine « la quantité des herbes qui se sont élevées dans les blés, qui le renversent et empêchent de former leur grain, dont partie ne seront amassés que pour fourrage » (2).

Le curé et le syndic de Tremblevif représentent « que la stérilité de l'année dernière y a été totale, tant en seigle qu'en blé noir, et y a amené la disette plus tôt encore que partout ailleurs » (3). La municipalité de Mur expose « que la disette absolue des grains fait des ravages les plus cruels dans leur paroisse en augmentant considérablement le nombre des pauvres, qui ne peuvent y trouver aucun secours par la gêne des habitants moins mal aisés » (4). « Un atelier de charité est d'autant plus nécessaire, écrit au printemps suivant la même municipalité, que le blé est actuellement à un prix qui oblige dès à présent quelques

---

(1 Lettre de la mun. de St-Loup au b. i., 6 juill. 1789. A. L.-et-Ch., C 24.
(2) Extrait des délibérations de la mun. de Mennetou-sur-Cher, 19 juill. 1789. A. L.-et-Ch., C 22.
(3) Lettre des curé et syndic de Tremblevif à la c. i., 19 mai 1789.
(4) Lettre de la mun. de Mur à la c. i., juill. 1789. A. L.-et-Ch., C 24.

uns de nos pauvres à mendier » (1). A Vernou, au mois de juillet 1789, « le boisseau de seigle pesant quatorze livres est à quarante-six sols, et le froment à trois livres » (2).

D'ailleurs, presque toutes les paroisses se plaignent du manque de récolte et de la cherté des grains. La disette de grains amenait le manque de pain dans bien des paroisses, ou du moins « la cherté excessive du prix du pain, auquel une grande partie du peuple ne peut atteindre » (3). « Le prix du blé, disent les habitants de La Chapelle-Moine-Martin, est sans bornes, l'espèce manquant ; les trois quarts de cette communauté sont sans pain » (4). La paroisse de Tremblevif représente « que la cherté du pain, ou plutôt sa rareté, y est encore augmentée par l'éloignement où se trouve la paroisse de toute grande route et de tout marché » (5).

En bien des endroits les propriétaires ne pouvaient pas même se procurer les grains nécessaires pour ensemencer leurs champs. Les habitants de Soings disent « qu'ils n'ont pas récolté, l'année dernière, de quoi ensemencer leurs terres ; que plusieurs sont demeurées incultes, faute de pouvoir se procurer des semences » (6). De même, à Pruniers, la plupart des cultivateurs « ont laissé une partie de leurs terres sans être emblavée », l'autre partie ne l'étant que grâce à un faible secours accordé par l'Assemblée de département (7).

(1) Lettre de la mun. de Mur, 7 mars 1790. A.L.-et-Ch., C 24.
(2) Lettre de la mun. de Vernou à la c. i. A. L.-et-Ch., C 24.
(3) Extrait des délibérations de la mun. de St-Dyé, 24 mai 1789. A. L.-et-Ch., C 24.
(4) Lettre des habitants de La Chapelle-Moine-Martin aux députés de l'Assemblée provinciale, juillet 1789. A. L.-et-Ch., C 24.
(5) Lettre des curé et syndic de Tremblevif à la c. i., 19 mai 1789. A. L.-et-Ch., C 24.
(6) Lettre des habitants de Soings aux députés de l'Assemblée provinciale, 1789. A. L.-et-Ch., C 24.
(7) Lettre de la mun. de Pruniers à la c. i., 14 juin 1789. A. L.-et-Ch., C 22.

Il y eut une légère diminution du prix des blés à l'approche de la moisson. Mais, celle-ci ayant été beaucoup retardée par le froid et les pluies, il y eut une nouvelle hausse et une aggravation de la misère. « Les choses, écrit le curé de Millançay, se montraient sous un meilleur jour: la moisson paraissait devoir se faire plus tôt qu'elle ne se fera à cause des pluies; le pain diminuait et devenait commun; aujourd'hui les choses sont dans un état bien différent » (1).

« L'intempérie de la saison, écrit la municipalité de Vernou, faisant juger que l'ouverture de la moisson ne peut se faire cette année avant le 15 juillet, en laissant arriver les grains à leur parfaite maturité, et les fonds accordés par l'Assemblée intermédiaire [pour un atelier de charité] étant prêts d'être épuisés..., l'Assemblée municipale a l'honneur d'implorer de nouveau la commisération de messieurs de l'Assemblée intermédiaire, et de leur demander un supplément pour faire gagner l'époque de la moisson à leurs pauvres journaliers, dont le sort est plus malheureux même à présent qu'à la fin d'avril, puisqu'après avoir eu, le mois dernier, pendant deux marchés, la consolation de voir le blé diminuer, ils gémissent sous le poids d'une nouvelle augmentation plus considérable qu'elle n'a jamais été » (2).

La récolte des vignes ne fut pas, cette année, plus satisfaisante que celle des blés; elle fut presqu'entièrement détruite par la gelée. Dans notre pays, dont la richesse consistait en grande partie en vignobles, c'était une perte considérable; aussi les doléances à ce sujet sont-elles presqu'aussi nombreuses que celles qui concernent la disette des grains.

(1) Lettre du curé de Millançay à la c. i., 21 juin 1789. A. L.-et-Ch., C 24.
(2) Lettre de la mun. de Vernou à la c. i., A. L.-et-Ch., C 24.

Les membres de l'Assemblée municipale de Saint-Dyé exposent « que les vignes, qui sont les seules productions de leur paroisse, sont tellement gelées qu'à peine elles promettent un poinçon à l'arpent » (1).

« La municipalité de Cheverny, écrivent les membres de cette assemblée, a l'honneur de représenter que sa misère est au comble. Les vignes qui font toute sa ressource viennent de couler, de manière que la récolte est nulle. Les closiers, obligés de vendre ce qu'ils avaient pu sauver de vin et de boittes (2) pour leur subsistance, ne peuvent plus vivre » (3).

« J'ose vous supplier..., écrit un membre de la municipalité de Mennetou-sur-Cher, de vouloir bien prendre en commisération l'état malheureux dans lequel se trouvent les trois quarts au moins des habitants de cette ville, qui [sont de] simples vignerons travaillant les vignes de propriétaires peu aisés, qui se trouvent désespérés de la perte que leur a occasionnée la gelée de l'hiver dernier, qui a fait périr les deux tiers des ceps » (4).

Beaucoup de paroisses se plaignent aussi de pertes de bestiaux et surtout de bêtes à laine. M. de Douy, propriétaire de la terre de ce nom, située dans les paroisses de Chastres et de Saint-Genoulx, expose « que la misère, qui règne dans l'élection de Romorantin et notamment dans ces deux paroisses, est à son comble, tant par le défaut de récolte que par la perte presque totale des bêtes à laine et de leurs porcs et volailles » (5). « Les laboureurs, écrivent les habitants de Marcilly-en-Gault, ayant perdu la plus

---

(1) Extrait des délibérations de la mun. de St-Dyé, 24 mai 1789. A. L.-et-Ch., C 24.
(2) Boisson obtenue en versant de l'eau sur le marc.
(3) Lettre de la mun. de Cheverny. A. L.-et-Ch., C 34.
(4) Lettre du procureur fiscal de Mennetou-sur-Cher, 24 juin 1789. A. L.-et-Ch., C 24.
(5) Lettre de M. de Douy pour les paroisses de Chastres et St-Genoulx à la c. i., avr. 1789. A. L.-et-Ch., C 24.

grande partie de leurs bêtes à laine, lesdits laboureurs ne sont plus en état de procurer de l'ouvrage aux pauvres manœuvres, dont plusieurs se trouvent, par conséquent, sans ressource » (1). Les habitants de La Chapelle Moine-Martin disent « que les bêtes à laine sont mortes en totalité, ce qui fait une perte considérable », et « que le commerce des bestiaux s'est ralenti par une diminution du prix, lesquels sont de mauvaise qualité, tant par rapport au manque de nourriture de l'hiver dernier que du défaut d'herbe du printemps » (2).

Enfin, plusieurs paroisses de la Sologne eurent à souffrir de la perte d'une des ressources importantes de cette pauvre paroisse, celle des poissons qui avaient été détruits par la gelée des étangs pendant l'hiver 1788-89. « Outre les pertes générales, écrit le curé de Marcilly-en-Gault, comme défaut de récolte, mortalité de bestiaux, notre paroisse a essuyé un malheur particulier par la perte d'une partie considérable de ses poissons, ce qui empêche nos fermiers de faire travailler nos journaliers comme ils avaient coutume de faire » (3). Le curé et le syndic de Tremblevif se plaignent aussi « que la gelée d'une partie des étangs, dont le poisson a été entièrement perdu, a privé les journaliers du salaire ordinaire des pêches, l'une des ressources du pays pendant l'hiver » (4).

Les propriétaires, en effet, qui avaient à souffrir du manque de récoltes et des pertes de toutes sortes, ne pouvaient faire travailler les simples journaliers, et les cam-

---

(1) Lettre de la mun. de Marcilly-en-Gault au b. i. A. L.-et-Ch., C 24.
(2) Lettre des habitants de La Chapelle-Moine-Martin aux députés de l'Assemblée provinciale, juill. 1789. A. L.-et-Ch., C. 24.
(3) Lettre du curé de Marcilly-en-Gault, 1ᵉʳ juill. 1789. A. L.-et-Ch., C 24.
(4) Lettre des curé et syndic de Tremblevif à la c. i., 19 mai 1789. A. L.-et-Ch., C 24.

pagnes étaient remplies d'ouvriers sans ouvrage. « Les propriétaires et laboureurs, écrivent les habitants de Fontaine, se trouvant hors d'état de pouvoir faire faire aucuns travaux, les différents journaliers de la paroisse ne peuvent trouver occasion de gagner leur vie » (1).

L'Assemblée municipale de Vernou expose « que le défaut de travail occasionné par la détresse des propriétaires, qui ne peuvent qu'avec grande peine continuer à substanter les plus pauvres, mettent le journalier en but à la plus grande misère » (2).

Un membre de la municipalité de Mennetou déclare que les propriétaires de vignes sont « hors d'état de pouvoir en faire continuer la culture et, à ce moyen, d'employer ces infortunés ouvriers, qui par le défaut de travail joint à la cherté du grain manquent absolument de pain » (3).

Les officiers municipaux de Bracieux représentent « que la plupart des journaliers de leur communauté manquent d'ouvrage et, par conséquent, de pain » (4). « Notre bourg, disent les officiers municipaux d'Herbault, est rempli, ainsi que les lieux voisins, de malheureux qui manquent d'ouvrage » (5). « Le travail, disent les habitants de Soings, est actuellement mort dans la paroisse » (6). Mêmes plaintes de la part de la municipalité de Tremblevif (7) et de celle de Veilleins qui redoute de voir « de

---

(1) Lettre de la mun. de Fontaine à la c. i., A. L.-et-Ch., C 24.
(2) Lettre de la mun. de Vernou à la c. i., avr. 1789. A. L.-et-Ch., C 24.
(3) Lettre du procureur fiscal de Mennetou-sur-Cher, 24 juin 1789. A. L.-et-Ch., C 24.
(4) Lettre de la mun. de Bracieux au b. i., 28 mai 1789. A. L.-et-Ch., C 24.
(5) Lettre de la mun. d'Herbault au b. i., mars 1790. A. L.-et-Ch., C 24.
(6) Lettre des habitants de Soings aux députés de l'Assemblée provinciale, 1789. A. L.-et-Ch., C 24.
(7) Lettre des curé et syndic de Tremblevif à la c. i., 19 mai 1789. A. L.-et-Ch., C 24.

pauvres journaliers... contraints à demeurer dans une oisiveté qui les conduirait comme nécessairement au désordre » (1).

D'ailleurs à quoi bon faire cultiver les terres, puisque la récolte était entièrement perdue ? Les membres de l'Assemblée municipale de la paroïsse de Cellettes exposent et remontrent « que, le froid rigoureux de l'hiver dernier ayant fort endommagé les vignes, qui sont le principal et pour ainsi dire l'unique genre de productions de cette paroisse, les propriétaires n'ont pu faire faire aucune fosse (2) ou provin (3), ce qui a privé les vignerons de la partie la plus lucrative de leur travail ordinaire; que la gelée des vignes ne laissant concevoir presqu'aucune espérance de récolte, grand nombre de propriétaires n'ont fait aucune amélioration, ce qui a encore tourné au préjudice des cultivateurs, qui tirent un grand profit des engrais qu'ils fournissent. Toutes ces causes réunies sont autant de sources de calamités qui peuvent produire les plus funestes effets » (4).

Les fermiers non seulement ne faisaient plus travailler, mais parfois même abandonnaient leurs terres. M. de Douy expose « qu'il est à sa connaissance que plusieurs fermiers et locataires ont été forcés d'abandonner leurs fermes, ne pouvant trouver le plus léger secours; que les journaliers plus malheureux encore, s'il est possible, sont sans pain et travail et réduits à la mendicité » (5).

Le nombre des journaliers sans travail était encore augmenté aux environs de Romorantin par les ouvriers

---

(1) Lettre de la mun. de Veilleins aux députés de l'Assemblée provinciale, juin 1789. A. L.-et-Ch., C 24.
(2) Creux que les vignerons font autour des vignes.
(3) Rejeton que l'on couche en terre pour qu'il y prenne racine.
(4) Lettre de la mun. de Cellettes aux députés de l'Assemblée provinciale. A. L.-et-Ch., C 24.
(5) Lettre de M. de Douy à la c. i., avr. 1789. A. L.-et-Ch., C 24.

renvoyés des fabriques (1). La paroisse de Millançay se plaint d'être « accablée par une multitude de mendiants de Romorantin et environs » 2). A Saint-Aignan, la situation était la même, et les officiers municipaux se plaignent « que la manufacture de draps, qui fait une des principales ressources de cette ville, est tellement anéantie, que même les fabricants aisés se trouvent épuisés par les avances considérables qu'ils ont faites sans pouvoir rien vendre et se voient dans la nécessité de renvoyer chaque jour leurs ouvriers et leurs fileuses » (3).

Dans ces circonstances, les lettres se succédaient, demandant des secours pour « une infinité de malheureux vignerons et journaliers, qui gémissent sous le poids de la plus triste misère, en ce que les travaux de toute espèce sont cessés et qu'à ce moyen ils ne peuvent plus se procurer les secours nécessaires à leur subsistance » (4); exposant que ces secours « seraient peut-être le seul moyen de les arracher dans ce moment-ci à une affreuse oisiveté causée par le défaut d'ouvrage et à une affreuse misère » (5); que les membres de la municipalité, « dans une année aussi malheureuse, se sont épuisés pour donner à leurs pauvres les secours les plus pressants ; qu'ils ont levé les secours dans la paroisse même, n'ayant d'autre ressource ; qu'ils se voient avec douleur à l'instant de ne pouvoir plus pourvoir à la subsistance de leurs infortunés concitoyens, dont la misère est d'autant plus grande que l'ouvrage leur manque » (6); que « la plus grande partie

(1) V. Lettre de la mun. de Villeherviers au b. i., 25 juin 1789. A. L.-et-Ch., C 24.
(2) Lettre de la mun. de Millançay, 29 avr. 1790. A. L.-et-Ch., C 24.
(3) Lettre de la mun. et principaux habitants de St-Aignan à la c. i. A. L.-et-Ch., C 24.
(4) Lettre de M. de Villemblin (Parpeçay) au b. i. A. L.-et-Ch., C 24.
(5) Lettre des curé et habitants de Monthault à la c. i., 12 juin 1789. A. L.-et-Ch., C 24.
(6) Lettre de la mun. de Chémery à la c. i. A. L.-et-Ch., C. 24.

des habitants de ladite paroisse, manquant presqu'entièrement de pain, de travail et de secours, sont réduits dans une nécessité très pressante » (1); que la paroisse est « réduite à une misère dont on n'a pas d'idée et qu'on peut la considérer comme une pépinière de malheureux sans espoir et sans ressources » (2); chacun d'ailleurs cherchant à peindre sa paroisse comme « la plus malheureuse peut-être de la généralité, la plus chargée d'impositions et la plus destituée de ressources » (3).

Certes, c'est en 1789 que la misère fut la plus grande, mais l'année suivante les procureurs-syndics du département chargés de prendre des informations pour les ateliers de charité, constatent que « les paroisses de la Sologne se ressentent encore de la misère des années précédentes » (4).

Une considération d'un autre ordre engageait encore les habitants des campagnes à demander des ateliers de charité pour la réparation de leurs chemins vicinaux; c'était l'état déplorable dans lequel se trouvaient un grand nombre de ces chemins, qui étaient souvent la seule communication de ces villages avec les grandes routes et qui leur étaient par suite indispensables pour leur approvisionnement et l'écoulement de leurs récoltes.

Les membres de l'Assemblée municipale de Vernou représentent que leurs chemins « absolument nécessaires tant pour le transport et la circulation des productions du pays que pour l'achat des choses nécessaires à la vie, deviennent de jour en jour plus impraticables », et « que

---

(1) Lettre de la mun. de Courmesmin à la c. i., 11 juin 1789. A. L.-et-Ch., C 24.
(2) Lettre de la mun. de Veilleins aux députés de l'Assemblée provinciale, juin 1789. A. L.-et-Ch., C. 24.
(3) Lettre des curé et syndic de Tremblevif à la c. i., 19 mai 1789. A. L.-et-Ch., C 24.
(4) Lettre des p.-s. dép. aux p.-s. pr. au sujet de la paroisse de Lanthenay, 13 avr. 1790. A. L.-et-Ch., C 24.

le curé de la paroisse ne peut procurer aux malades les secours spirituels, sans courir les plus grands dangers » (1).

La municipalité de Chitenay remontre que ses chemins sont si mauvais qu' « environ six mois de l'année il arrive que les charretiers à vide ne peuvent s'en tirer » (2).

La municipalité de Mont-en-Sologne représente « que les chemins vicinaux et de communication, nécessaires pour le transport et la circulation des productions du pays, sont tellement impraticables que plusieurs personnes ont manqué y périr l'hiver dernier avec leurs bestiaux ; que, pendant la moitié de l'année, il leur est impossible de mener leurs denrées, soit au marché de Bracieux, soit à Blois, seuls endroits où ils puissent s'en défaire ; que les messageries de Romorantin à Blois, ainsi que tous les voyageurs que leurs affaires appellent dans le Berry, sont obligés de prendre des détours considérables ; que les propriétaires sont contraints de vendre leur vin à prix inférieur, parce que les commissionnaires ne le tirent qu'à force d'argent » (3).

« Une fondrière, écrivent les habitants de Chouzy, se trouve à deux pas du bourg, au beau milieu du chemin d'Onzain ; on y court les plus grands risques pendant huit mois de l'année, et plusieurs habitants y ont été grièvement blessés ; d'autres y ont brisé leurs voitures et perdu leurs bestiaux » (4).

La municipalité de la paroisse de Selles-Saint-Denis, qui se compose des deux bourgs de Saint-Genou et la Ferté-Imbault, expose « que ses chemins n'ont point été entretenus depuis un très long temps et même presque de temps

---

(1) Lettre de la mun. de Vernou au b. i., 11 mai 1789. A. L.-et-Ch., C 24.
(2) Lettre de la mun. de Chitenay à l'intendant. A. L.-et-Ch., C 24.
(3) Lettre de la mun. de Mont à l'intendant, A. L.-et-Ch., C 24.
(4) Lettre des habitants de Chouzy au b. i. A. L.-et-Ch., C 24.

immémorial, ce qui fait qu'ils sont devenus actuellement et surtout en hiver impraticables ; que les chemins qui se terminent auxdits deux bourgs sont pareillement dans un état à ne pouvoir s'en tirer par les trous et le séjour des eaux qui les inondent presqu'en toutes saisons, de sorte que les gens de campagne et autres habitants, qui ont communication et affaires dans les dits bourgs, sont exposés très souvent à se mettre à l'eau, surtout dans la rigoureuse saison de l'hiver » (1).

Les habitants de Françay exposent que le chemin passant par leur bourg « est dans un état de ruine tel que dans l'hiver, non seulement les charrettes ne peuvent y passer, mais qu'il y a un risque évident pour les cavaliers, la grande quantité d'eau qui traverse en cet endroit le chemin et qui le submerge quelquefois jusqu'à deux ou trois pieds de hauteur y a fouillé ou fait des précipices » (2).

Les habitants de Soings écrivent qu' « éloignés des grandes routes, ils ont des chemins impraticables pendant l'hiver ; l'approche de leur bourg est très difficile dans la mauvaise saison ; leur bourg même, qui est composé de près de cinquante feux, n'est qu'un cloaque dans l'hiver » ; et « il serait facile, ajoutent-ils, de rétablir leurs chemins et de rendre leur bourg salubre » (3).

Nous pourrions multiplier ces citations sur les pertes de récoltes, le manque de travail, la misère, la disette, le mauvais état des chemins, les calamités de toutes sortes ; mais ce seraient toujours les mêmes plaintes que nous retrouverions dans chaque paroisse sur tous les points que

---

(1) Lettre de la mun. de Selles-Saint-Denis, 18 avr. 1790. A L.-et-Ch., C 24.
(2) Lettre des habitants de Françay à l'Assemblée de département, nov. 1788. A. L.-et-Ch., C 24.
(3) Lettre des habitants de Soings aux députés de l'Assemblée provinciale, 1789. A. L.-et-Ch., C 24.

nous avons examinés. Il n'est pas inutile, cependant, pour juger du cas que l'on doit faire de ces documents et de la part d'exagération qu'ils peuvent contenir, de connaître en quel style déclamatoire ils sont souvent rédigés. La lettre suivante en donnera suffisamment idée.

« Messieurs, écrit la municipalité de Pruniers à la Commission intermédiaire provinciale, plongés dans une triste campagne et éloignés de tout secours, qui nous donnera des ailes, pour sortir de notre hémisphère et nous élever au-dessus de nous-mêmes, pour vous peindre au naturel le malheur de nos concitoyens? Nous n'oserions l'entreprendre, si nous n'avions appris que vous avez pris à tâche de soulager les misérables.

« Nous nous assemblons, dans ces temps de calamités, plutôt pour pleurer sur la misère de nos frères, auxquels Sa Majesté nous a plus étroitement liés en nous faisant l'honneur de nous confier leurs intérêts, que pour leur tendre une main secourable. étant nous-mêmes réduits à l'indigence...

« Nous voyons maintenant [nos pauvres cultivateurs] traîner leurs cadavres chancelants à chaque pas, dont la seule vue fait horreur, ne pouvant pas même se rassasier d'un pain de larmes, puisqu'ils manquent des moyens de s'en procurer, les uns par le défaut d'ouvrage, les autres par le défaut ou d'argent ou de blé pour faire travailler ; ainsi les manœuvres meurent de faim ; [quant] aux cultivateurs, [leurs] travaux demeurent sans aucune espérance de s'en relever.

« D'après ce petit abrégé de leur malheur, vous pouvez comprendre, Messieurs, comment ils mènent une vie languissante, une vie qui est mille fois plus cruelle que la mort même qui les moissonnera bientôt, si une main charitable ne vient promptement les secourir. Ici notre cœur se grossit de douleur, nos larmes coulent, nos sanglots se font entendre, les expressions et la parole nous manquent, un chagrin silence nous captive... D'où leur viendra ce secours?... Est-ce de leur pasteur qui éprouve lui-même le malheureux sort d'une simple portion congrue ? Est-ce de nous-mêmes que la disette n'a épargnés que pour être les tristes témoins de cet affreux spectacle, nous étant rendus quasi semblables à eux par les généreux efforts dont nous n'étions pas même capables? D'où leur viendra ce secours?... C'est de vous, Messieurs, qu'ils l'attendent; c'est de la divine Providence, qui se servira en leur faveur de votre organe, pour leur faire sentir ses douces influences sur eux. Ils réclament tous votre bonté paternelle que vous avez justement acquise par les bienfaits innombrables dont vous avez comblé les paroisses de notre canton. Non moins empressés qu'eux à recevoir de votre main libérale ce que vous jugerez à propos de leur envoyer (et à défaut d'autres secours de nous accorder un atelier de charité pour occuper les journaliers qui manquent d'ouvrage), qui sera certainement toujours inférieur à leurs urgentes nécessités » (1).

II. *Les ateliers de charité*

« L'époque de l'établissement des ateliers de charité dans cette généralité, disait un des procureurs-syndics à l'Assemblée provinciale, remonte à 1771. Vous connaissez, Messieurs, les principes qui ont dicté cette bienfaisante institution ; elle est toute en faveur de cette classe malheureuse qui manque de tout, et souvent même de travail. Les ateliers de charité sont principalement établis pour leur en procurer. S'ils sont distribués avec discernement, s'ils sont accordés sans faveur, s'ils sont surveillés avec

(1) Lettre de la mun. de Pruniers à la c. i., 14 juin 1789. A. L.-et-Ch., C 22.

zèle et intelligence, il en doit résulter une moindre mendicité dans les campagnes, des travaux utiles dans une saison morte pour l'agriculture, une occupation à la portée de toute espèce de gens, et qui bannit par là l'oisiveté, le vice et le vagabondage, enfin des communications vicinales, précieuses par la faculté du transport de tous les produits de l'agriculture » (1).

Les députés de l'Assemblée provinciale professaient au sujet de ces travaux de charité des idées très libérales. Le rapporteur du bureau du bien public condamnait les lois trop sévères contre la mendicité qui exposaient « à punir le besoin comme le crime, le malheureux comme le coupable », et demandait de « renvoyer les malades et les infirmes dans les hôpitaux, les hommes vigoureux aux travaux publics, les femmes et les enfants aux ateliers de filature, les vagabonds aux renfermeries ». Il concluait en demandant de supplier Sa Majesté de confier à l'Assemblée provinciale les ateliers de charité et les dépôts de mendicité, dont il n'est question dans aucune des instructions qui lui avaient été adressées (2), et l'Assemblée approuva ces conclusions (3). La Commission intermédiaire provinciale et les Bureaux de département furent, en effet, chargés de la répartition des sommes destinées aux travaux de charité.

Ces *fonds de charité* étaient accordés annuellement par le Roi en même temps que le moins-imposé. Ils s'élevaient habituellement à 90 ou 100.000 livres pour toute la généralité. En 1787 ils étaient de 91.200 livres (4); en 1788 de 90.948 l. 15 s. 8 d.; en 1789, de 110.000 livres (5).

---

(1) Ass. Pr., p. 164, 20 nov. 1787.
(2) Ass. Pr., pp. 281 à 283, 10 déc. 1787.
(3) Ass. Pr., p. 289, 10 déc. 1787.
(4) Ass. Pr., p. 165, 20 nov. 1787.
(5) A. Loiret, C 894, f. 251 v°, 28 nov. 1789.

Cette même année, 20.005 livres furent distribuées dans le département de Blois et Romorantin (1). En 1787 l'élection de Blois n'avait reçu que 4.600 livres ; et en 1788, 4.136 l. ; il est vrai que le rapporteur du bureau des travaux publics à l'Assemblée de département dit « qu'il avait été accordé cette année fort peu d'ateliers de charité pour l'élection de Blois » (2). En 1790, il n'y eut pas de fonds de charité, mais le Roi accorda à la province un secours extraordinaire de 25.000 l. (3).

Ces fonds n'étaient pas d'ailleurs les seuls qui fussent employés aux ateliers de charité ; la générosité privée y apportait un contingent important. On avait même en principe adopté cette règle de n'accorder dans chaque paroisse sur les fonds du Roi qu'une somme égale à la contribution volontaire fournie par les habitants, et, pour s'y conformer, l'Assemblée de département, dans sa session de 1788, arrête « que l'envoi [à la Commission intermédiaire des requêtes] qui ne contiennent point d'offres ou dont les offres sont insuffisantes sera suspendu jusqu'à ce que les communautés qui ont formé ces demandes soient instruites de la nécessité de faire des offres » (4).

Étant donné la grande misère de 1789, ces ressources se montrèrent cependant fort insuffisantes. Aussi la Commission intermédiaire provinciale demanda au directeur général un secours extraordinaire en faveur de la Sologne (5), et le Roi remit à l'intendant une somme de 6.000 l. pour secourir les paroisses les plus indigentes de cette province. L'intendant devait se concerter avec la Commission inter-

---

(1) Compte rendu par la c. i. des fonds remis à sa disposition en 1788, 89 et 90, pp. 46 et 47. A. L.-et-Ch., C 31.
(2) A. L.-et-Ch., C 4, f. 21 v°, 10 nov. 1787.
(3) Compte rendu par la c. i. des fonds remis à sa disposition, p. 47. A. L.-et-Ch., C 31.
(4) A. L -et-Ch., C 4, f. 41 v°, 29 oct. 1788.
(5) A. Loiret, C 894, f. 183 r°, 29 avr. 1789.

médiaire pour la distribution de ce secours. La Commission intermédiaire proposa : « 1° de ne distribuer dans ce moment que la moitié de la somme accordée, afin d'avoir en réserve un petit fonds pour parer aux accidents qui pourraient subvenir jusqu'à la moisson prochaine ; 2° d'employer 3.000 l. en ateliers de charité, par forme de supplément de contributions volontaires, que les paroisses, dans leur état de détresse, ne sont pas dans le cas de fournir, en offrant à M. l'intendant d'accorder pour chaque atelier sur les fonds de charité de 1789 une somme double de celle que ce magistrat jugera à propos d'y destiner » (1).

La contribution volontaire pouvait être fournie par une collecte des habitants les plus fortunés de la paroisse ; mais souvent le seigneur de la paroisse ou un autre propriétaire donnait à lui seul la plus grande partie ou même la totalité de cette somme.

Mais on ne trouvait pas toujours une pareille générosité, et plusieurs ateliers de charité furent refusés parce que les habitants n'avaient pas réuni une somme suffisante. Ainsi nous voyons que « l'atelier de Blois à Pontlevoy n'ayant pas eu lieu par le défaut de contribution de 1.000 l. promis par des particuliers, M. l'intendant, suivant sa lettre du 6 avril 1789, a accordé les mille livres de fonds du Roi aux abords d'Orléans » (2).

Souvent d'ailleurs les paroisses n'avaient pas de propriétaires assez riches pour apporter une contribution suffisante. D'autres fois les propriétaires, vivant habituellement dans les villes, se souciaient peu du sort de la paroisse où se trouvaient situées leurs propriétés. Il arrivait aussi que le départ ou la mort d'un protecteur riche et généreux mettait tout à coup la paroisse dans l'embarras.

(1) A. Loiret, C 894, f. 195 v°, 26 mai 1789.
(2) Feuille de travail de l'atelier de charité des abords d'Orléans. A. L.-et-Ch., C 22.

Ainsi la municipalité de Menars expose « que, du temps de Mme de Pompadour et de M. de Marigny, qui vivifiaient le pays par des travaux en tout genre au château (la glace seule qu'on ramassait dans la saison la plus morte était un objet de 800 l. à 100 pistoles), la communauté de Menars était imposée à 1.500 l. de principal de la taille ; depuis huit ans que M. de Marigny est décédé, l'impôt est resté au même taux : les fortunes des habitants diminuées chez le plus grand nombre de plus des trois cinquièmes les a mis dans un état de misère dont aucune paroisse voisine ne peut fournir d'exemple » (1).

Nous voyons qu'à Bracieux, un atelier qui avait été accordé à cette paroisse « n'a pas eu lieu par la mort de Mgr l'archevêque de Bourges, lequel devait contribuer de 600 l. », et la somme de 600 l. promise sur les fonds du Roi est accordée aux villes de Châteaudun et Mondoubleau (2).

D'ailleurs beaucoup de fermiers et de propriétaires, qui n'étaient pas assez riches pour apporter une contribution pécuniaire, venaient cependant en aide aux ateliers en fournissant des matériaux, des chevaux, des voitures, etc. Cependant on n'obtenait pas toujours facilement ce secours de tous les habitants. « J'ai eu assez de peine, écrit le curé de Vernou, à déterminer les plus entêtés à donner leurs voitures ; ceux du bourg sont les moins généreux. Le sieur Nicolas est le plus opiniâtre ; Persot, syndic, a donné sa voiture, mais n'a pas eu honte de faire payer la journée de celui qui l'a conduite. Je suis plus content des fermiers, qui tous, à l'exception de quelques-uns, ont donné ou promis » (3).

---

(1) Lettre de la mun. de Menars au b. i., A. L.-et-Ch., C 24.
(2) A. L.-et-Ch., C 22.
(3) Lettre du curé de Vernou à M. de Vernou, seigneur de cette paroisse. A. L.-et-Ch., C 24.

Dans ces conditions on se trouva obligé, malgré les protestations des Assemblées provinciale et de département, de faire des exceptions à la règle qui exigeait que la contribution volontaire atteignît une somme égale à celle fournie par le Roi, et en 1789 ces exceptions furent beaucoup plus fréquentes que les cas où la règle fut suivie. Sur quarante et un ateliers mis en activité dans le département cette année, dix-huit avaient été accordés sans aucune contribution volontaire, et dans six autres paroisses la contribution volontaire avait été fournie aux dépens des 6.000 l. de secours extraordinaire fourni par le Roi ; de sorte qu'en dernière analyse vingt-quatre ateliers, plus de la moitié, se trouvaient organisés uniquement aux frais du trésor royal, sans aucune contribution des particuliers. Enfin dans sept ateliers seulement la somme offerte atteignait la somme accordée par le Roi, selon le règlement. Au total, pour une somme de 20.005 livres prélevée pour le département de Blois et Romorantin sur les fonds de charité, il n'avait été offert que 7.702 livres, dont 1.400 provenaient du secours extraordinaire et 6.302 seulement des contributions volontaires (1).

Il faut ajouter que les syndics des municipalités, les directeurs d'ateliers ou d'autres particuliers faisaient souvent l'avance des fonds destinés aux ateliers, en attendant que l'on pût toucher les mandats envoyés à cet effet (2). Ceux-ci, en effet, n'arrivaient pas toujours au moment opportun. Le 3 mai 1789, au moment où la misère dans les campagnes était à son comble, le procureur-syndic de l'Assemblée de département, Pajon de Chambeaudière, écrivait : « De tous les ateliers accordés par le Conseil dans l'étendue

1) Cf. : Extrait de l'état général des ateliers de charité, exercice 1789. A. L.-et-Ch., C 22.
(2) V. pièces concernant les ateliers de Mennetou, Bracieux, Vernou. A. L.-et-Ch., C 22 et 24.

du département, il n'en est encore aucun qui soit encore en activité, quelque mouvement que le Bureau intermédiaire se soit donné à cet égard » (1). Les premiers mandats ne furent reçus par le Bureau intermédiaire du département que le 24 juin suivant. « Nous avons cependant appris avec la plus grande satisfaction, écrivait le même procureur-syndic, que, dans plusieurs paroisses, quelques directeurs, des seigneurs ou habitants zélés avaient fait les avances nécessaires et que le bien proposé ne s'en était pas moins opéré, ce qui prouve que l'amour du bien public et surtout l'impulsion d'une bonne administration triompheront toujours des obstacles qui pourraient s'opposer à leur bienfaisance » (2).

Pour éviter toute fraude, pour que tous les pauvres fussent prévenus de l'ouverture de l'atelier et tous les salaires payés, on envoyait un avertissement aux syndics des paroisses où un atelier devait être établi, et une feuille de travail devait être journellement dressée par le conducteur des travaux (3). Les fonds étaient délivrés à mesure de l'avancement des ouvrages sur un certificat de l'ingénieur ; on employait d'abord les contributions volontaires, qui devaient être déposées à la recette particulière des finances, puis les fonds du Roi (4).

Dans les ateliers du département, le prix de la journée de travail était le plus souvent de 20 sous. Dans plusieurs paroisses cependant il n'était que de 15 ou 18 sous et dans quelques-unes de 25 sous. Les femmes y étaient parfois admises ; à Neung elles étaient payées 10 sous (5).

(1) Lettre du p.-s. dép. Pajon de Chambeaudière à la c. i., 3 mai 1789. A. L.-et-Ch., C 24.
(2) Lettre du p.-s. dép. Pajon de Chambeaudière à la c. i., 24 juin 1789. A. L.-et-Ch., C 24.
(3) Plusieurs de ces feuilles sont conservées aux A. L.-et-Ch., C 22.
(4) Ass. Pr., pp. 164 et 165, 20 nov. 1787.
(5) Feuilles de travail. A. L.-et-Ch., C 22.

Dans certaines paroisses les ouvriers trouvèrent ces salaires trop modiques et refusèrent de travailler. « Nous payons les hommes de bras, écrit le syndic de Chouzy, une livre par jour; ces gens de journées dirent que ce n'était pas assez cher relativement à la cherté où est le pain, et tous dirent qu'ils ne travailleraient pas à ce prix » (1).

Cependant il n'en était pas partout ainsi, loin de là. Ainsi à Vernou, où cependant les ouvriers ne gagnaient que 15 sous par jour, « M. de La Haye et quelques autres, écrit le curé, auraient voulu donner davantage, mais je m'y suis opposé, et j'ai fort bien fait : il s'est présenté tant d'ouvriers qu'on a été obligé de renvoyer ceux qui sont à leur aise » (2).

Les directeurs, conducteurs, piqueurs des ateliers avaient naturellement un salaire plus élevé. Dans certaines paroisses on trouvait parfois un directeur qui consentait à remplir ses fonctions gratuitement ; mais souvent les salaires de ces divers employés diminuaient notablement les fonds destinés aux simples journaliers. « Les fonds destinés pour les ateliers de charité, disait le rapporteur du bureau des travaux publics à l'Assemblée de département de 1787, sont ordinairement si modiques pour chaque atelier en particulier, qu'il nous paraît bien à craindre qu'une grande partie n'en soit absorbée par le paiement de l'inspecteur, des conducteurs et piqueurs ».

« Il nous paraît encore, ajoutait le même rapport, que la confection de ces ouvrages ne doit pas être surveillée avec assez de soin, si les travaux indiqués ordinairement pour la même saison sont confiés à un même conducteur,

---

(1) Lettre du syndic de Chouzy au p.-s. dép. Pajon de Chambeaudière, 10 juin 1789. A. L.-et-Ch., C 22.
(2) Lettre du curé de Vernou à M. de Vernou, seigneur de cette paroisse. A. L.-et-Ch., C 24.

et qu'en conséquence une pareille disposition ne devrait point être adoptée à l'avenir » (1).

Et certaines paroisses demandent elles-mêmes, « vu la modicité de la somme et la quantité de pauvres qui ont besoin de secours », de ne pas nommer de piqueur, « afin d'éviter le salaire de cet individu pour le faire passer au profit des malheureux journaliers » (2).

La direction des ateliers suscita parfois des conflits entre les diverses autorités de la paroisse qui prétendaient en être chargées. Ainsi à La Ferté-Beauharnais, les membres de l'Assemblée municipale reprochaient vivement à la Commission intermédiaire provinciale d'avoir adressé au curé les fonds destinés à l'atelier de charité, « sans que, disaient-ils, notre municipalité en ait aucune inspection, visite, ni connaissance, vu à ce que cela doit regarder tous les députés de chaque municipalité... Nous ne trouvons pas mauvais, ajoutaient-ils, qu'il en soit le directeur, mais nous devons avoir la visite, tant sur les travaux, pour voir s'ils sont à propos, que sur la distribution de l'argent » (3).

La municipalité accusait aussi M. d'Autroche, seigneur de cette paroisse, qui jouait un rôle dans la direction des travaux, d'avoir employé les fonds de charité à faire faire un canal devant son château et de vendre le riz qui lui avait été envoyé pour distribuer aux pauvres. Celui-ci répondit sur un ton aussi vif, en accusant le nommé Huet, syndic de la municipalité, qu'il qualifie de « mauvaise tête et factieux capable de tout brouiller dans cette paroisse » (4). « Le sieur Huet s'attendait, dit-il, à un

---

(1) A. L.-et-Ch., C 4, f. 22 r° et v°, 10 nov. 1787.
(2) Lettre du procureur fiscal de Mennetou-sur-Cher aux p.-s. dép., 14 oct. 1789. A. L.-et-Ch., C 22.
(3) Lettre de la mun. de la Ferté-Beauharnais à la c. i., 13 sept. 1789. A. L.-et-Ch., C 24.
(4) Lettre de M. d'Autroche à l'abbé Genty, 28 sept. 1789. A. L.-et-Ch., C 24.

traitement honnête prélevé sur les fonds de l'atelier pour prix de ses soins et de sa direction..... Il a trouvé dur d'être frustré dans son espérance par le choix que vous avez fait d'un autre directeur. *Hinc odia, hinc iræ.* Voilà le véritable nœud de la pièce » (1). La Commission intermédiaire adressa de sévères remontrances aux membres de la municipalité (2), qui semblent avoir reconnu eux-mêmes « la fausseté des soupçons qui leur avaient été suggérés et l'irrégularité des démarches qu'ils s'étaient permises » (3).

Mais la Commission intermédiaire avait alors à s'occuper de questions plus graves que ces querelles personnelles. En bien des points de la province, les habitants, poussés à bout par la misère, par le manque de pain et le manque d'ouvrage, murmuraient, et l'on craignait des émeutes. Le 29 juin 1789, la Commission intermédiaire arrête que, « vu l'extrême misère occasionnée par la cherté des grains et des émeutes populaires qui se sont manifestées dans quelques paroisses », il serait accordé des secours sur les fonds de charité à ces paroisses, parmi lesquelles figurent plusieurs communautés du département de Blois et Romorantin (4).

Le 28 juillet 1789, la Commission intermédiaire arrêta « qu'il serait fait de très vives instances auprès du ministre pour obtenir un fonds extraordinaire de 20.000 livres destinées à la continuation des ateliers de charité établis dans les principales villes de la généralité, et qu'il lui serait exposé combien il importait à la sûreté publique d'occuper

---

(1) Lettre de M. d'Autroche à la c. i., 19 oct. 1789. A. L.-et-Ch, C 24.
(2) Lettre des p.-s. à la mun. de La Ferté-Beauharnais, 11 oct. 1789. A. L.-et-Ch., C 24.
(3) Lettre de la c. i. à M. d'Autroche, 28 oct. 1789. A. L.-et-Ch., C 24.
(4) A. Loiret, C 894, f. 208 r°, 29 juin 1789.

les bras oisifs et d'attacher à des travaux suivis une multitude de personnes de tout âge, qui pourraient se réunir aux séditieux et augmenter le nombre des mécontents et des gens malintentionnés » (1).

En effet, comme nous allons le voir, c'est surtout dans les villes, où la misère n'était pas moins grande, que les troubles étaient surtout à craindre.

(1) A. Loiret, C 894, f. 217 r° et v°, 28 juill. 1789.

CHAPITRE VIII

LA MISÈRE DANS LES VILLES.

I. *La Misère à Blois.* — La disette des grains. Offre de Lavoisier — Approvisionnements. Secours du gouvernement. — Ateliers de charité de 1787 et 1788. La ville de Blois ne contribue que pour un tiers à la dépense de ces ateliers. — En 1789 la ville demande un atelier gratuit pour la construction d'une levée. — La Commission intermédiaire refuse l'atelier demandé, mais accorde 2.000 livres pour d'autres travaux. — L'hiver suivant la ville reprend son projet. — Souscription municipale et secours de 2.500 livres accordé par le contrôleur général.

II. *La Misère à Romorantin.* — Disette des grains. Offre de Lavoisier. Difficulté des approvisionnements. — Offre de l'intendant Il est accordé un atelier de charité. — Necker accorde un secours de 3.000 livres. Projets de révolte. — Insurrection. Confédération de Romorantin et des paroisses voisines pour employer en ateliers de charité les fonds de la prestation. — Délibération des députés des paroisses confédérées réunies aux officiers municipaux et au Comité de subsistance de Romorantin. — Refus de la Commission intermédiaire. Il est accordé 600 livres par anticipation sur les fonds de 1790 — La ville de Romorantin participe au secours de 2 500 livres accordé par le contrôleur général. Emploi de ce secours. — Nouveau projet d'employer les fonds de la prestation en ateliers de charité. Refus de la Commission intermédiaire qui accorde un dernier secours.

I. *La Misère à Blois*

A Blois, après le rigoureux hiver 1788-89 et l'inondation qui le suivit, la ville eut cruellement à souffrir de la disette des grains. La municipalité chercha à s'approvisionner au dehors. La région était d'une faible ressource ; le procureur du Roi, qui avait fait rechercher scrupuleusement dans tous les greniers, n'avait trouvé que sept cents muids de blé. Mais une lettre de l'intendant apprit à la municipalité qu'il était arrivé à Nantes une importante provision de blé de l'étranger, et qu'à Saumur le blé et le seigle étaient aussi moins chers qu'à Blois. Les officiers municipaux décidèrent de faire des achats dans ces villes ; plusieurs citoyens se chargèrent des démarches nécessaires ; mais les finances de la ville pouvaient difficilement faire les frais de ces importants approvisionnements (1).

C'est le plus illustre de nos représentants à l'Assemblée provinciale, Lavoisier, qui dans cette circonstance vint au secours de la ville en mettant à sa disposition une somme de 50.000 l. Il fit parvenir cette offre à la municipalité par l'intermédiaire du comte de Dufort, le président de l'Assemblée de département.

« C'est une grande question, écrivait Lavoisier, de savoir si le gouvernement doit se mêler du commerce des blés ; les personnes qui ont le plus réfléchi sur cet objet sont persuadées qu'une liberté absolue suffit pour établir entre les différentes provinces l'équilibre d'esprit, et qu'on peut s'en rapporter à l'intérêt des cultivateurs et des négociants, que l'appât du bénéfice engage à faire transporter des blés dans les provinces où il est cher. Mais l'alarme vient d'être répandue dans l'Assemblée des trois ordres réunis (2) ; elle

---

(1) A. Blois, BB 33 ; 11, 12, 13 et 14 mars 1789.
(2) Pour l'élection des députés aux Etats généraux.

va se communiquer à la classe la plus indigente du peuple ; les secours que vous pourriez demander au gouvernement se feront peut-être attendre ; et qui peut jusque-là prévoir les effets de l'inquiétude et de la terreur ? Enfin, pour tout dire en un mot, le peuple s'alarme, le pauvre souffre ; ce n'est plus le moment de raisonner, c'est celui de le secourir. Je puis, messieurs, vous en offrir les moyens ; une somme de 50.000 l., qu'on emploierait à acheter des blés dans les provinces voisines, a paru à M. le procureur du Roi suffisante pour assurer la subsistance de cette province ; je vous en offre l'avance sans intérêt jusqu'au mois de septembre prochain. Elle sera réalisée quand vous le jugerez à propos ; la présente lettre vous servira de soumission provisoire jusqu'à ce que je l'aie ratifiée dans la forme qui vous paraîtra le plus convenable. Je m'en rapporte aux moyens que vous croirez devoir employer pour m'en assurer la rentrée » (1).

Bien que Lavoisier eût demandé de garder l'anonyme, la ville crut au contraire devoir donner la plus grande publicité à cet acte de générosité et lui décerna le titre de citoyen (2). Lavoisier semble s'être montré touché de cette modeste marque de reconnaissance (3).

Cette somme permit de faire d'importants achats de blé et de riz. On put ainsi approvisionner la ville jusqu'à la récolte. A la fin de l'année, malgré les sommes importantes qui avaient été dépensées, le maire s'estimait satisfait de n'avoir pas un déficit de plus de 900 à 1.000 l. Lavoisier et les autres personnes qui avaient fait des avances avaient été remboursés (4). La satisfaction ne paraît pas cependant

---

(1) A. Blois, BB 33, 17 mars 1789.
(2) A. Blois, BB 33, 15 avr. 1789.
(3) La lettre par laquelle il répondit à l'adresse municipale a été publiée par Bergevin et Dupré, *Histoire de Blois*, t. I, p. 171.
(4) Bergevin et Dupré, dans leur *Histoire de Blois*, t. I, p. 171, disent au contraire : « Dans l'état de pénurie et même d'insolvabilité

avoir été générale, car le maire se plaint « des clameurs injustes d'une multitude aveuglée par son infortune et les maux qui l'accablent » (1).

D'ailleurs le gouvernement avait participé à l'approvisionnement de la ville ; le contrôleur général avait envoyé un secours en grains (2); mais il ne semble pas que l'administration provinciale ait pris aucune part à la distribution de ce secours.

La Commission intermédiaire provinciale et le Bureau de département participèrent au contraire à l'établissement des ateliers de charité.

En 1787, un atelier de charité avait été installé à Blois pour réparer la rue Boureau (3), chemin « indispensable pour l'arrivée des vins, des bois et pour l'approvisionnement de la ville » et qui « s'était tellement dégradé que les voitures, bêtes de somme et même les gens de pied n'y pouvaient passer » (4). Contrairement à la règle qui exigeait une contribution volontaire égale à la somme accordée par le Roi, la ville avait obtenu de l'intendant de ne participer que pour un tiers aux frais de cet atelier. En 1788, elle demanda au Bureau intermédiaire du département de contribuer dans la même proportion à la continuation de ces travaux.

L'Assemblée de département approuva cette proposition « comme ne tirant point à conséquence par des circons-

---

où se trouvait la ville, le bienfaiteur ne pouvait compter sur un remboursement ; le titre de prêt n'était de sa part qu'une manière plus modeste de donner ; en effet la somme fut intégralement perdue pour sa famille, qui n'exerça d'ailleurs aucun recours contre l'administration ». Les paroles prononcées par le maire à l'assemblée municipale du 23 nov. 1789 (A. Blois, BB 31, f. 86 r°) sont en opposition formelle avec cette opinion.

(1) A. Blois, BB 31, fl. 85 et 86, 23 nov. 1789.
(2) A. Blois, BB 33, 13 avr. 1789.
(3) Aujourd'hui rue Augustin-Thierry.
(4) Lettre de la mun. de Blois au b. i., A. L.-et-Ch., C 23.

tances particulières dont elle a connaissance » (1), et, bien que l'ingénieur ne fût pas d'avis de manquer ainsi aux règles adoptées, la Commission provinciale, « sur les motifs de la grande importance de cette confection, des malheurs de la banlieue de cette ville, qui a été grêlée cette année en beaucoup de parties, du besoin de procurer du travail aux journaliers, et sur la considération du peu de demandes de ce département sur les fonds de cette année », décida d'accorder une somme de 872 l. qui, avec celle de 436 l. offerte par la ville, permettrait de terminer les travaux (2).

Nous voyons, en effet, à cette époque, faire des travaux rue Boureau et rue Boësnier. Un autre atelier fut établi sur le chemin de Blois à Chambord. Au début de 1789, un atelier fut installé sur le chemin des carrières de l'Hermitage (3) à la levée de la Loire (4).

Étant donné la grande misère de 1789, on voulut établir un atelier plus important, et on pensa en profiter pour faire des travaux de défense contre une nouvelle inondation, en construisant une levée de garde « entre les Ponts Châtrés (5) et la levée servant de route de Blois dans la Sologne et le Berry ».

Cette levée, dite depuis « levée des Pingres », devait, au dire de l'ingénieur du département, Simon, diriger les eaux sur un nouveau « déchargeoir » que l'on construirait en abaissant la route de Saint-Gervais, protéger ainsi une partie du val entre les Ponts Châtrés et la route, et servir de communication pendant les débordements entre la route et la ville par l'intermédiaire des Ponts Châtrés. Cette levée à construire avec les sables du déchargeoir devait être

(1) A. L.-et-Ch., C 4, f. 41 v°, 29 oct. 1788.
(2) Observations de la c. i. (atelier de la rue Boureau). A. L.-et-Ch., C 23.
(3) Près de La Chaussée.
(4) Feuilles de travail. A. L.-et-Ch., C 22.
(5) Appelés improprement aujourd'hui Ponts Chartrains.

d'une main-d'œuvre facile et permettre d' « employer les femmes et les enfants qui dans ce pays portent au butet et à la hotte » (1).

Les officiers municipaux de Blois demandèrent à la Commission intermédiaire que cet atelier leur fût accordé gratuitement, les deniers municipaux étant épuisés par « les calamités de toutes espèces qui n'ont cessé de les accabler et dont ils sont encore la victime ». « Les bourgeois, disaient-ils, épuisés par les charités abondantes qu'ils ont versées depuis six mois dans le sein des pauvres et de ceux qui ont été la victime de la débâcle, gênés de plus par le prix excessif des denrées, sont nécessités de ne pouvoir offrir aux journaliers les travaux qui leur procurent ordinairement la subsistance. Il en résulte qu'une infinité de ces malheureux dépérissent de misère faute de moyens de gagner leur vie » (2).

« Les finances de la ville, disaient les officiers municipaux dans un autre mémoire, sont obérées et ne permettent pas de faire des offres », et « il est impossible d'espérer qu'une souscription pût produire dans un moment aussi calamiteux un effet satisfaisant, les bourgeois propriétaires de vignes (et ils le sont tous) se trouvant forcés d'employer tous leurs moyens à pourvoir à la subsistance de leurs closiers vignerons ». D'ailleurs la disette imminente allait exiger de nouveaux sacrifices de nos concitoyens et, « si le gouvernement, d'après nos instantes réquisitions, disaient les officiers municipaux, ne nous donne promptement la facilité de faire des achats, soit à Saumur, soit à Étampes, et s'il n'en protège pas le transport, nous touchons bientôt au moment d'éprouver les horreurs de la famine faute de denrées ». « Les villes, disaient-ils plus loin, et

(1) Rapport de M. Simon, 2 mai 1789. A. L.-et-Ch., C 24.
(2) Lettre de la mun. de Blois à la c. i., 4 mai 1789. A. L.-et-Ch. C 24.

singulièrement celle de Blois, fourmillent de gens sans ouvrage. Le seul commerce de cette ville est celui des vins ; il occupe habituellement beaucoup de bras ; à l'époque actuelle les chargements de vin par eau sont cessés ; le désespoir de faire des récoltes en vin empêche toute fabrication de poinçons ».

Mais c'est surtout l'émeute que semblait craindre la municipalité. « Le secours d'un atelier de charité gratuit et important, disait-elle, ne peut être trop prompt, parce que dans six semaines les travaux de la récolte des foins commenceront, que le mal quant aux émeutes, aux révoltes serait fait alors, que par conséquent le remède trop tardif deviendrait presque inutile... », et, « s'il y a des révoltes dont l'explosion puisse être dangereuse, ce sont celles qui ont lieu dans les villes, où se trouvent les principaux marchés, où la foule des malheureux est la plus imposante et la plus malheureuse » (1).

Le Bureau intermédiaire, qui avait « une connaissance exacte, disait-il, de l'excès de la misère que la cherté du pain jointe au défaut de travaux pour les journaliers occasionne », déclara « aussi utile qu'urgent » d'accorder un fonds de charité important et gratuit, et insista particulièrement sur la nécessité de donner de l'occupation aux malheureux, pour « arrêter la fermentation qui agite le peuple indigent, en le tirant de l'oisiveté forcée à laquelle il est réduit » (2).

Cependant la Commission intermédiaire provinciale se refusa « à seconder les vues de MM. les officiers municipaux de Blois », parce que « leur demande, tout intéres-

---

(1) Lettre de la mun. de Blois à la c. i., 19 mai 1789. A. L.-et-Ch, C 24. Voir aussi : Avis de M. Simon, ingénieur, sur la levée de garde à construire entre le déchargeoir de Saint-Gervais et les Ponts Chatrés, 16 mai 1789. A. L.-et-Ch., C 24.
(2) Avis du b. i. ajouté à la lettre de la mun. de Blois à la c. i. du 4 mai 1789. A. L.-et-Ch., C 24.

sante qu'elle était, se trouvait contrarier essentiellement les principes adoptés »... « Elle ne s'est permis d'y faire exception, en ce qui concerne la contribution volontaire, disaient les procureurs-syndics, qu'en faveur de quelques paroisses, dont la détresse était si affreuse et les ressources si faibles qu'il eût été impossible à plusieurs de leurs habitants de subsister sans les secours qui leur ont été accordés. La ville de Blois, ajoutaient-ils, quoiqu'ayant éprouvé des malheurs, ne peut cependant se présenter comme entièrement privée de moyens », et les circonstances de jour en jour plus critiques les forçaient à se renfermer dans l'exécution stricte des règlements « vis-à-vis des communautés qui, par leur site ou leur commerce, ne sont pas absolument dénuées de ressources » (1).

D'autre part l'ingénieur en chef Gallot objecta que le travail projeté était « dans la classe de ceux qui doivent être faits sur les fonds représentatifs de la corvée » (2). Aussi, le 1er juin, la Commission intermédiaire répondit : « 1° Que l'atelier proposé n'était point de nature à être pris sur les fonds de charité, mais sur ceux de la prestation ; 2° que la somme nécessaire pour mettre l'ouvrage projeté à la perfection et à l'abri des inondations excédait de beaucoup celle que la Commission intermédiaire serait dans le cas de lui destiner ; 3° que, si la somme de 2.000 l. suffisait pour établir dans un autre lieu un atelier qui fût utile à la ville et à ses environs, la Commission intermédiaire serait disposée à en faire le sacrifice, en considération de l'extrême misère des habitants de cette ville » (3).

Quand la municipalité eut connaissance de cette offre, elle décida de l'employer à rélargir la rue Gallois et « déga-

---

(1) Lettre des p.-s. pr. au b. i., 11 mai 1789. A. L.-et-Ch., C 24.
(2) Avis de M. Gallot sur la levée de garantie, 27 mai 1789. A. L.-et-Ch., C 24.
(3) A. Loiret, C 894, f. 197 r° et v°, 1er juin 1789.

ger le pavé de la Porte-Côté » en face du collège, remblayer le fossé de ville autour de la Grande-Pièce, à réparer la chaussée de l'étang de Pigelée destiné à faire un réservoir pour laver l'égout de l'Arrou, à réparer la rue de la Croisille et boucher les brèches par lesquelles le faubourg de Vienne pouvait être submergé par la Loire (1).

Malgré ce secours et les travaux qui avaient été entrepris, la misère augmentait sans cesse. D'autre part, la ville n'avait pas renoncé à sa première idée, et on avait commencé la construction de cette levée qu'elle jugeait si utile pour se préserver d'une nouvelle inondation. Mais, quand l'hiver fut venu, les fonds faisant défaut, la municipalité reprit son projet d'obtenir des fonds de charité pour les employer à ces travaux.

Le 7 décembre 1789, elle écrivait à la Commission intermédiaire que les ressources des propriétaires étaient épuisées par le dépérissement des vignes, ainsi que par les besoins de l'État, « l'Assemblée nationale ayant cru devoir demander à tous les citoyens une contribution très considérable indépendamment des impôts », que d'un autre côté le défaut de récolte de vin « enlevait l'objet principal du commerce et des travaux de cette ville ». « Les classes les plus indigentes, disait-elle, telles que les journaliers, les mariniers, les charretiers, les tonneliers, et celles des classes d'artisans qui ont un rapport nécessaire avec celles-ci sont privées des ressources ordinaires d'où ils tiraient leur subsistance. Cet épuisement des uns et l'excessive misère des autres donnent les craintes les plus justes, les mieux fondées de voir naître cet hiver les excès les plus désastreux ; déjà depuis un mois le peuple se porte

(1) Projet de travaux de charité aux abords de la ville de Blois. A L.-et-Ch., C 24.

sur les forêts et y cause une dévastation horrible » (1).

La Commission intermédiaire n'ayant alors aucune ressource à sa disposition (2), les officiers municipaux parvinrent à organiser une souscription, qui produisit la somme de 3.000 l., et ils prièrent la Commission intermédiaire de compléter cette somme en sollicitant un secours de Necker ou du contrôleur général des finances. « Outre le bien général, disaient-ils, celui de la conservation de nos forêts en dépend. Employer la force d'une main, proposer des travaux de l'autre *(sic)* est la seule manière de l'obtenir et de ne pas donner aux malheureux un désespoir dont les effets sont incalculables » (3).

Le contrôleur général accorda « une somme de 25.000 l. pour être employée en ateliers de charité dans les villes de Blois et de Romorantin et autres endroits de la province qui pouvaient avoir besoin de secours ». La Commission intermédiaire accorda sur cette somme 4.000 l. pour l'atelier de la ville de Blois, en recommandant « d'admettre à cet atelier les pauvres journaliers des campagnes voisines » (4). Cette somme était indispensable pour la continuation des travaux, qui coûtaient 800 l. par semaine et étaient près de cesser faute d'argent (5). Mais la Commission intermédiaire refusa à la ville de Blois une nouvelle somme de 1.000 l., qu'elle destinait « au soulagement des paroisses les plus malheureuses des environs de Blois » (6).

(1) Lettre de la mun. de Blois à la c. i., 7 déc. 1789. A. L.-et-Ch., C 24. Voir aussi : Lettre du b. i. à la c. i., 8 déc. 1789. A. L.-et-Ch., C 24.
(2) A. Loiret, C 894, f. 265 r°, 24 déc. 1789.
(3) Lettre de la mun. de Blois à la c. i., 4 janv. 1790. A. L.-et-Ch., C 24.
(4) A. Loiret, C 894, f. 277 v°, 30 janv. 1790.
(5) Lettre de la mun. de Blois au b. i., 9 fév. 1789. A. L.-et-Ch., C 24.
(6) A. Loiret, C 894, f. 295 r°, 11 mars 1790.

II. *La Misère à Romorantin*

A Romorantin, nous avons dit quelle avait été la misère pendant l'hiver 1788-89. Pour y remédier, le Bureau intermédiaire avait accordé à cette ville 1.200 l. pour établir un atelier de charité (1). Mais, à cause de la difficulté des approvisionnements, la disette des grains, au dire de M. Vallet, le premier échevin, « se faisait sentir dans les marchés de la manière la plus cruelle », et « malheureusement, disait-il, les habitants de cette ville les moins malaisés, ruinés par les non-valeurs et les pertes, ne peuvent par eux mêmes aucune spéculation nécessaire à la circonstance » (2).

Quand les officiers municipaux de Romorantin connurent les avances faites par Lavoisier à la ville de Blois, ils pensèrent pouvoir aussi profiter de cette générosité. En effet, le premier échevin Vallet parvint à l'intéresser au sort de ses concitoyens et obtint de lui la somme de 6.000 l. « à titre de prêt pour un an, sans intétêts » (3).

Il ne suffisait pas cependant d'avoir des fonds à sa disposition ; il fallait trouver du blé, et le procureur du Roi, ayant fait visiter tous les greniers de la ville et des paroisses du bailliage, constata que les grains « manquaient dans la plus grande partie, et que, dans les plus favorisés, il s'en trouvait à peine pour la provision de quelques semaines et fournir aux semences des menus prochains » (4).

La municipalité décida de s'approvisionner dans le Berry, moins pauvre que la Sologne. Mais ces achats ne se firent pas sans difficultés, et les délibérations municipales de Romorantin nous apprennent les nombreuses démarches

---

(1) Lettre de la mun. de Romorantin à la c. i., 22 janv. 1789. A. L.-et-Ch., C 33.
(2) A. Romorantin, BB 11, f. 51 v°, 26 mars 1789.
(3) Ibid.
(4) A. Romorantin, BB. 11, f. 52 r°, 3 avr. 1789.

que durent entreprendre les officiers municipaux pour y parvenir. Cependant la ville se trouva bientôt encore à court d'argent, et la Commission intermédiaire sollicitée fut « dans l'impossibilité de secourir les habitants de Romorantin », car « les fonds que la bienfaisance du gouvernement avait remis à sa disposition étaient épuisés » (1).

Le secours que refusait la Commission intermédiaire fut accordé directement par le gouvernement, et il semble que l'administration provinciale ne prit aucune part à cette mesure (2). Aussi, deux mois après, les officiers municipaux adressaient au Bureau intermédiaire une nouvelle supplique, invoquant la disette, le ralentissement des travaux de la manufacture, la nécessité de réparer les abords de la ville, qui étaient impraticables, et le nombre des pauvres « livrés par la faim au désespoir », qu'ils évaluaient à 3.000 (3).

La demande de la municipalité reçut un sérieux secours de l'intendant, qui écrivait quelques jours après à la Commission intermédiaire : « L'interruption des travaux dans les manufactures à Romorantin, la nécessité d'y prévenir les désordres, les excès même à craindre de la part des ouvriers et journaliers, obligent d'y porter les secours les plus prompts. C'est bien le cas d'ouvrir un atelier de charité, pour lequel j'offre une somme de huit cents livres, si messieurs de la Commission intermédiaire consentent d'y concourir dans la proportion convenue » (4).

Le Bureau intermédiaire, qui avait d'abord accordé 1.200 l., après l'offre de l'intendant porta cette somme à

---

(1) A. Loiret, C 894, f. 173 r°, 18 avr. 1789.
(2) A. Romorantin, BB 11, f. 53 v°, 19 avr. 1789.
(3) Lettre de la mun. de Romorantin au b. i., 21 juin 1789. A. L.-et-Ch., C 24
(4) Lettre de M. de Chevilly à la c. i., 27 juin 1789 A. L.-et-Ch. C 24.

1.600 l., ce qui, avec les 800 l. de l'intendant, fit un total de 2.400 l.

L'intendant et la Commission intermédiaire furent aussi sollicités l'un et l'autre, à cette époque, pour faciliter l'achat et l'exportation de deux cents sacs de farine (1).

La municipalité parvint aussi sans doute à intéresser le Conseil du Roi ou le directeur général des finances au sort de la ville, car le 11 juillet elle reçut cette lettre de Necker :

« Je suis instruit, Messieurs, disait le ministre, que plusieurs fabricants de la manufacture de Romorantin, après avoir éprouvé des faillites et autres malheurs, ont abandonné toute fabrication, et qu'un très grand nombre d'ouvriers se trouvent sans travail et sans aucune ressource pour se procurer leur subsistance, que la rareté des grains rend de jour en jour plus difficile. Les détails qui viennent de m'être adressés sur les biens de cette ville et de ses environs présentent le tableau le plus affligeant. Sa Majesté, à qui j'en ai rendu compte, veut bien faire remettre à votre disposition une somme de trois mille livres sur la recette générale des finances. Je vous prie d'en informer sur le champ le Bureau intermédiaire de Blois, de lui mander de se concerter avec le lieutenant général et le procureur du Roi du bailliage de Romorantin sur le meilleur emploi de cette somme, pour assurer la subsistance des habitants et ouvriers indigents jusqu'à la récolte prochaine » (2).

L'assemblée municipale du 21 juillet, où se trouvaient Thuault de Beauchêne, le procureur du Roi Venaille, l'abbé de Bellevalle, membre de l'Assemblée de département, arrêta d'employer cette somme en travaux de charité « pour faire travailler 3.000 pauvres qui sont dans la plus grande nécessité » (3).

(1) A. Romorantin, BB 11, ff. 60 v° et 61 r°, 21 juin 1789.
(2) Lettre de Necker à la c. i., 11 juill. 1789. **A.** L.-et-Ch., C 33.
(3) A. Romorantin, BB 11, ff. 61 v° et 62 r°, 21 juill. 1789.

Cette décision était urgente. Depuis longtemps excité par le manque de pain et de travail, le peuple de la ville murmurait. Malgré les efforts de la municipalité pour approvisionner les marchés de grains, « la fermentation qui se faisait entendre dans le peuple, disait-elle, et singulièrement dans le plus grand nombre d'ouvriers sans ouvrage, faisait craindre l'exécution d'une révolte depuis longtemps projetée » (1).

« La misère portée au comble, écrivaient les officiers municipaux, cause la plus grande fermentation dans l'esprit de notre peuple ; nous avons craint hier, jour de marché, une révolte considérable, et ce n'est qu'en occupant par les ateliers de charité ceux qui peuvent travailler et en distribuant des secours en riz aux vieillards et infirmes que nous pourrons empêcher le peuple de se porter aux dernières extrémités » (2).

Thuault de Beauchêne écrivait de son côté : « Nous voyons avec douleur que les ateliers, où le moindre ouvrier peut gagner 20 sous par jour, rassemblent une troupe de malheureux qui s'excitent à la révolte. Chacun s'y dit : Comment serons-nous les seuls qui n'en ferons pas ? Ainsi animés ils avaient projeté de se rendre hier les maîtres du marché. Nous l'avons su, et nous avons été assez heureux pour dissiper l'orage. Peut-être n'est-il que suspendu. S'il éclate, nous le craignons jour et nuit, cinquante hommes du détachement du régiment Royal-Comtois ne pourront y résister. Un cent de plus maintiendraient à coup sûr les méchants et préviendraient infailliblement tous les dangers. Mais la peine qu'on a eu à fournir le casernement aux cinquante, la crainte de fouler le particulier pour le logement des troupes, l'utilité qu'il serait que le soldat ne se fami-

(1) A. Romorantin, BB 11, f. 62 r° et v°, 22 juill. 1789.
(2) Lettre de la mun. de Romorantin, 23 juill. 1789 A. L.-et-Ch., C 33.

liarisât point avec le peuple, tout cela, Messieurs, empêche la municipalité de demander les cent hommes de plus, qui sont cependant nécessaires pour assurer la tranquillité publique » (1).

La récolte vint apporter quelque soulagement à cette misère; mais elle fut si peu abondante que cette amélioration fut de bien courte durée. Le prix des blés, qui avait beaucoup diminué au début de juillet, remonta bientôt après (2). La ville cependant n'avait eu qu'à se louer de l'établissement des ateliers de charité, qui avaient permis de rétablir du côté du Berry « des abords impraticables et nécessaires à l'importation des grains » ; et, au mois de novembre, tous les fonds disponibles étant épuisés, les officiers municipaux demandaient une nouvelle somme de 600 l., pour n'être pas « forcés d'abandonner un ouvrage plus des trois quarts fait » (3).

Si le corps de ville demandait de nouveaux secours, c'était encore pressé par les circonstances. En effet, deux jours après, les officiers municipaux et les membres du comité permanent de subsistance et sûreté de la ville de Romorantin écrivaient à la Commission intermédiaire :

« Le malheur des temps, qui prolonge et multiplie la misère des habitants de cette ville et des campagnes qui nous avoisinent, a été le principe d'une espèce d'insurrection populaire. L'on nous a demandé avec force d'assurer des travaux pour l'hiver et le printemps prochains, devenant indispensables pour procurer à quatre mille habitants sans travail, sans aucune ressource et tous pères de famille, la subsistance nécessaire pour soutenir une triste existence.

(1) Lettre de M. Thuault de Beauchêne, 23 juill. 1789. A. L. et-Ch., C 33
(2) A Romorantin, BB 11, f. 65 r°, 13 août 1789.
(3) Lettre de la mun. de Romorantin, 5 nov. 1789. A. L.-et-Ch., C 24.

Les besoins, Messieurs, commandent. Lorsque nous avons exposé au peuple que nous étions sans moyens, sans ressources, l'on nous a représenté la nécessité de rétablir notre route de cette ville à Orléans ; que ces travaux, devenus aussi utiles qu'indispensables, présentaient un moyen de soulager le peuple en l'occupant avantageusement ; que l'imposition représentative de la corvée, payée par cette ville et quelques-unes des paroisses de cette élection qui par leur proximité de la route auraient la faculté d'y travailler, affectée pour l'année prochaine 1790 à une partie des travaux nécessaires à son rétablissement, fournirait les fonds de cet atelier. Nous vous l'avouerons, Messieurs, cette proposition, soutenue du besoin réel d'occuper nos malheureux, nous a contraints à proposer une confédération avec les paroisses de ce district voisines de la route, dont les habitants malheureux pourront partager les travaux et dont nous aurons l'honneur de vous adresser le résultat ».

Ils suppliaient « de n'attribuer qu'à la force majeure une demande qui, dans toute autre circonstance, pourrait être désavouée », reconnaissaient que « dans ce temps d'insurrection…. les administrations sont souvent forcées d'acquiescer à la volonté du peuple », et, se félicitant d'être « parvenus à garantir le pays et une ville qui contient plus de quatre mille ouvriers des scènes sanglantes dont nous n'avons eu que trop d'exemples », ils demandaient à la Commission intermédiaire d'agréer « l'exécution d'un plan conçu par l'extrême besoin, proposé par la force et accepté par prudence » (1).

En effet, conformément à la décision annoncée par cette lettre, les députés des paroisses de Lanthenay, Lassay, Gy,

(1) Lettre de la mun. et du comité de subsistance de Romorantin, 7 nov. 1789. A. L.-et-Ch., C 24.

Pruniers, Monthault, Millançay, La Ferté Avrain, Neung, Vernou, Marcilly en-Gault, Tremblevif, Villeherviers, Gièvres, Langon, L'Hopital, Villefranche, Mur, Veilleins et Chaumont-en-Sologne (1), se réunirent le 11 novembre aux officiers municipaux et aux membres du Comité de subsistance et sûreté de la ville de Romorantin (2).

Les longs considérants qui accompagnent les décisions prises par cette assemblée exposent l'utilité du rétablissement de la route d'Orléans à Romorantin, qui « depuis plus de trente ans..., malgré son utilité, a été abandonnée », et se plaignent « que, la Sologne ne pouvant communiquer avec la ville principale du district et avec celles voisines (particulièrement à Orléans), elle ne puisse exporter ses productions et denrées, objets d'industrie qui peuvent seuls la dédommager de l'ingratitude de son sol ».

Ils déclarent ensuite que la contribution de chaque district à la prestation représentative de la corvée doit être « particulièrement affectée d'abord à la réparation des routes et chemins qui la traversent maintenant, ensuite à l'ouverture de ceux nécessaires à leurs débouchés ».

Ils représentent enfin « le nombre d'habitants des villes et campagnes du district accablés par la plus affreuse misère, sans travail, sans espoir de s'en procurer, ni d'aucun secours, les conséquences qui en peuvent résulter si on ne leur procure des travaux, les dangers des insurrections populaires, dont ce district ne peut se garantir qu'en établissant des ateliers de travaux publics... ».

En conséquence, il fut décidé que toutes les paroisses représentées à cette assemblée resteraient « unies et con-

---

(1) Les délibérations de l'assemblée furent soumises en outre à l'acceptation des paroisses de La Marolle, Ivoy, Loreux et Mennetou-sur-Cher qui n'avaient pas été appelées.
(2) Extrait du registre de délibérations du comité permanent de subsistance et sûreté de Romorantin (délib. du 11 nov. 1789). A L.-et-Ch., C 24.

fédérées » pour s'occuper du rétablissement de la route de Romorantin à Orléans, et que la prestation représentative de la corvée de ces paroisses serait, au fur et à mesure du recouvrement, versée entre les mains du receveur municipal de Romorantin, pour être employée au rétablissement de cette route. Les adjudicataires auraient été tenus d'employer à l'exécution de ces travaux « les habitants de tout sexe pauvres et malheureux des villes et paroisses confédérées » (1).

En somme il s'agissait du détournement d'une imposition royale au profit d'un certain nombre de municipalités confédérées. Bien que cette décision fût motivée par l'utilité de faciliter l'approvisionnement de la Sologne en rendant praticable une des routes qui lui était le plus nécessaire, et surtout par le désir de procurer du travail aux nombreux indigents de cette malheureuse province, la Commission intermédiaire et le Bureau de département ne pouvaient approuver une pareille mesure imposée par la force et dont l'exemple aurait pu être très dangereux. Dès qu'elle eut reçu la première lettre des officiers municipaux de Romorantin, la Commission intermédiaire leur répondit que, « malgré l'extrême désir de venir au secours de leur ville par tous les moyens possibles, elle ne pouvait de son propre mouvement approuver le parti qu'ils avaient pris de convertir en ateliers de charité les fonds destinés à être employés par voie d'adjudication et de consommer des fonds de la prestation sur une route qui n'était pas comprise dans l'état de celles approuvées par le Conseil » (2).

L'administration provinciale chercha cependant à venir en aide aux malheureux de cette province. « La Commis-

---

(1) Ibid. V. aussi : Lettre de la mun. et du comité de subsistance de Romorantin, 14 nov. 1789. A. L.-et-Ch., C 24.
(2) A. Loiret, C 894, f. 245 r°, 11 nov. 1789.

sion intermédiaire, écrivirent les procureurs-syndics provinciaux, voulant, Messieurs, vous mettre en état de conduire à perfection le chemin commencé sur les fonds de charité de 1789, se prêtera volontiers à l'emploi par anticipation sur ceux de 1790 de la somme de 600 l. que vous jugez nécessaire pour la confection de ce chemin ; elle se chargera en conséquence de faire approuver par le Conseil cet emploi provisoire. » Elle demandait seulement pour cela que la municipalité s'engageât à faire l'avance de cette somme (1).

Enfin, quand la Commission intermédiaire eut reçu la délibération des députés des villes et paroisses confédérées, elle décida d'en référer immédiatement au directeur général des finances, pour le mettre à portée de statuer sur cette question (2).

Nous ne savons pas quelles réponses furent faites, mais le silence des délibérations suivantes de la Commission intermédiaire à ce sujet nous laisse à penser que tout rentra dans l'ordre sans nouvelles difficultés.

Nous avons vu qu'au mois de janvier 1790, le contrôleur général des finances avait remis « à la disposition de la Commission intermédiaire une somme de 25.000 l., pour être employée en ateliers de charité dans les villes de Blois et de Romorantin et autres endroits de la province qui pouvaient avoir besoin de secours ». La Commission intermédiaire arrêta « qu'il serait délivré sur cette somme un mandat de 4.000 l. au profit des officiers municipaux de Romorantin, pour être employé en atelier de charité aux abords de cette ville, et qu'il serait recommandé aux dits officiers municipaux d'admettre à cet atelier tous les pau-

---

(1) Lettre des p.-s. pr. à la mun. de Romorantin, 13 nov. 1789. A. L.-et-Ch., C 24.
(2) A. Loiret, C 894, f. 247 r° et v°, 16 nov. 1789.

vres journaliers des campagnes voisines qui se présenteraient pour y travailler » (1).

Le Conseil général de la commune de Romorantin, qui avait remplacé l'ancienne municipalité, arrêta que « ces travaux commenceraient par les réparations urgentes et nécessaires du faubourg du Bourgeau et de Saint-Fiacre de cette ville, de celles d'entre le mail de la Judée et Montplaisir, des réparations à faire à Chalièvre et Saint-Marc, à l'Étang-de Celles, dans la rue de Loreux et faubourg Saint-Roch », et décida de n'admettre que les ouvriers sans ouvrage et d'exiger dans ce but des ouvriers des fabriques un certificat constatant que le fabricant de chez qui ils sortaient ne pouvait plus les occuper (2).

Le mandat accordé n'était payable que sur les impositions de 1790, dont la répartition ne devait se faire qu'au mois d'avril suivant (3). Mais la municipalité put se procurer de suite les 4.000 l. et l'atelier fut ouvert le 1er mars. Cette faible ressource ne pouvait d'ailleurs faire subsister que quelques jours « plus de mille personnes sans travail et sans pain » (4). Cependant à une nouvelle demande de secours il fut répondu « que la somme de 4.000 l. accordée à cette ville était plus au-dessus qu'au-dessous de la proportion de ses besoins combinés avec ceux des autres communautés de la province, eu égard à la somme totale due à la bienfaisance de Sa Majesté » (5). Près de la moitié, en effet, de la somme donnée par le Roi pour la généralité avait été accordée aux élections de Blois et Romorantin (6).

(1) A. Loiret, C 894, f. 277 v°, 30 janv. 1790.
(2) A. Romorantin, BB 11, ff. 85 v° et 86 r°, 23 fév. 1790.
(3) Lettres de la mun. de Romorantin aux p.-s. pr., 6 fév. et 4 mars 1790. A. L.-et-Ch., C 24.
(4) Lettre de la mun. de Romorantin aux p.-s. pr., 4 mars 1790. A. L.-et-Ch., C 24.
(5) A. Loiret, C 894, f. 295 r°, 11 mars 1790.
(6) Lettre des p.-s. pr. à la mun. de Romorantin, 17 mars 1790. A. L.-et-Ch., C 24.

La Commission intermédiaire se contenta d'envoyer deux milliers de riz qui furent distribués la veille des fêtes de Pâques (1).

Les officiers municipaux, se trouvant « forcés de faire cesser totalement les travaux de charité » et « voyant journellement des malheureux venir pleurer et gémir sur leur sort et chercher à s'expatrier pour pourvoir à leur subsistance », reprirent l'idée de convertir en ateliers de charité les fonds de la prestation représentative de la corvée et demandèrent d'utiliser à cet effet une somme de 3.000 l. destinée à la route de Romorantin à La Ferté et celle de 658 l. 12 s. restant de l'exercice 1787 (2). Mais le Bureau intermédiaire de département (3) et la Commission intermédiaire provinciale (4) repoussèrent cette demande et déclarèrent que « les fonds de la prestation ne pouvaient, sous aucun prétexte, être détournés de leur destination pour être employés en ateliers de charité » (5).

Cependant, un fonds de 1.000 l. destiné aux campagnes de la Sologne et un autre de même valeur pour les paroisses du Blésois n'ayant pas été entièrement employés, la Commission intermédiaire ajouta à ces reliquats une somme de 450 l. pour former un nouveau secours de 1.200 l., qui fut envoyé à la ville de Romorantin (6). « Nous espérons, écrivirent les officiers municipaux en remerciant la Commission intermédiaire de cet envoi, que vous voudrez bien

---

(1) Lettre de la mun. de Romorantin à la c. i., 18 mars 1790. A. L.-et-Ch., C 24, et Lettre des p.-s pr. à la mun. de Romorantin, 1ᵉʳ avr. 1790. A. L.-et-Ch., C 24.

(2) Lettre de la mun. de Romorantin aux p.-s. pr., 8 avr. 1790. A. L.-et-Ch., C 24, et Lettre de la mun. de Romorantin aux p.-s. dép., 10 avr. 1790. A. L.-et-Ch., C 24.

(3) Lettre du p.-s. dép. Pajon de Chambeaudière aux p.-s pr., 13 avr. 1790 A. L.-et-Ch., C 24.

(4) A. Loiret, C 895, 2ᵉ cahier, 19 avr. 1790.

(5) Lettre des p.-s. pr. au b. i , 23 avr. 1790. A. L.-et-Ch., C 24.

(6) Lettre de la c. i. à la mun de Romorantin, 26 avr. 1790. A. L.-et-Ch., C 24.

continuer vos sollicitudes paternelles, dans un moment où les fabricants ont congédié presque tous les ouvriers, qui se trouvent absolument sans ouvrage, et dont les suites pourraient troubler la tranquillité publique et devenir de la plus grande conséquence » (1). Ce fut cependant le dernier secours accordé par l'administration provinciale qui allait se séparer quelques jours après.

(1) Lettre de la mun. de Romorantin à la c. i., 6 mai 1790. A. L.-et-Ch., C 24.

CHAPITRE IX

LES TRAVAUX PUBLICS

I. *Fonds des ponts et chaussées et prestation représentative de la corvée.* — Fonds ordinaires et fonds extraordinaires des ponts et chaussées. — Prestation représentative de la corvée. — Avantages de l'abolition de la corvée. - Comment doit être répartie la prestation ? — Projet de division des routes en trois classes, et contribution à leur entretien de la province, du département et des communautés. — Difficultés pour la confection des rôles et pour le recouvrement de la prestation. — Protestation de la ville de Blois au nom de ses privilèges contre l'impôt de la prestation. Le Conseil refuse d'accueillir ses représentations. Réductions obtenues pour l'entretien des pavés. — Montant de la prestation.

II. *Adjudications, surveillance et réception des travaux de routes.* — Modification des circonscriptions soumises à chaque ingénieur. — Marche suivie pour les adjudications des travaux de routes. — Augmentation du nombre d'ateliers à mettre en adjudication. — Les certificats de capacité sont délivrés aux adjudicataires par la Commission intermédiaire. — L'Assemblée provinciale demande la suppression des conducteurs et piqueurs. Sur l'avis des ingénieurs, cette mesure n'est pas exécutée. — Insoumission des adjudicataires. L'ingénieur du département réclame des mesures lui donnant plus d'autorité sur eux. — Adjudication des pavés. Nombre et durée des adjudications. — Réception des travaux. Le Bureau intermédiaire en est chargé. — Le Bureau intermédiaire est aidé pour la surveillance des travaux par les autres membres de l'Assemblée de département. — Rapports du Bureau intermédiaire et de l'administration des ponts et chaussées pour la surveillance des travaux.

III. *État des routes. Projets de travaux.* — Petit nombre de grandes routes ; luxe de leur entretien. — Routes portées sur l'État du Roi. — Autres routes importantes — Insuffisance des routes de la Sologne. Rapport de l'ingénieur en chef sur la route de Romorantin à Orléans. — Demande de la ville de Romorantin au sujet de ses routes — Avis de l'Assemblée de département sur la construction de la route de Romorantin à Orléans. — Communications de Blois avec la Beauce. Route de Blois à Châteaudun. Mémoire des habitants d'Oucques demandant la construction de cette route et en montrant l'utilité. — Avis de l'Assemblée de département de Châteaudun et Vendôme. — La ville de Mer demande que cette route passe par Mer et Marchenoir. — Route de Blois à Châteaurenault. — Route de Blois à Pontlevoy et à Montrichard. — Route de Blois à Amboise par Les Montils et Chaumont. Urgence de sa construction après la chute du pont de Tours.

IV. *Travaux divers.* — Ouvrages d'art. — Plantation des routes. — Police de la circulation. Roues à larges gentes. — Turcies et levées. — Navigation. — Balisage de la Loire. — Construction d'un déversoir.

V. *Constructions et réparations d'églises et de presbytères.* — Règlement. Rôle de l'intendant et du Bureau intermédiaire. — Arrêté de l'Assemblée provinciale étendant les pouvoirs de l'Assemblée de département. Difficultés de la part des ingénieurs. — Complexité des règlements Difficultés d'interprétation.

I. *Fonds des ponts et chaussées et prestation représentative de la corvée*

Le service des ponts et chaussées fut une des principales attributions des Assemblées provinciales et de leurs subordonnées, auxquelles fut confié, à partir de 1788, « tout ce qui était relatif à la confection et entretien des routes et autres ouvrages en dépendant ». L'instruction adressée à l'Assemblée provinciale de la généralité d'Orléans en novembre 1788 contenait notamment un important chapitre consacré aux ponts et chaussées (1).

Les fonds destinés aux ponts et chaussées étaient de deux sortes : les premiers dits *fonds ordinaires* et *fonds extraordinaires des ponts et chaussées*, étaient prélevés sur les impositions royales et existaient de longue date; les seconds étaient constitués par la *prestation* en argent qui avait été récemment substituée à la corvée.

Les *fonds ordinaires* faisaient partie du brevet général de la taille. Ils s'élevaient dans la généralité d'Orléans à 213.347 l. 10 s. 9 d. Mais il était distrait sur cette somme 19.966 l. pour les frais d'administration générale, de sorte qu'il ne revenait annuellement à la province que 193.381 l. 10 s. 9 d. Enfin on joignait à cette somme 6.500 l. provenant des péages des ponts de Beaugency et de Jargeau et 400 l données par le duc d'Orléans pour l'entretien de la forêt de Dourdan, ce qui faisait un total de 200.281 l. 10 s. 9 d.

Les fonds ordinaires étaient employés : d'une part, aux frais d'administration, appointements de l'ingénieur en chef, des inspecteurs, sous-ingénieurs, dessinateurs, commis, etc., gratifications accordées à ces divers fonctionnaires, salaires des conducteurs et piqueurs, et, d'autre part, aux ouvrages d'art des routes, tels que construction et entretien de pavés, ponts, ponceaux, arcs et arceaux (2).

La délivrance de ces fonds avait souffert un retard d'une année entière, de sorte que les ouvrages dont le prix devait être acquitté sur les fonds d'un exercice ne s'exécutaient que l'année d'après. La Commission intermédiaire avait trouvé cet usage établi et il n'avait pas été en son pouvoir de le changer. Les fonds de 1789 furent imposés sur la

(1) Ass. Pr., pp. 67 à 76, nov. 1787.
(2) Ass. Pr , pp. 121 à 125, 20 nov. 1787, et pp. 331 à 334, 15 déc. 1787.

province comme ceux des exercices précédents et ils devaient fournir aux dépenses de l'année 1790. Mais l'Assemblée nationale en ordonna autrement, et il fut décidé que toutes les avances des entrepreneurs, qui s'élevaient dans la généralité à la somme de 226.400 l. 12 s. 4 d., seraient passées dans l'arriéré de la dette nationale et que cette somme serait acquittée sur les fonds ordinaires de 1789 et une partie de ceux de 1790 (1).

Le Roi accordait en outre, tous les ans, une somme de 45.000 l. prise sur les fonds libres de la capitation et connue sous le nom de *fonds extraordinaires* des ponts et chaussées. Cette somme avait été accordée à l'origine pour l'ouverture de la route d'Orléans à Blois par Beaugency et pour les communications de la Sologne et du Berry. Les fonds extraordinaires étaient encore employés aux ouvrages faits sur ces routes, mais servaient aussi à bien d'autres usages, tels que : indemnités accordées aux propriétaires expropriés, réparations urgentes et provisoires d'ouvrages d'art, etc. (2) A partir de 1787 ils cessèrent d'être employés aux ponts et chaussées et servirent aux frais d'administration de l'Assemblée provinciale (3).

Au moment où se réunirent pour la première fois les Assemblées provinciales et de département, la *prestation* en argent pour l'entretien des routes venait d'être substituée dans notre province à la corvée. On sait, en effet, que c'est la déclaration du 27 juin 1787 qui prescrivit d'une façon définitive que « tous les travaux relatifs tant à la confection qu'à l'entretien des grandes routes et autres ouvrages publics en dépendant, seraient exécutés dans tout

(1) Compte-rendu par la c. i. des fonds remis à sa disposition pendant les années 1788, 1789 et 1790. A. L.-et-Ch., C 31.
(2 Ass. Pr., pp 334 à 337, 15 déc. 1787.
(3) Observations de l'ingénieur des ponts et chaussées, 1790. A. L. et-C., C 24.

le royaume, au moyen d'une prestation ou contribution en argent représentative de la corvée ». La même déclaration chargeait les Assemblées provinciales « de tout ce qui concerne la contribution représentative de la corvée, la confection et l'entretien des chemins et grandes routes ».

Cette prestation devait être répartie « sur tous les sujets taillables ou tenus de la capitation roturière »; mais l'édit ne fixait pas le taux de l'imposition et se contentait de dire qu'elle ne pourrait excéder dans les lieux taillables le sixième de la taille, accessoires et capitation réunis, et dans les villes franches les trois cinquièmes de la capitation roturière. Elle fut fixée dans la généralité d'Orléans au quart du principal de la taille. Le recouvrement devait être fait par les collecteurs des impositions ordinaires et les deniers versés directement des mains desdits collecteurs dans celles des entrepreneurs et adjudicataires (1)

On sait combien la corvée était impopulaire, et c'est avec enthousiasme que l'Assemblée provinciale accueillit sa suppression. « Remettre sous vos yeux, disait le rapporteur des ponts et chaussées à cette assemblée, tout ce que ce système avait de dur et même d'odieux, vous peindre les désastres qui en étaient la suite, ce serait, Messieurs, en répétant tout ce qui a été dit, affliger cruellement votre sensibilité. Puisque la corvée n'existe plus, ne doutons pas qu'une sage administration arrêtera les larmes que faisaient verser des travaux pénibles, sans salaires, et souvent commandés par des subalternes, qui mettaient dans leurs ordres plus d'arbitraire que d'égards pour les circonstances et le temps » (2).

L'abbé de La Géard, procureur-syndic de l'Assemblée provinciale, constatait d'ailleurs les excellents résultats

(1) Déclaration du 27 juin (Isambert, t. 28, pp. 374 à 376).
(2) Ass. Pr., p. 326, 15 déc. 1787.

donnés dès la première année par le nouveau système. Dans un rapport très circonstancié, il évaluait à 863.324 l. 18 s. 5 d. la valeur des journées d'hommes et de chevaux fournies dans la généralité par la corvée en 1786, et il avait été fait pendant cette année, en continuation d'ouvrages et en ouvrages neufs, entretien et réparations, 226 lieues 3/4 350 toises. En 1787, les sommes fournies par la prestation montaient seulement à 586.385 l. 11 s. et la longueur des ouvrages faits pendant l'année atteignait 231 lieues 1/2 409 toises. Donc, avec une dépense moindre de 276.939 l. 7. s. 5 d., on avait fait un excédent d'ouvrages de 4 lieues 3/4 59 toises (1).

Cette appréciation favorable n'était d'ailleurs pas partagée par tout le monde. Dans les cahiers de doléances de 1789, la question est très discutée ; beaucoup se plaignent de la surcharge causée par le nouvel impôt de la prestation et regrettent l'ancienne corvée en nature.

Les fonds de la prestation pouvaient être employés indistinctement sur les grandes routes de toute la province. Plusieurs élections protestèrent contre cette manière de faire et prétendirent que, la prestation étant un impôt représentatif de la corvée, « les élections qui construisaient et entretenaient leurs routes, sans coopérer aux travaux des autres élections, ne devaient point contribuer avec elles à l'impôt pour la confection et l'entretien des chemins qui sont hors de leur territoire ».

Le pouvoir royal crut préférable d'adopter une solution intermédiaire, et demanda de diviser les routes en trois classes : les routes de première classe, d'un intérêt général, qui auraient été entretenues en partie par la province, en partie par les départements et les communautés traversés ; les routes de seconde classe, intéressant seulement un ou

(1) Ass. Pr., pp. 154 à 157, 20 nov. 1787.

plusieurs départements, entretenues par les départements et les communautés desservis ; enfin les routes de troisième classe, chemins vicinaux, entièrement aux frais des communautés. Mais, dans sa première session, l'Assemblée provinciale ne se trouva pas suffisamment renseignée pour faire cette répartition des routes en différentes classes, et, comme elle n'eut pas d'autre réunion, cette réforme resta à l'état de projet (1).

Étant donné la nouveauté de cette imposition, les municipalités rencontrèrent dans la confection des rôles de nombreuses difficultés, et la Commission intermédiaire provinciale dut recommander au Bureau intermédiaire du département « d'user d'indulgence cette première année avec les municipalités et d'admettre les rôles de prestation qui ne seraient pas faits avec une précision très rigoureuse, pourvu que la somme totale des erreurs pour toute une communauté ne produisît que des sols » (2).

Parfois il fallait lutter contre le mauvais vouloir des collecteurs, comme celui de Varennes, qui refusa de communiquer le rôle des tailles pour la confection de celui de la prestation (3). Mais plus grave était l'attitude de certains contribuables et même de quelques municipalités qui refusèrent d'acquitter le nouvel impôt. Le 12 novembre 1789, la Commission intermédiaire reçoit « une lettre du commis à la recette générale des finances de l'Orléanais, par laquelle il expose que plusieurs paroisses... persistent dans leur refus de payer la prestation des chemins pour l'année 1788, et même que des particuliers séditieux menacent d'user de violence, non seulement envers les collecteurs qui se présentent pour faire le recouvrement de cette imposition, mais encore envers ceux des redevables qui

(1) Ass. Pr., pp. 340 à 347, 15 déc. 1787.
(2) A. Loiret, C 894, f. 95 r°, 16 sept. 1788.
(3) A. Loiret, C 894, f. 119 r°, 17 nov. 1788.

voudraient acquitter leur cote personnelle ; que quelques municipalités, au lieu de se servir de la confiance de leurs concitoyens pour les rappeler à leur devoir, les entretiennent au contraire dans l'insubordination et la révolte et refusent de procéder à la confection des rôles de la prestation de 1789 » (1).

En fait, le défaut de recouvrement, causé en partie par les calamités dont nous avons parlé, diminua assez sensiblement le produit de l'impôt (2), et la Commission intermédiaire dut décider que « le déficit provenant des non valeurs de la prestation en 1787 et 1788 devait être rempli par la diminution des ouvrages en 1789 ». Cette diminution des ouvrages devait « correspondre dans chaque département auxdites non-valeurs qu'il avait éprouvées, sans qu'un département fût obligé de venir au secours d'un autre » (3).

La diminution des recettes de la prestation était peut-être aussi causée en partie par certaines irrégularités commises par les collecteurs et les receveurs des finances au profit de ces derniers. « Les rôles de corvée, disaient en effet les procureurs-syndics du département de Châteaudun et Vendôme, ne se font que beaucoup après les rôles de tailles et sont mis plus tard en recouvrement. Le receveur particulier des finances a un traité pour fournir à des époques fixes le montant de la taille, et il n'a pour la prestation en argent aucun engagement à remplir. Il a intérêt, dès lors, d'imputer sur la taille tout ce que le collecteur lui apporte d'argent, et celui-ci, auquel l'imputation est indifférente, peut ne pas s'y opposer » (4).

(1) A. Loiret, C 894, f. 245 r° et v°, 12 nov. 1789.
(2) Compte-rendu par la c. i. des fonds remis à sa disposition pendant les années 1788, 1789 et 1790. A. L.-et-Ch., C 31.
(3) A Loiret, C 894, f 135 v°, 20 déc. 1788.
(4) Rapport des procureurs-syndics à l'Assemblée de département de Châteaudun et Vendôme, Reg. des procès-verbaux de cette assemblée. A. Eure-et-Loir, C 4, f° 23 v°, 18 oct. 1788.

Nous avons vu que la déclaration du 27 juin 1787 ne soumettait pas à la prestation les nobles, ecclésiastiques et privilégiés, mais cette contribution devait être répartie sur les habitants des villes franches. La ville de Blois protesta énergiquement au nom de ses anciennes franchises contre cette nouvelle charge.

Les officiers municipaux rappelèrent les titres de la ville à son affranchissement : la charte de 1196, les lettres patentes octroyées par Louis XII en 1498, la confirmation de ces franchises par Louis XV, et protestèrent contre la violation de ces privilèges, qui avaient été mérités, disaient-ils, par la fidélité des habitants envers le souverain et qu'ils considéraient comme leur propriété. « Nous dirons plus, ajoutaient-ils, les habitants de Blois, francs par un privilège particulier de tailles subsides et corvée, les payent et ne conservent que le nom de franchise. Ils payent une capitation beaucoup plus considérable que si elle était la suite de la taille, ils payent tous les autres subsides des villes, ils payent la corvée enfin ». En effet ils considéraient comme « une véritable corvée » l'entretien des pavés de la ville et de ses abords qui occasionnait une dépense annuelle d'environ 4.000 l. Cependant ils consentaient, « si le régime actuel du gouvernement s'opposait à la conservation des franchises de la ville de Blois », à en faire l'abandon, mais à condition que la mesure fût générale et que le clergé, la noblesse et les privilégiés fussent également soumis au nouvel impôt (1).

Necker répondit que les prétentions de la ville étaient contraires aux dispositions de l'arrêt du 6 septembre 1786 et de la déclaration du mois de juin 1787, et, « quelqu'aient été, disait-il, les anciennes exemptions de la ville de

---

(1) Lettre de la mun. de Blois au dir. gén., 17 déc. 1788. A. L.-et Ch., C 24.

Blois, elles disparaissent devant les dispositions précises d'une loi solennelle qui les a abrogées ». Il pensait, cependant, que, conformément à la décision rendue pour la ville d'Orléans, on devait tenir compte à la ville pour cette imposition de l'entretien des parties de routes de la banlieue qui était à sa charge (1). La prestation de la ville de Blois, qui devait être de 5.472 l. 19 s. 1 d., fut ainsi réduite à 2.132 l. 19 s. 1 d. (2).

Le montant de la prestation représentative de la corvée s'élevait dans le département de Blois et Romorantin à la somme de 78.743 l. 14 s. 6 d. par an, savoir : 41.492 l. 10 d. pour l'élection de Blois, et 37.251 l. 4 s. 6 d. pour l'élection de Romorantin. A cette somme on ajoutait 4 deniers pour livres attribués au receveur général des finances, dont le Roi avait ordonné la remise, soit pour le département : 1.312 l. 7 s. 11 d., enfin les « revenant-bons » produits par les rabais obtenus sur les adjudications de l'année précédente, soit : 6 à 7.000 l. environ ; cette dernière somme était d'ailleurs beaucoup diminuée par les non-valeurs dont nous avons déjà parlé (3).

II. *Adjudications, surveillance et réception des travaux de routes*

D'après l'instruction adressée à l'Assemblée provinciale de l'Orléanais, les ingénieurs, inspecteurs, sous ingénieurs et élèves des ponts et chaussées étaient placés sous les ordres de l'Assemblée provinciale et de sa Commission intermédiaire. Ces assemblées pouvaient aussi nommer

---

(1) Lettre de Necker à la c. i., 9 janv. 1789. A L.-et-Ch., C 24.
2) A Loiret, C 894, f. 249 v°, 26 nov. 1789. V. aussi Lettre de la c. i. à l'ingénieur en chef Gallot, et État des dépenses de la ville de Blois pour ses pavés, signé : Gallot. A. L.-et-Ch., C 24
(3) Compte rendu par la c. i. des fonds remis à sa disposition pendant les années 1788, 1789 et 1790. A. L.-et-Ch., C 31.

des conducteurs ou piqueurs partout où elles le croyaient nécessaire (1).

Avant l'institution des Assemblées provinciales, chaque inspecteur ou sous-ingénieur avait sous ses ordres un « département », dont la circonscription ne correspondait aucunement avec les départements de 1787. Mais l'Assemblée provinciale demanda que ces circonscriptions des ingénieurs des ponts et chaussées fussent identifiées avec celles des nouveaux départements, et ce vœu fut approuvé par le Conseil. Aussi l'abbé Rahoux, rapporteur du bureau des travaux publics à l'Assemblée de département de 1788, se félicitait-il de n'avoir plus à correspondre qu'avec un seul ingénieur, ce qui rendait le travail beaucoup plus facile (2).

Cette nouvelle division modifiait sensiblement les charges des différents départements. Ainsi, sur la route de Paris à Bordeaux par Saint-Dyé, les charges du département de Blois et Romorantin se trouvaient augmentées, au bénéfice de l'élection de Beaugency, de l'entretien d'environ 1.800 toises de route ; il était, au contraire, déchargé de 900 toises d'entretien de la route de Paris à Bordeaux par Mer (3). Bien qu'au total le département ait eu ainsi à entretenir 900 toises de routes de plus que dans l'ancienne division, l'Assemblée de département demanda à l'Assemblée provinciale « d'affermir de tout son pouvoir la nouvelle division de travail qui venait d'être prescrite à Messieurs les ingénieurs, afin que notre département n'eût à correspondre qu'avec un seul » (4).

L'Assemblée provinciale devait décider les travaux à exécuter dans l'année. L'ingénieur en chef, ou les inspecteurs et sous-ingénieurs, devaient ensuite rédiger les projets

(1) Instr. nov. 1787, 5ᵉ partie. Ass. Pr., p. 71.
(2) A L.-et-Ch., C 4, f. 40 r° et v°, 29 oct. 1788.
(3) Ibid.
(4) A. L.-et-Ch., C 4, f 41 r°, 29 oct. 1788.

nécessaires et les présenter à la Commission intermédiaire ; celle-ci adressait tous les projets, plans et devis au contrôleur général des finances pour les faire approuver par le Conseil. La Commission intermédiaire devait alors procéder par elle-même ou par les Bureaux intermédiaires des départements aux adjudications des travaux.

Les adjudications se faisaient à ceux qui offraient les meilleures conditions, « à charge, par les adjudicataires, d'exécuter exactement les devis,... de renoncer à toutes sortes d'indemnités pour raison des cas fortuits ou autres causes, et de ne recevoir aucune somme par forme d'avance ou à-compte que les travaux ne soient commencés. Nul ne pouvait se présenter pour les travaux, ni même être admis à faire des offres, s'il n'était reconnu capable et solvable au jugement de la Commission intermédiaire ». « Les adjudications, ajoutait l'instruction, seront annoncées quinze jours à l'avance, par affiches ou publications dans les paroisses, afin que les Assemblées municipales prennent connaissance des travaux des ateliers, que leurs syndics soient à portée de les indiquer aux différents entrepreneurs de leur canton et de procurer ainsi, pour l'intérêt commun, les moyens d'obtenir les soumissions les plus avantageuses ». Les entrepreneurs pouvaient prendre connaissance au moins huit jours à l'avance des devis et clauses de l'adjudication, et celle-ci était faite publiquement au jour indiqué (1).

Toutes les assemblées semblent avoir été d'accord pour augmenter le nombre des ateliers à mettre en adjudication et en diminuer l'étendue. « Sans doute, Messieurs, dit le rapporteur du bureau des ponts et chaussées à l'Assemblée provinciale, que les adjudications partielles et l'admission d'un plus grand nombre d'adjudicataires produiront un revenant-bon considérable » (2). « Nous pensons, dit

(1) Instr. nov. 1787, 5ᵉ partie. Ass. Pr., pp. 72 à 74.
(2) Ass. Pr., p. 330, 15 déc. 1787.

l'auteur du rapport concernant la Commission intermédiaire à la même assemblée, que la Commission intermédiaire doit être chargée du soin de diviser les adjudications en un grand nombre d'ateliers. Cette division peut seule appeler une grande concurrence d'adjudicataires et procurer dans les campagnes le versement d'une partie des fonds qu'elles sont obligées de fournir en équivalent de la corvée » (1).

« Il paraîtrait essentiel, dit le rapporteur du bureau des travaux publics à l'Assemblée de département de 1787, que les ouvrages de chaque atelier fussent divisés en plusieurs adjudications particulières, afin qu'il pût se présenter un plus grand nombre de concurrents pour les enchères au rabais. Telle personne peut se présenter pour une entreprise de trois mille livres, qui ne trouvera pas de caution pour une somme de douze ou quatorze mille livres. Nous croyons aussi qu'il est contraire au bon ordre qu'un même adjudicataire puisse se charger de plusieurs ateliers à la fois, ou qu'il puisse servir de caution à un autre adjudicataire » (2).

Cette réforme fut en effet exécutée. « Vous observerez, dit le rapporteur du bureau des travaux publics à l'Assemblée de département de 1788, que, suivant votre désir, les ateliers ont été subdivisés en portions plus petites ; notre département ne contenait dans la dernière adjudication que douze ateliers, les projets pour l'année prochaine en présentent vingt et un » (3).

Une autre réforme importante du nouveau régime fut la charge confiée à la Commission intermédiaire de délivrer aux adjudicataires les certificats de capacité, dont la

---

(1) Ass. Pr., p. 373, 19 déc. 1787.
(2) A. L.-et-Ch., C 4, f. 22 r°, 10 nov. 1787.
(3) A. L.-et-Ch., C 4, f. 40 v°, 29 oct. 1788.

rédaction était remise auparavant à l'arbitraire des ingénieurs.

« N'y a-t-il point de très grands inconvénients, disait à l'Assemblée de département de 1787 le rapporteur des travaux publics qui ne connaissait pas encore la réforme, à n'admettre pour adjudicataires des travaux publics que les personnes munies d'un certificat de capacité de l'ingénieur ? N'avez-vous pas souvent entendu des plaintes sur ce qu'il paraît que, par ce moyen, toutes les adjudications de la généralité sont concentrées entre un certain nombre de particuliers, qui se servent mutuellement de cautions et dont l'admission exclusive a souvent causé de l'ombrage au public ? » (1).

« L'administration ne sera plus gênée, disait quelque temps après le rapporteur des ponts et chaussées à l'Assemblée provinciale, par les certificats de capacité, que les ingénieurs avaient seuls le droit de donner et qui étaient un moyen d'éloigner une foule de personnes domiciliées et solvables, dont les offres entrant dans la concurrence auraient produit une grande économie. Le Roi, par son dernier règlement, attribue aux Commissions intermédiaires le pouvoir de délivrer tous les certificats nécessaires qui donneront le droit de se présenter aux adjudications. Cette sage précaution, ce changement désiré, écarteront les abus dangereux contre lesquels se sont élevés des cris universels » (2).

L'auteur du rapport sur la Commission intermédiaire à l'Assemblée provinciale pensait « que les frais de piqueurs et de conducteurs d'ateliers étaient devenus inutiles par le nouveau régime (3), puisque les adjudicataires devaient gouverner et inspecter exclusivement leurs ateliers jusqu'à la réception des ouvrages ». Aussi l'Assemblée décida que

(1) A. L.-et-Ch., C 4, f. 22 r°, 10 nov. 1787.
(2) Ass. Pr , p. 330, 15 déc. 1787.
(3) C'est-à-dire depuis la suppression de la corvée en nature.

sous aucun prétexte la Commission intermédiaire ne passerait en compte aucun des frais attribués jusque-là aux piqueurs et conducteurs d'ateliers « devenus inutiles par l'abolition de la corvée en nature » (1).

La Commission intermédiaire ne tarda pas à se convaincre qu'une pareille mesure était impraticable, mais il fallait un ordre du ministre pour annuler l'arrêté de l'Assemblée provinciale. L'ingénieur en chef, Gallot, pour s'assurer dans cette affaire de tous les suffrages, entreprit une enquête auprès des ingénieurs des départements à qui il demanda « un rapport bien circonstancié sur l'indispensable nécessité de maintenir les conducteurs dans leurs fonctions et sur le danger d'une pareille suppression » (2).

L'ingénieur du département de Blois et Romorantin, Simon, répondit par un long mémoire, où il faisait valoir l'utilité des conducteurs et des piqueurs comme intermédiaires entre les ingénieurs et les entrepreneurs, leur rôle pour surveiller le choix des matériaux, la solidité de l'exécution et la propreté des entretiens, pour tracer les ouvrages journaliers des entrepreneurs et pour planter tous les piquets de redressement et d'aplanissement. Le nombre de ces employés avait d'ailleurs été réduit et on n'avait gardé, disait-il, que les plus intelligents et les plus honnêtes ; mais il pensait que vouloir les supprimer complètement, c'était ouvrir la porte à tous les désordres (3).

Le service des ponts et chaussées finit par avoir gain de cause et, le 3 septembre 1788, la Commission intermédiaire provinciale délivra, sur les présentations faites par les Bureaux intermédiaires des départements, 11 commissions de conducteurs de grandes routes, dont 2 dans le

---

(1) Ass. Pr., pp. 373-374 et 375, 19 déc. 1787.
(2) Lettre de Gallot à Simon, 15 mars 1788 (copie). A. L.-et-Ch., C 21.
(3) Observations sur l'inspection et la conduite des travaux de routes par Simon. A. L.-et-Ch., C 21.

département de Blois et Romorantin, pour les sieurs Pobelle et Nicaud, tous deux aux appointements de 1.000 l. (1).

Il ne suffisait pas que les ingénieurs et les employés sous leurs ordres pussent exercer une surveillance active sur les travaux des adjudicataires, il fallait encore qu'ils aient sur ceux-ci assez d'autorité pour se faire obéir, et les rapports de l'ingénieur du département nous montrent que les adjudicataires n'y étaient pas toujours disposés.

Plusieurs d'entre eux, en effet, fournissaient de mauvais matériaux, refusaient de suivre les devis, faisaient même enlever frauduleusement l'élite des matériaux, ne voulaient pas avoir les cantonniers prescrits, etc. L'adjudicataire de l'atelier de Menars à Blois, dont on avait surtout à se plaindre, usait même de violence pour chasser les cantonniers placés par l'ingénieur et les remplaçait « par des portefaix et autres ouvriers impropres à ces sortes de travaux ».

L'ingénieur du département disait à ce sujet : « Le redressement de tous les torts ci-dessus détaillés sont bien ordonnés par l'ingénieur, d'après l'autorisation qu'il en a reçue du Bureau intermédiaire, mais la pleine exécution dépend absolument de la docilité desdits adjudicataires, ou d'une autorité active et assez puissante pour y contraindre sur le champ ceux qui s'y refuseront ». Il demandait au Bureau intermédiaire « de solliciter ou un arrêt du Conseil, ou toute autre autorité assez coactive pour réprimer les mauvaises manœuvres ou les refus obstinés des adjudicataires »; et il pensait qu'il fallait « un règlement pénal contre les retards, la négligence et surtout contre la fraude et les malfaçons » (2).

L'ingénieur obtint du moins satisfaction en ce qui con-

(1) A. Loiret, C 894, f. 92 r°, 3 sept. 1788.
(2) Rapport de Simon sur les travaux adjugés en 1788. A. L.-et-Ch , C 21.

cernait l'adjudicataire de la route de Menars; le Bureau intermédiaire fut en effet chargé de procéder à une nouvelle adjudication des travaux qui lui restaient à faire (1).

La construction et l'entretien des ouvrages d'art (pavés, ponts, ponceaux, etc.) étaient confiés à des entrepreneurs avec qui on passait des baux à long terme (généralement 9 années, ou jusqu'à la fin des travaux de construction). Bien qu'on donnât à ces baux le style d'une adjudication au rabais, la forme de ces actes était absolument fictive ; les entrepreneurs acceptaient les conditions proposées par l'ingénieur en chef, et il n'y avait aucune différence entre la somme du devis et celle de l'adjudication (2).

L'Assemblée provinciale pensait que pour les ouvrages d'art on ne devait pas multiplier, comme pour les « ouvrages ordinaires et grossiers », le nombre des ateliers. « Ils doivent être, disait le rapporteur, plus concentrés, afin que la surveillance en devienne plus facile et plus exacte et qu'il en résulte une diminution des frais inséparables de ce genre de travaux » (3).

L'Assemblée de département fut au contraire d'avis, tout au moins pour l'entretien des pavés, d'augmenter le nombre des adjudications. Elle eut, en effet, à se prononcer sur cette question au sujet du renouvellement du bail pour l'entretien des pavés de plusieurs portions de routes, qu'on avait coutume de passer tous les neuf ans et qui devait expirer en janvier 1789 (4). L'Assemblée de département demanda « que le nouveau bail fût divisé en autant d'adjudications particulières qu'il y aurait de parties d'ouvrages trop distantes les unes des autres et que le bénéfice du rabais, qu'on pouvait espérer par cette nouvelle forme,

(1) A. Loiret, C 894, f. 183 r°, 29 avr. 1789.
(2) Ass. Pr., pp. 331-332, 15 déc. 1787.
(3) Ass. Pr., p. 373, 19 déc. 1787.
(4) A. L.-et-Ch., C 4, f. 40 v°, 29 oct. 1788.

fût appliqué à quelques autres ouvrages du même genre, qui n'étaient point portés dans ce bail et dont l'utilité n'était pas moins reconnue » (1).

Mais l'administration des ponts et chaussées ne semble pas avoir été partisane de multiplier ainsi des adjudications, ni de diminuer la longueur des baux. Le temps nécessaire à la fabrication des pavés avant leur emploi sur les routes, le petit nombre de paveurs qui pouvaient les entreprendre, les erreurs inévitables des estimations, plus sensibles sur un petit objet que sur plusieurs réunis, étaient les principales raisons en faveur de cette opinion, que les ingénieurs soutenaient encore quelques années plus tard devant l'administration du département de Loir-et-Cher (2).

Au fur et à mesure de l'avancement des ouvrages, la Commission intermédiaire provinciale délivrait des mandats d'à-compte au profit des adjudicataires, jusqu'à concurrence des deux tiers pour les ouvrages d'art et des quatre cinquièmes pour les travaux des routes. L'instruction adressée par le Roi confiait à la Commission intermédiaire et aux Bureaux de département le soin de procéder à la réception des ouvrages en présence de l'ingénieur en chef ou des sous-ingénieurs, qui faisaient les « sondes » et autres vérifications nécessaires. L'intendant, par une ordonnance finale, validait les paiements d'à-compte et ordonnait le paiement du dernier tiers ou du dernier cinquième qui restait dû sur le prix de l'adjudication (3).

L'administration provinciale avait donc la charge d'examiner « la justesse des devis, la longueur des ateliers,

---

(1) A. L.-et-Ch., C 4, f. 42 r°, 29 oct. 1788.
(2) Observations..... relatives aux routes et chemins du département de Loir-et-Cher..... par l'ingénieur des ponts et chaussées, 1790. A. L.-et-Ch., C 24.
(3) Instr. nov. 1787. Ass. Pr., pp. 74 à 76.

la distance des matériaux, la profondeur des déblais et des remblais, la proportion des pentes, en un mot, l'exécution de toutes les conditions imposées à l'adjudicataire » (1). En fait, ce fut aux seuls Bureaux intermédiaires des départements qu'incombaient la surveillance et la réception des travaux, l'Assemblée provinciale ayant arrêté « que les réceptions d'ouvrages se feraient par devant l'un des membres du Bureau intermédiaire » (2).

Toutefois, les autres membres de l'Assemblée provinciale et surtout ceux de l'Assemblée de département vinrent en aide pour ces travaux à leurs collègues du Bureau intermédiaire. A la suite de son arrêté confiant la réception des ouvrages aux Bureaux intermédiaires, l'Assemblée provinciale ajoutait :

« S'il se trouve dans le voisinage un membre de l'Assemblée provinciale ou de l'Assemblée de département, il sera invité à assister auxdites réceptions. L'Assemblée l'engage même d'avance, par le présent arrêté, à surveiller lesdits ouvrages et à vouloir bien correspondre, pour cette partie, avec le Bureau intermédiaire. En outre, pour tenir lieu de la présence des syndics de l'ancien régime, les président et premiers votants de l'Assemblée d'arrondissement, seront invités à venir auxdites réceptions » (3).

L'Assemblée de département fut du même avis que l'Assemblée provinciale et se rendit à ses conseils. L'abbé Rahoux, dans son rapport sur les travaux publics présenté à cette assemblée en 1788, disait :

« Ne penseriez-vous pas, Messieurs, qu'il serait très important que chacun des membres de cette assemblée qui sont à portée d'examiner les travaux publics, soit sur les grandes routes, soit sur les ateliers de charité ou autres

---

(1) Ass. Pr., pp. 338-339, 15 déc. 1787.
(2) Ass. Pr., p. 348, 15 déc. 1787.
(3) Ass. Pr., p. 348, 15 déc. 1787.

ouvrages soumis à votre surveillance, donnassent à votre Bureau intermédiaire les connaissances locales qu'il ne peut se procurer, qu'ils voulussent bien par exemple leur faire connaître la qualité, le prix des matériaux, les carrières d'où l'on pourrait les extraire avec plus d'avantage, le prix de la main-d'œuvre, tant pour les hommes que pour les voitures qu'on emploie » (1).

Et il fut arrêté « que chacun des membres de cette assemblée serait prié non seulement de donner les instructions locales dont pourrait avoir besoin le Bureau intermédiaire, mais encore que quelques-uns d'entre eux seraient priés de correspondre directement avec le Bureau, en ce qui concerne la surveillance des routes ». En conséquence, la surveillance des différentes routes du département fut répartie entre dix des membres de l'Assemblée (2).

Enfin, l'Assemblée de département chercha à exercer une surveillance plus active sur les travaux par l'intermédiaire du personnel des ponts et chaussées, et sur ce personnel lui-même par l'intermédiaire des municipalités. L'abbé Rahoux disait dans le même rapport :

---

(1) A. L.-et-Ch., C 4, ff. 40 v° et 41 r°, 29 oct. 1788.

(2) A. L.-et-Ch , C 4, f. 41 r°, 29 oct. 1788. — Voici comment d'après la même délibération se fit cette répartition. « M. Porcher, dit le procès-verbal, s'est chargé de la portion de route depuis Saint-Dyé jusqu'à l'extrémité de l'élection de Blois, M. de L'Arche de toute la portion de route depuis l'extrémité de l'élection vers le village d'Avaray jusqu'à la ville de Blois, M. l'abbé de Belleval des ateliers de l'enclave de Salbris sur la route de Toulouse, M. de L'Orme des deux enclaves de Vatan sur la même route, M. le chevalier de Billy sur la route de Blois au Blanc en Berry de la portion de route depuis la demi-lune de la forêt de Russy jusqu'à La Martinière, M. le doyen de Saint-Aignan depuis La Martinière jusqu'à la fin de la généralité, M. Trottignon de Montenay sur l'embranchement de Contres à Fontguenand de la portion comprise entre Contres et Selles, M. Goislard de la portion depuis Selles jusqu'à la fin de la généralité, M. le comte de Dufort de toute la route de Blois à Cheverny, M. Pajon de toute la route de Blois à Vendôme située sur notre élection. »

« Ne faudrait-il pas que l'ingénieur de département, toutes les fois qu'il fait sa tournée sur les routes, remît au Bureau intermédiaire le résultat par écrit de son inspection ?

« Ne faudrait-il pas contraindre les conducteurs du département à venir rendre compte au Bureau, tous les quinze jours, de l'état où sont les travaux des routes ?

« Ne serait-il pas utile que les conducteurs fussent tenus d'apporter un certificat signé de quelques syndics ou autres membres des municipalités voisines des routes, qui attestât que tels jours ils ont fait la tournée sur telles routes ? »

Dans l'arrêté qu'elle rendit à la suite de ce rapport, l'Assemblée adopta exactement ces propositions (1).

III. *Etat des routes. Projets de travaux*

Les routes confiées à l'administration des ponts et chaussées étaient, en général, fort belles et bien entretenues. Mais le luxe que l'on déployait dans ces travaux ne permettait de les employer que sur un petit nombre de grandes routes, et beaucoup d'autres chemins, fort utiles pour les communications et le commerce de la région, étaient complètement négligés. Un mémoire présenté à l'Assemblée de département de Châteaudun et Vendôme montrait clairement l'étendue de cet abus.

« En France, disait l'auteur de ce mémoire, tout porte l'empreinte du luxe ; on ne fait rien faire qu'avec un grand appareil et de grands moyens. Veut-on faire un chemin, il faut le tracer d'une largeur deux fois trop grande, par la ligne la plus courte, couper ou séparer les meilleures terres, pendant qu'un coude de quelques toises l'aurait fait passer dans une bruyère inculte ou lui aurait fait porter

(1) A. L.-et-Ch., C 4, f. 41 r°, 29 oct. 1788.

l'abondance dans un bourg considérable. C'est pour le coup d'œil et la commodité des voyageurs, et non pour la communication des habitants, que l'on semble avoir construit ces routes. D'autres abus : les ponts sont des monuments, les ponceaux et jusqu'aux gargouilles sont en pierres de taille. Il arrive de là que, lorsque l'on propose un chemin, la dépense effraye, on finit par ne le point faire » (1).

En fait, un petit nombre de routes seulement était entretenu avec les fonds de la prestation et les fonds du Roi pour les ponts et chaussées. Dans le département de Blois et Romorantin, il n'y en avait que huit, réparties en trois classes, selon leur importance ; c'étaient les suivantes :

Routes de première classe

Route de Paris à Bordeaux par Orléans, Beaugency et Mer.

Route de Paris à Bordeaux par Cléry et Saint-Dyé (2).

Route de Paris à Toulouse par Orléans et Salbris (étant donné la configuration irrégulière du département, trois portions de cette route séparées les unes des autres étaient comprises dans le département ; on les appelait l'enclave de Salbris et les enclaves de Vatan).

Route de deuxième classe

Route de Blois au Blanc en Berry par Cellettes, Contres et Saint-Aignan.

---

(1) Mémoire sur la mendicité présenté à l'Assemblée de département de Châteaudun et Vendôme le 23 oct. 1787. Registre des procès-verbaux de cette assemblée. A. Eure-et-Loir, C 4, f° 16 v°.

(2) Nous ne trouvons mention d'atelier sur cette route qu'entre Saint-Dyé et la limite du département. Nous ne trouvons non plus aucune mention d'atelier sur la partie de la route de Paris à Bordeaux par la rive droite entre Blois et la limite de la généralité du côté de Tours. Ces routes bâties sur les levées de la Loire étaient en effet rattachées à l'administration des « Turcies et Levées ».

Routes de troisième classe

Route de Blois à Selles et Valençay, s'embranchant à Contres sur la route de Blois au Blanc.

Route de Blois à Vendôme.

Route de Blois à Romorantin, entre Blois et Cheverny (les travaux de cette route comprenaient la construction d'un déchargeoir entre la levée du Pré-Carré et le pont de Saint-Gervais).

Route de Blois à Châteaudun entre Blois et la Fourchée (paroisse de Villebarou).

Ces routes comprenaient en 1789 : 66.569 toises 2 pieds à entretenir ou à réparer et 1.890 toises à construire à neuf. Ces constructions neuves étaient réparties sur les routes de Paris à Toulouse, de Blois au Blanc, de Blois à Vendôme et de Blois à Romorantin. Enfin des parties restaient à construire sur les routes de Paris à Toulouse, de Blois au Blanc, de Blois à Selles et de Blois à Vendôme. En 1789, 39.515 l. 16 s. étaient affectés aux entretiens, 3.826 l. 8 s. 5 d. aux réparations et 38.406 l. 6 s. 10 d. aux constructions neuves (1).

L'abbé Rahoux, dans son rapport à l'Assemblée de département, disait :

« Les routes portées actuellement sur l'état du Roi ne sont pas les seules dont l'utilité soit universellement reconnue pour notre département.

« La route de Romorantin à La Ferté-Lowendal (2),

« celle de Blois à Châteaudun, trop négligée quoique approuvée par le Conseil (3),

« celle de Blois à Châteaurenault,

---

(1) Relevé sommaire de l'emploi des fonds résultant de la contribution représentative de la corvée, 1789. A. L.-et-Ch., C 21.
(2) Aujourd'hui La Ferté-Saint-Aubin.
(3) Nous avons vu qu'il n'y avait d'atelier sur cette route que sur la petite distance comprise entre Blois et Villebarou.

« et enfin celle de Blois à Pontlevoy,

« sont les principales qui ont fixé notre attention et qui nous paraissent devoir être le sujet de vos délibérations » (1).

Il faut joindre à ces routes celle de Blois à Romorantin et Villefranche qui n'était construite qu'en partie, celle de Romorantin à la Haute Sologne par Salbris et celle Blois à Amboise et Tours par Les Montils et Chaumont.

On voit, d'après cet exposé, que la ville de Romorantin était surtout très mal desservie, puisqu'aucune des routes portées sur l' « état du Roi » n'y aboutissait.

« Romorantin, écrivait le 2 avril 1788 l'ingénieur en chef Gallot, est la principale ville de la Sologne et recommandable par son commerce des laines et ses manufactures de draps. Sa position, au centre d'un pays dépeuplé, n'a jamais permis de s'occuper de projets qui auraient pu lui faire espérer de jouir des avantages que procure au commerce le débouché des grandes routes, et, sans des secours extraordinaires, cette ville ne peut pas se flatter de voir aucun changement dans sa position.

« A proximité de la grande route de Toulouse, dont toutes les forces du canton n'ont pas suffi jusqu'à ce jour pour lui donner le dernier degré de perfection, on a seulement songé que, s'il était possible de donner à Romorantin une communication avec Orléans par cette grande route, ce serait toujours beaucoup gagner; à la vérité, ce serait allonger le chemin de peut-être deux lieues; mais, la distance entre ces deux villes étant trop considérable pour qu'une voiture puisse la parcourir en un jour, on pourrait peut-être regarder comme fort indifférent que le second jour elle employât quelques heures de plus à arriver au

(1) A. L.-et-Ch., C 4, f 40 v°, 29 oct. 1787.

lieu de sa destination ; d'ailleurs, ce projet, s'il était susceptible d'exécution, éviterait la dépense qu'occasionnerait la confection de plusieurs ponts sur une direction plus rapprochée et qui ne pourraient jamais être exécutés qu'après avoir rempli les engagements antérieurs et après avoir pourvu à la construction de ceux à faire sur les routes de première classe ».

Au surplus, l'ingénieur ne considérait l' « embranchement de la ville de Romorantin à la grande route de Toulouse pour arriver à Orléans » « que comme une communication intérieure de ville à ville et qui ne pouvait avoir son exécution que par des secours autres que ceux que l'on pouvait tirer du canton » (1).

La municipalité de Romorantin se montrait plus exigeante. L'assemblée générale des habitants de cette ville, du 5 août 1788, demanda :

1° Le rétablissement de la route de Romorantin à Orléans, avec un nouveau tracé passant par Lanthenay, Monthaut, Millançay, Neung, La Ferté Beauharnais, Chaumont et La Ferté-Lowendal ;

2° L'entier achèvement de la route de Blois à Romorantin déjà exécutée de Blois à Cour-Cheverny, avec un pont à l'entrée de Romorantin ;

3° Le rétablissement de la route de Romorantin à la Haute Sologne par Salbris, comprenant l'exhaussement de la chaussée aux abords de la ville, l'élargissement du chemin dans plusieurs endroits et l'établissement d'un pont sur la Rère « pour faciliter le passage des vins, des foins qui viennent des bords du Cher en Sologne et des laines que Romorantin tire principalement de la Sologne pour l'entretien de sa manufacture, en même temps que le Bas Berry et la Basse Sologne vont en concurrence passer

(1) Mémoire de l'ingénieur en chef, 2 avr. 1788. A. L.-et-Ch., C 24*

cette rivière, pour se procurer aussi des laines, par cette seule communication, dont le gué est impraticable dans plusieurs mois de l'année » ;

4° Les réparations des abords immédiats de Romorantin, pour occuper les pauvres de cette ville, et particulièrement la communication de Romorantin au Berry, « d'où nous tirons tous nos objets de première nécessité, ce qui est interrompu dans presque tous les mois de l'année par la difficulté du passage à l'endroit appelé Chalièvre (1), à demi lieue de Romorantin à Villefranche » (2).

De toutes ces demandes l'Assemblée de département s'occupa seulement de la route de Romorantin à La Ferté-Lowendal. Après le rapport du bureau des ponts et chaussées et lecture du mémoire présenté sur cette question, elle arrêta :

« Que le chemin de Romorantin à La Ferté-Lowendal était d'une nécessité très urgente et devait être commencé aussitôt qu'on aurait obtenu l'autorisation du Conseil, qu'en conséquence M. Simon serait prévenu que l'intention de l'Assemblée était que le rabais sur les adjudications de 1788 pour l'élection de Romorantin, montant à la somme de 3.143 l. 6 s. 2 d., fût mis en réserve pour être appliqué à ladite route de Romorantin, tant pour les dépenses préparatoires concernant les plans et projets de cette route, que pour commencer l'ouvrage aussitôt qu'elle aurait été autorisée par le Conseil, et qu'à l'avenir on économisât à peu près pareille somme sur les routes de Toulouse et du Blanc en Berry, pour être annuellement employée sur celle de Romorantin à La Ferté-Lowendal » (3).

---

(1) Chatelièvre, à 2 km. sud de Romorantin.
(2) A. Romorantin, BB 11, f. 26 r° et v°, 5 août 1788.
(3) A. L.-et-Ch., C 4, f. 41 v°, 29 oct. 1787.

Nous avons déjà vu (1) comment la ville de Romorantin et les paroisses voisines, poussées par la misère et le désir de procurer du travail aux nombreux indigents, s'étaient confédérées dans le but d'employer à la construction de cette route les fonds de la prestation, et comment le Bureau intermédiaire du département et la Commission provinciale s'étaient opposés à ce projet. Nous n'y reviendrons pas.

Les communications entre Blois et la Beauce n'étaient guère supérieures à celles de cette ville avec la Sologne. On avait commencé la route de Blois à Châteaudun, mais nous avons vu qu'elle n'était construite à cette époque que sur une longueur de quelques milliers de toises seulement à partir de Blois et les travaux étaient depuis longtemps abandonnés. La paroisse d'Oucques adressa un « mémoire provisoire sur la nécessité d'achever le chemin de communication commencé entre la ville de Blois et le marché d'Oucques », qui montre bien quelle était l'utilité pour la Beauce de cet important débouché.

« ... . Dans la Beauce blésoise, disait ce mémoire, il n'y a point de rivière navigable ; c'est donc une nécessité d'y suppléer par des grandes routes et des chemins de traverse, par où les charrois puissent rouler facilement dans tous les temps de l'année. Malheureusement cette province en est presque généralement privée, malgré qu'elle soit regardée avec raison comme le principal grenier de la France. Il en résulte que pendant la saison de l'hiver, surtout lorsqu'elle est pluvieuse, il n'y a pas de possibilité de transporter les blés et autres grains, ce qui porte le plus grand préjudice au commerce et empêche les marchés d'être approvisionnés. Il s'en suit une cherté considérable dans les villes ; le

---

(1) V. chapitre précédent.

peuple se plaint, et il a raison puisqu'il souffre. D'un autre côté, les fermiers, sur qui portent principalement les charges, sont dénués de la seule ressource qui pourrait les dédommager; ils sont obligés de nourrir pendant tout l'hiver, avec des dépenses énormes et ruineuses, une quantité de chevaux qui leur sont inutiles, parce que les chemins impraticables leur rendent impossibles les charrois.....

« Le bourg d'Oucques est un des plus forts magasins de la partie de la Beauce que l'on nomme blésoise : c'est là qu'il se fait toutes les semaines des achats considérables de blé, que l'on y emmagasine pour être ensuite transporté principalement dans les marchés de Blois, où le débouché par la Loire est si commode et si facile.

« Cette situation, qui lui donnait l'avantage sur tous les autres lieux, l'avait fait regarder comme propre à devenir l'étape et le centre du commerce des grains dans cette partie, et ce fut pour remplir ce plan, aussi sage qu'éclairé, que l'on ordonna de construire un chemin de communication de Blois à Oucques, d'où il devait ensuite être continué jusqu'à Châteaudun, en passant par Fréteval. Il fut effectivement commencé et conduit jusque par le travers du château de Pezay. Mais, au grand détriment du public, l'administration le fit discontinuer, et, depuis ce temps-là, on s'est contenté d'entretenir la partie qui s'est trouvée faite. Pour l'achever, il ne reste plus que quatre lieues et demie à faire, dont deux et demie seulement regardent l'Assemblée du département de Blois; le surplus est de celle de Châteaudun, qui le désire et le sollicite auprès de l'Assemblée provinciale. Il faut encore observer que la partie de Blois n'est susceptible que de très peu de dépenses, parce que l'on y trouve l'ancien chemin construit par les Romains, suivant la tradition..... Il ne s'agit que de raccommoder et, d'après l'estimation faite par des experts, l'on ne pense pas que toute la dépense se monte à plus de 12.000 l. par lieue.....

« Les voituriers ou fermiers d'Oucques, qui transportent des grains à Blois dans l'hiver, sont obligés d'en partir le vendredi pour y arriver le samedi. Cependant il n'y a qu'une distance de six lieues ; mais, comme il n'y a sur la route ni village ni auberge pour les mettre à l'abri, les malheureux passent la nuit entière sous leur charrette, exposés comme leurs chevaux aux frimas, à la neige, à la pluie et à toutes les injures de l'air. Combien de fois n'en a-t-on pas vu mourir de froid ou essuyer des maladies longues et pires que la mort même ? Les chemins sont si affreux qu'ils sont obligés d'atteler six à sept chevaux à une charrette pour porter à peine un muid et demi de blé, tandis que dans le beau temps ils en chargent trois muids et ne mettent que trois chevaux.....

« On doit de plus croire que, s'il y avait une communication établie entre Blois et Châteaudun, bientôt on verrait accourir les habitants du Perche et ceux de la Normandie pour enlever les vins du Blésois ; car il est certain qu'il n'y a que la difficulté des chemins qui a mis obstacle au débouché » (1).

L'Assemblée de département de Châteaudun et Vendôme reconnaissait aussi l'importance considérable de la création de cette route pour le commerce de la région. « Il y a toujours, disait un membre de cette assemblée, 3 sols, 4 sols et jusqu'à 4 sols 1/2 (suivant les temps pluvieux ou non) de différence du prix du boisseau d'Oucques avec 20 livres de blé de pareille nature vendues à Blois ou à Châteaudun... Le bois se vend 10 francs la corde dans nos cantons et 36 l. à Blois, distant de 6 lieues. Il en est généralement de

(1) « Mémoire provisoire sur la nécessité d'achever le chemin de communication commencé entre la ville de Blois et le marché d'Oucques », non signé et sans date. A. L.-et-Ch., C 21.

même de toutes les productions. Je crois donc qu'indépendamment du commerce des vins de Blois (seul objet auquel on s'est arrêté, sans considérer les blés et les bois de la Beauce dunoise), il serait à propos d'ouvrir une route de Châteaudun à Blois, qui serait la prolongation directe de celle de Nogent-le-Rotrou, ou de rétablir l'ancienne route dont il y a des vestiges en beaucoup d'endroits » (1).

Si toute la Beauce blésoise reconnaissait l'utilité de la route Blois à Châteaudun, tout le monde n'était pas d'accord sur le trajet qu'elle devait suivre. Les habitants de Mer demandaient qu'elle passât par Mer et Marchenoir.

« La fertilité du vignoble de cette ville et des environs, disaient-ils, le prix presque toujours modique des vins qui y sont récoltés, engagent la Beauce, le Perche, le Maine et la Normandie à y faire annuellement leurs provisions. Quoiqu'à cet égard il s'y fasse un commerce assez considérable, malgré le prix excessif des voitures nécessité par les mauvais chemins, qui forcent les rouliers à prendre les grandes routes, quelle relation bien plus avantageuse ne s'établirait pas entre ces provinces, cette ville et les environs, s'il y avait une route où l'on pût charroyer en tout temps. Mer a deux marchés par semaine ; la Beauce les approvisionne de grains : aussi ces marchés sont-ils peu garnis dans les mauvais temps, par la raison que les chemins de traverse sont impraticables.

« S'il y avait une route toujours belle jusqu'à Châteaudun, les vins depuis Beaugency jusqu'à Blois se vendraient et seraient plus facilement enlevés par le Perche, le Maine et la Normandie. Les voituriers ramèneraient en échange les productions de cette province, les blés de la Beauce, les

---

(1) Mémoire sur la mendicité présenté à l'Assemblée de département de Châteaudun et Vendôme le 23 octobre 1787. Registre des procès-verbaux de cette assemblée, A. Eure-et-Loir, C 4, f° 16 v°.

bois de la forêt de Marchenoir, qu'on ne peut tirer que dans les beaux jours de l'été.

« A la vérité, il y aurait une lieue de chemin de plus, parce que de Châteaudun à Blois on compte douze lieues et que par Mer et Marchenoir il y en a treize. Mais cette petite différence ne peut pas balancer les avantages qui en résulteraient. D'un autre côté, les voyageurs seraient dédommagés en passant par ces deux petites villes, où on trouve toujours plus d'aisance que dans les campagnes ».

Ce mémoire faisait valoir, en outre, qu'il n'y aurait que neuf lieues de chemin neuf à construire en suivant l'itinéraire qu'il proposait, au lieu de douze en passant par Oucques (1).

Il ne semble pas, d'ailleurs, que l'on ait donné aucune suite à la prétention des habitants de Mer. L'Assemblée de département décida seulement « qu'on donnerait avis à l'ingénieur que l'Assemblée désirait qu'on diminuât d'autant qu'il serait possible la dépense sur la route de Paris à Bordeaux par Mer, pour augmenter les forces sur la route de Blois à Châteaudun » (2).

Mais il ne fut établi aucun nouvel atelier sur cette route dans le département de Blois et Romorantin jusqu'en 1790.

L'Assemblée de département s'occupa aussi de la route de Blois à Châteaurenault. Elle fit dresser les « plans et projets » de cette route, pour en demander l'autorisation au Conseil, et accepta l'offre faite par le marquis de Rancougne de contribuer pour la moitié aux frais exigés par la levée de ces plans et projets (3).

---

(1) Mémoire adressé par les habitants de Mer aux président et députés de l'Assemblée provinciale, 24 oct. 1788. A. L.-et-Ch., C 21.
(2) A. L.-et-Ch., C 4, f. 41 v°, 29 oct. 1788.
(3) A. L.-et-Ch., C 4, f. 41 v°, 29 oct. 1788.

Pour la route de Blois à Pontlevoy et à Montrichard, ancienne route de Paris à Bordeaux, abandonnée à cette époque, l'ingénieur en chef avait présenté un projet, dans lequel il préconisait d'emprunter le trajet de la route de Blois à Saint-Gervais et de là regagner Chailles en suivant le bas du coteau. Ce projet présentait l'avantage de traverser le Cosson sur le pont de Saint-Gervais et d'éviter ainsi de reconstruire celui de Chailles qui menaçait ruine(1). Mais l'Assemblée de département arrêta « que les paroisses qui avaient intérêt à la reconstruction de la route de Blois à Pontlevoy seraient invitées à faire quelques offres, pour qu'il fût placé des ateliers de charité pour réparer les plus mauvais pas de cette route, attendu qu'on ne voyait pour le moment aucune autre manière de satisfaire à leurs demandes, quelque justes [et] intéressantes qu'elles eussent paru » (2).

Enfin, c'est à cette époque qu'on construisit la route de Blois à Amboise par Les Montils et Chaumont. Une lettre de la municipalité de Chaumont nous donne quelques renseignements sur ce « grand chemin qui se fait depuis Amboise jusqu'aux Montils ». « Il est, dit-elle, presque fini depuis Amboise jusqu'à Chaumont, et c'est là où se termine la généralité de Tours et où commence celle d'Orléans ». La municipalité de Chaumont aurait voulu que la route, au lieu de passer au pied du coteau, fut construite « le long de la Loire en forme de levée », pour protéger leur prairie et leur varenne, qui étaient menacées d'être détruites par le fleuve lors des inondations (3).

La crue de la Loire, en 1789, en détruisant les ponts de Tours et d'Amboise, allait rendre plus urgente cette nouvelle communication. En effet, à la séance de la Commis-

---

(1) Mémoire sur le projet d'une route à tracer et ouvrir de Blois à Pontlevoy. A. L.-et-Ch., série C, pièces non inventoriées.
(2) A. L.-et-Ch., C 4, f. 41 v°, 29 oct. 1788.
(3) Lettre de la mun. de Chaumont, 6 août 1788. A. L.-et-Ch., C 21.

sion intermédiaire provinciale du 28 janvier 1789, il est fait mention « d'une lettre de M. l'archevêque de Tours, président de l'Assemblée provinciale de la Touraine, pour annoncer que quatre arches du pont de Tours sont écroulées et pour engager la Commission intermédiaire à ouvrir un chemin depuis Blois jusqu'à Chaumont, afin d'établir une communication entre Tours et Blois par la rive méridionale de la Loire ».

La Commission intermédiaire arrête : « 1° qu'il sera donné les ordres les plus précis et les plus prompts pour établir la communication demandée par l'administration de la Touraine et que, le chemin étant déjà ouvert jusqu'aux Montils, les ouvrages commenceront à ce village jusqu'aux confins de la généralité ; 2° qu'il sera écrit à M. le directeur général, à M. de Villedeuil (1) et à M. de La Millière (2), pour prévenir des ordres provisoires donnés par la Commission intermédiaire et les prier de solliciter l'autorisation au Conseil ; 3° que M. le duc de Luxembourg et M. le président de Salaberry seront priés de se transporter sur les lieux, pour se concerter avec le Bureau intermédiaire de Blois et Romorantin sur les moyens les plus prompts et les plus efficaces de mettre à exécution le présent arrêté » (3).

Le 2 février suivant, la Commission intermédiaire reçut de M. de La Millière l'autorisation de « donner les ordres nécessaires pour établir la communication entre Blois et Tours par la rive méridionale de la Loire » (4).

Deux projets furent étudiés : l'un joignant Les Montils à

---

(1) Laurent de Villedeuil, secrétaire d'État au département de la maison du Roi. La généralité d'Orléans faisait partie du département de ce secrétaire d'État.
(2) Chaumont de la Millière, intendant des finances.
(3) A. Loiret, C 894, ff. 150 v° et 151 r°, 28 janv. 1789.
(4) A. Loiret, C 894, f. 151 v°, 2 fév. 1789.

Chaumont par les hauteurs, l'autre suivant la vallée sur la rive gauche du Beuvron et de la Loire. Ce dernier itinéraire, qui avait l'avantage de desservir le village de Candé, fut adopté ; c'est la route qui existe aujourd'hui (1).

Etant donné l'extrême urgence de la construction de ce chemin, qui devait être la grande route de Paris à Bordeaux en attendant le rétablissement des ponts de Tours et d'Amboise, on décida d'y employer la troupe, et le ministre de la guerre, de Puységur, donna des ordres pour que le régiment Royal-Comtois, caserné à Blois, fournît des hommes à cet effet (2). Trois détachements y furent affectés, l'un qui resta à Blois et deux autres qui furent cantonnés aux Montils et à Chaumont (3).

IV. *Travaux divers*

Parmi les ouvrages d'art, entrepris dans la généralité, le rapport des procureurs-syndics à l'Assemblée provinciale signale, dans le département de Blois et Romorantin, « la construction du pont de Clénord, situé sur la rivière de Beuvron, grande route de Blois à Romorantin, et l'arche du Bignon sur la rivière du Cosson », et « la construction d'une arche de douze pieds d'ouverture sur la rivière de Cisse, sous la levée de l'étang du Roi, route de Blois à Vendôme » (4).

Plus tard, le département eut aussi à s'occuper de la reconstruction du pont de Saint-Aignan, que la crue du Cher avait détruit pendant l'hiver 1788-89, causant ainsi un grave préjudice au commerce de la région

---

(1) A. Loiret, C 206.
(2) A. Loiret, C 894, ff. 151 v° et 152 r°, 4 févr. 1789.
(3) A. Loiret, C 206.
(4) Ass. Pr., pp. 157 et 158, 20 nov. 1787.

en interceptant la communication de Blois avec le Berry (1).

La plantation des routes paraît avoir été assez négligée pendant la période qui nous occupe.

« Il y avait autrefois, disait en 1790 l'ingénieur du département de Loir-et-Cher, des pépinières royales dans chacune des élections de l'ancienne généralité d'Orléans ; les frais d'établissement et d'entretien ce ces pépinières se prenaient sur un fonds imposé *ad hoc*, faisant partie des accessoires de la taille, ainsi que les frais de plantation et d'entretien des arbres sur les routes.

« C'était de ces pépinières que sortaient tous les arbres plantés sur lesdites routes, et l'excédent des arbres bons à lever chaque année était distribué aux communautés ou particuliers propriétaires qui en demandaient. Cette disposition avait pour but d'encourager les plantations dans la généralité. Mais, les abus qui s'étaient glissés dans cette administration ayant successivement rendu ces établissements plus onéreux qu'utiles aux plantations des routes, on a pris le parti de supprimer les pépinières et d'en affermer les terrains et, avec les mêmes fonds d'impositions, d'acheter les arbres chez les jardiniers pour planter et remplacer les arbres morts sur les routes. Mais, lorsque les dépenses excédaient ces premiers fonds, le surplus était imputé sur un excédent d'impositions ajouté à la capitation, dont le montant total était de 45.000 livres. Ces derniers fonds ayant eu une autre destination depuis 1787 (2) et les premiers fonds des pépinières étant insuffisants pour leur objet, les plantations ont été suspendues et les entretiens

---

(1) Correspondance concernant la reconstruction du pont de Saint-Aignan. A. L.-et-Ch., série C, pièces non inventoriées.

(2) « Nª. Quant aux 45.000 livres cy-à-côté originairement imposées en accroissement de secours pour les ouvrages d'art, elles ont servi depuis 1787 aux frais d'administration de l'Assemblée provinciale ». Note de l'original.

négligés depuis ladite époque de 1787 ; en sorte qu'il est intéressant d'aviser aux moyens de remonter une opération aussi essentielle pour les grandes routes, considérée comme décoration et comme accroissement des ressources en plantations » (1).

Au point de vue de la police de la circulation sur les routes, l'Assemblée de département s'occupa de la question des « roues à larges gentes ». L'abbé Rahoux, dans son rapport, disait : « Les roues à larges gentes vous paraîtront utiles pour la conservation des routes; mais, comme elles ne peuvent être employées dans les chemins de traverse, ne vous paraîtra-t-il pas très difficile d'établir une police uniforme sur cet objet ? » En conséquence, l'Assemblée arrêta que « les règlements qui fixent le poids que peuvent porter les voitures qui ne sont point à larges gentes » paraissaient suffisants pour la conservation des routes, et demanda à la Commission intermédiaire « de faire attribuer la surveillance de cette police au Bureau intermédiaire qui la ferait exercer par des personnes qu'elle jugerait dignes de sa confiance » (2).

L'Assemblée provinciale aurait encore voulu joindre à son administration celle des « Turcies et Levées ». « Elle tient si essentiellement, disait le rapporteur du bureau des ponts et chaussées, à deux autres objets qui vous sont confiés, les ponts et chaussées et la navigation, qu'il n'est pas permis de douter que votre demande ne soit accueillie » (3). Il ne fut pas pourtant donné satisfaction à cette demande, et il semble même que la navigation de Loire resta confiée à l'administration des intendants.

---

(1) Observations..... relatives aux routes et chemins du département de Loir-et-Cher..... par l'ingénieur des ponts et chaussées, 1790. A. L.-et-Ch., C 24.
(2) A. L.-et-Ch., C 4, f. 41 r° et v°, 29 oct. 1788.
(3) Ass. Pr., p. 338, 15 déc. 1787.

Cependant, le 26 septembre 1789, la Commission intermédiaire provinciale reçut du Bureau intermédiaire du département de Blois et Romorantin une lettre « sur la nécessité de faire faire avec soin le balisage de la Loire ». On arrêta d'écrire au subdélégué général de l'intendance d'Orléans, Le Marcis, pour « le prier de donner des ordres pour que cette opération fût faite incessamment, en le prévenant qu'il paraissait convenable de faire employer à ce travail les bateliers de Blois, qui depuis longtemps se trouvaient sans ouvrage » (1).

Il faut aussi signaler, à la suite de l'inondation de 1789, la construction d'un nouveau « déchargeoir » entre la levée du « Pré quarré » et le pont de Saint-Gervais. « La débâcle du 19 janvier dernier, écrivait l'ingénieur du département Simon, ayant débouché l'ancien déchargeoir, en rompant la levée qui le fermait, et emporté partie de la levée de Saint-Gervais, route commune de Blois dans la Sologne et le Berry, il a été construit dans l'emplacement de cette levée un déchargeoir de cent soixante-dix-huit toises de longueur, compris les deux rampes aux abords » (2). Nous avons vu, d'autre part, les nombreuses démarches de la ville de Blois pour faire construire une nouvelle levée avec les fonds des ateliers de charité (3).

V. Constructions et réparations d'églises et de presbytères

Aux travaux publics se rattachent les questions de constructions et de réparations d'églises et de presbytères.

---

(1) A. Loiret, C 894, f. 231, 26 sept. 1789 et f. 234 r°, 9 oct. 1789.
(2 Devis des ouvrages à exécuter pendant l'année 1789 sur la route de Blois à Villefranche (atelier de la levée du Pré quarré au pont de Saint-Gervais). A. L.-et-Ch., C 21.
(3) V. Chap. VIII, § 1.

D'après le règlemen du 5 août 1787, c'était l'intendant qui devait juger s'il convenait ou non d'autoriser les demandes pour ces sortes de travaux, et son ordonnance devait être exécutée sauf l'appel au Conseil (1). Mais, sur ce point comme sur plusieurs autres, l'instruction adressée par le Roi aux Assemblées provinciales en novembre 1787 limita beaucoup les pouvoirs du commissaire départi.

« A l'égard des réparations et reconstructions des nefs des églises ou des presbytères, disait cette instruction, lorsque ces réparations seront demandées par l'Assemblée municipale de la paroisse, elle s'adressera à l'Assemblée ou Bureau intermédiaire de département, qui nommera les ingénieurs ou sous-ingénieurs du département, pour dresser les devis et détails estimatifs.

« Lorsque la demande sera formée par une partie seulement des habitants, ou par le curé seul, le mémoire sera présenté au Bureau intermédiaire de département, qui le fera communiquer à l'Assemblée municipale. Si l'Assemblée municipale consent aux reconstructions ou réparations demandées, le Bureau intermédiaire chargera l'ingénieur de dresser les devis. S'il y a contradiction ou opposition de la part de l'Assemblée municipale. alors, dans le cas où l'affaire ne pourrait être déterminée par le Bureau intermédiaire par voie de conciliation, elle deviendrait contentieuse, et le Bureau intermédiaire renverrait les parties à se pourvoir par devant M. l'intendant.

« Avant son jugement, M. l'intendant pourra nommer tel expert qu'il jugera à propos, pour constater l'état des lieux et éclairer sa religion; mais, son jugement rendu, il commettra toujours pour dresser les devis l'ingénieur du département » (2).

(1) Règl. 5 août 1787, 1ʳᵉ sect., art. ix. Ass. pr. Pr., pp. 34-35.
(2) Instr. nov. 1787, 2ᵉ partie. Ass. Pr., pp. 42-43.

Les adjudications de ces ouvrages étaient confiées au Bureau intermédiaire, qui devait y procéder en présence de l'Assemblée municipale intéressée (1).

L'Assemblée provinciale voulut encore étendre les pouvoirs de la nouvelle administration ; sur le rapport de sa commission des règlements, elle arrêta :

« (Art. 13). Que, dans le cas où les affaires relatives aux reconstructions ou réparations des églises et presbytères deviendraient contentieuses, l'expert nommé par M. l'intendant serait assisté de deux députés nommés par l'Assemblée de département ou par son Bureau intermédiaire.

« (Art. 14). Que, dans le cas où lesdites affaires seraient terminées par voie de conciliation, les ingénieurs, inspecteurs et sous-ingénieurs seraient également assistés des deux députés ou commissaires, pareillement nommés par l'Assemblée de département ou le Bureau qui la représente » (2).

Bien que cette décision ne reçut aucune approbation, elle fut cependant appliquée. En effet, à propos de la reconstruction du clocher de Saint Julien-de-Chédon, la Commission intermédiaire provinciale répondit au Bureau intermédiaire du département de se conformer aux instructions royales et « d'avoir égard au vœu de l'Assemblée provinciale, énoncé dans les articles 13 et 14 des arrêtés du 14 décembre 1787, sur lequel Sa Majesté n'a point encore prononcé ». Elle invitait, en outre, les Bureaux intermédiaires à « renvoyer aux municipalités les devis de reconstructions et réparations d'églises et presbytères, afin d'avoir leurs observations et leur consentement avant de mettre lesdits devis à exécution » (3).

A propos de la réception des ouvrages faits à l'église de

---

(1) Règl. 5 août 1787, 2ᵉ sect., art. viii. Ass. pr. Pr., p. 39.
(2) Ass. Pr., p. 320, 14 déc. 1787.
(3) A. Loiret, C 894, f. 18 v°, 21 mars 1788.

Maves, la Commission provinciale répondit au Bureau intermédiaire du département que « cette réception devait être faite par l'ingénieur du département et par devant un membre du Bureau intermédiaire délégué par lui à cet effet, et que les experts qui avaient dressé les devis, ainsi que les parties intéressées, devaient y être appelées » (1). A une nouvelle demande du Bureau intermédiaire, elle répondit « que les deux experts devaient être présents et que le paiement de leur vacation devait être ou à la charge de la paroisse ou à celle de l'entrepreneur, suivant les conditions du marché passé avec lui » (2).

Il est à présumer que toutes ces demandes étaient en partie occasionnées par le mauvais vouloir des ingénieurs à accepter le supplément de besogne que leur imposait le nouveau règlement. En effet, le Bureau intermédiaire de Blois et Romorantin dut signaler à la Commission intermédiaire « le refus que M. Rigolot, ingénieur des ponts et chaussées, avait fait de dresser les plans, devis et détails estimatifs des églises et presbytères qui avaient besoin d'être reconstruits ou réparés », et celle ci répondit que, conformément aux instructions envoyées par Sa Majesté, « M. Rigolot était obligé de faire tous les devis relatifs aux églises et presbytères dont il serait chargé par le Bureau intermédiaire, qui avait droit de le sommer à cet effet » (3).

Au sujet de la réception des ouvrages, l'Assemblée de département arrêta qu'elle « ne paraissait pas devoir être à la charge des adjudicataires et qu'en conséquence le Bureau intermédiaire devrait tâcher d'adopter une forme de réception qui n'entraînât aucun frais » (4).

(1) A. Loiret, C 894, f. 17 v°, 18 mars 1788, et f. 91 r° et v°, 3 sept. 1788. La Commission intermédiaire s'occupa aussi des réparations de l'église de Couddes. Ibid. f° 46 v°, 31 mai 1788.
(2) A. Loiret, C 894, f. 100 r° et v°, 22 sept. 1788.
(3) A. Loiret, C 894, f. 50 r°, 13 juin 1788.
(4) A. L.-et-Ch., C 4, f. 42 r°, 29 oct. 1788.

Ces questions étaient fort complexes, et les règles variaient suivant la nature des réparations et les parties de l'édifice à réparer. « L'expert..., dit le règlement du 5 août 1787, rédigera le devis, dans lequel il distinguera, s'il est question d'un presbytère, les réparations usufruitières qui sont à la charge des curés ou de leurs successions, d'avec les grosses réparations, et même celles de cette dernière espèce, qui, occasionnées par le défaut d'entretien, seraient, par cette raison, à la charge du curé. S'il s'agit des réparations d'une église, l'expert aura également soin de ne pas confondre avec les réparations de la nef et autres, qui sont à la charge des paroissiens, les réparations du chœur, celles du clocher suivant sa position, ni celles des chapelles seigneuriales » (1).

Aussi on peut penser que les difficultés d'interprétation n'étaient pas rares, et ces considérations rendaient bien plus difficile la surveillance dont était chargé le Bureau intermédiaire. Pour l'église de Soings, par exemple, l'Assemblée de département dut décider « que le Bureau intermédiaire veillerait spécialement à ce que l'accord fait entre le curé, les décimateurs et les paroissiens de Soings en Sologne, par lequel ils ont partagé les ouvrages de l'église et du presbytère qui sont respectivement à leur charge, ne préjudiciât point à la bonne construction desdits ouvrages » (2).

Ces règlements, concernant les constructions et réparations d'églises et de presbytères, étaient parfois appliqués à d'autres ouvrages à la charge des communautés. Ainsi nous voyons la Commission intermédiaire décider, à propos de la reconstruction d'un pont à Romorantin, que la dépense serait « répartie sur les habitants et proprié-

---

(1) Règl. 5 août 1787, 1re sect., art. IX. Ass. pr. Pr., pp. 34-35.
(2) A. L.-et-Ch. C 4, f. 42 r°, 29 oct. 1788.

taires, dans la forme adoptée pour les presbytères et nefs d'églises » (1).

(1) A. Loiret, C 894, f. 88 v°, 1" sept. 1788.

CHAPITRE X

AFFAIRES MILITAIRES.

I. *Casernement des troupes. Installation du régiment Royal-Comtois à Blois.* — Rôle de la Commission intermédiaire et de l'intendant pour l'ordonnancement des dépenses de casernement. — Pourparlers entre la ville de Blois et l'administration militaire pour l'installation d'un régiment d'infanterie dans cette ville. — L'installation du régiment Royal-Comtois est annoncée à la Commission intermédiaire Réserves de cette assemblée sur le paiement des dépenses. — Travaux exécutés au château de Blois pour le Royal-Comtois. — Fourniture des lits. Elle est au début à la charge des habitants. — Le nombre de lits demandés par l'administration militaire est trop considérable. Les lits inutiles sont conduits à Orléans. — Fournitures d'ustensiles, de bois et de chandelle. — Logement des officiers. Règlement. Logements du comte d'Autichamp, du baron de Busenval et du comte de Talleyrand. — Paiement des dépenses occasionnées par l'installation du Royal Comtois. La Commission intermédiaire demande des crédits supplémentaires. Il n'est pas accordé de nouveaux fonds. Acquittement des dépenses. — Règlement de police de la ville de Blois au sujet du Royal-Comtois. — Détachements du Royal-Comtois envoyés pour maintenir l'ordre à Romorantin, à Mer, à Vendôme et à Orléans. Règlement des dépenses. — Services rendus par le Royal-Comtois au moment de la crue de la Loire et de la construction de la route de Blois à Tours par la rive gauche. — Le Royal-Comtois est remplacé pendant quelque temps par le régiment de Chartres. — Installation d'un détachement du Royal-Cravattes à Chambord.

II *Les Milices*. — Les milices restent confiées aux intendants. — L'Assemblée de département demande que le tirage de la milice fasse partie de ses attributions.

1. *Casernement des troupes. — Installation du régiment Royal-Comtois à Blois*

Le casernement des troupes faisait partie des attributions de l'administration provinciale. Une circonstance rendit cette question particulièrement importante dans le département de Blois et Romorantin, c'est l'établissement à cette époque du régiment Royal-Comtois au château de Blois.

Les dépenses nécessitées par cette installation devaient être acquittées sur les « fonds des dépenses variables ». La Commission intermédiaire provinciale et l'intendant avaient chacun leur rôle dans l'ordonnancement de ces dépenses.

« L'intention de Sa Majesté, disait une instruction adressée par le contrôleur général, est que ces dépenses soient proposées et surveillées par la Commission intermédiaire; les fonctions de M. l'intendant sur cette partie se borneront à régler les fournitures de meubles et ustensiles dont les casernes doivent être garnies suivant les ordonnances de Sa Majesté. Lorsque ces fournitures auront été ainsi réglées, M. l'intendant pourra en adresser l'état à la Commission intermédiaire, qui passera les marchés nécessaires avec les fournisseurs et ouvriers et adressera ensuite ces marchés au ministre des finances, pour être homologués et approuvés » (1).

(1) Instruction concernant les fonds libres et les dépenses variables, 10 mars 1788. A. L.-et-Ch., C 32.

Le château de Blois était depuis longtemps abandonné par la cour et il était même, à cette époque, question de le démolir (1), lorsqu'on songea à l'utiliser en le convertissant en caserne

Le 3 janvier 1788, le major général de l'armée, Dumas, chargé d'ordres du Roi, se présenta à l'assemblée du corps de ville, accompagné du subdélégué Bourdon, chargé d'ordres du comte de Brienne, ministre de la guerre, et de l'intendant. « Il nous a exposé, dit le procès-verbal de cette séance, que l'intention du Conseil serait de former en cette ville l'établissement d'un corps de caserne, pour y loger à perpétuité un régiment d'infanterie de deux bataillons, s'il pouvait trouver un emplacement suffisant ; que d'après les renseignements qui lui ont été donnés, il a remarqué que le château royal de cette ville pourrait convenir à cet établissement, en y faisant les dépenses nécessaires ; à cet effet, le Conseil désirerait que, vu les avantages qui pourraient en résulter pour la ville, elle contribuât au moins pour partie aux dépenses, ou qu'au moins elle se chargeât de l'entretien annuel et usufruitier desdites casernes, nous observant que, cette proposition n'étant qu'un projet, il serait nécessaire que nous fissions une réponse par écrit contenant nos offres ».

« La ville, répondit l'assemblée municipale, ne peut voir qu'avec beaucoup de satisfaction le casernement d'un régiment d'infanterie dans son sein ; cet établissement permanent ne peut que contribuer au soulagement de l'état malheureux dans lequel elle se trouve. Elle se voit avec douleur dans la nécessité d'exposer qu'il lui est de toute impossibilité de contribuer à la dépense nécessaire en prenant sur ses revenus patrimoniaux ; leur état est tel qu'avec

---

(1) Un édit de février 1788 ordonnait la démolition des châteaux de La Muette, Madrid, Vincennes et Blois, s'ils ne trouvaient pas acquéreurs à prix convenable.

la plus stricte économie la recette a bien de la peine à s'accorder avec les dépenses. Les officiers municipaux espèrent que, si Sa Majesté accorde à la ville la propriété du château et de ses dépendances après l'établissement des casernes parfait, et s'il en résulte une exemption entière du logement des gens de guerre, leurs concitoyens contribueront annuellement pour les frais d'entretien, des grosses réparations et des réparations usufruitières » (1).

Les offres de la ville ne furent pas acceptées. En effet, le 25 mars, le commissaire des guerres, de Villemanzy, fait convoquer extraordinairement le bureau de ville pour lui communiquer les ordres du comte de Brienne, ministre de la guerre, au sujet du casernement du régiment Royal-Comtois, qui devait arriver le 13 avril. « Après avoir conféré avec nous, dit le procès-verbal, il nous a dit qu'il se chargeait de tout, que ledit régiment serait caserné au château de cette ville, que la seule chose dont nous devions nous charger était le logement des officiers pendant trois jours, après lequel temps les officiers seraient tenus de se loger à leurs frais, soit dans le logement qui leur aurait été fourni par la ville en s'arrangeant de gré à gré avec l'habitant ou en se logeant ailleurs ». L'Assemblée nomme ensuite un de ses membres, Butel, pour assister le commissaire des guerres à la prise de possession du château (2).

Le 12 avril seulement, jour de l'arrivée à Blois du Royal-Comtois (3), la Commission intermédiaire provinciale reçut « une lettre de M. le comte de Brienne, ministre de la guerre, du 5 avril 1788, sur le casernement des troupes dans la généralité d'Orléans et, en particulier, sur l'établissement d'une caserne dans le château de Blois ». La Commission arrête « qu'il serait répondu à M. le comte de

(1) A. Blois, BB 31, f. 67 r° et v°, 3 janv. 1788.
(2) A. Blois, BB 33, 25 mars 1788.
(3) V. A. Blois, BB 33, 31 mars 1788.

Brienne que les dépenses nécessaires qu'entraîneront les établissements qu'il projette, excèdent considérablement la partie des fonds variables de la généralité qui est affectée par décision de Sa Majesté au casernement des troupes, qu'en conséquence la Commission intermédiaire, qui sera toujours empressée de remplir les vues de ce ministre, ne peut exprimer son vœu sur cet objet, avant d'avoir appris de M. le contrôleur général l'étendue de ses pouvoirs et des ressources de la province » (1).

L'établissement du Royal Comtois au château de Blois nécessita des travaux importants. Malheureusement nous n'avons pu retrouver aucun document sur les réparations et les aménagements faits au château à cette époque. Nous savons seulement que ces travaux furent adjugés au sieur Guillon, l'entrepreneur qui se chargea de la plupart des travaux exécutés à Blois pendant la période révolutionnaire. Le 24 mai 1788, le sieur Guillon adressa à la Commission intermédiaire une requête pour le paiement de ces ouvrages (2). Le 28 juin, une lettre de l'intendant à la Commission intermédiaire nous apprend qu'il avait fait payer à cet entrepreneur un à-compte de 10.000 l. sur les fonds libres de la capitation de l'exercice 1787 (3). Le 7 juillet, la Commission intermédiaire autorisa le Bureau de département « à constater l'état des ouvrages faits dans le vieux château de Blois pour le casernement du régiment Royal-Comtois et à en faire faire la réception par le régiment, s'il y a lieu » (4). L'année suivante, on fit encore

(1) A. Loiret, C 894, ff. 23 v° et 24 r°, 12 avr. 1788.
(2) A. Loiret, C 894, f. 43 v°, 24 mai 1788
(3) A. Loiret, C 894, f. 59 v°, 28 juin 1788.
(4) A. Loiret, C 894, f. 64 r°, 7 juill. 1788. Parmi ces travaux il faut signaler la construction des latrines dans un bastion du château ; elle donna lieu à d'importants travaux et à de vives polémiques que nous avons déjà rapportées en détail. (*Une question d'hygiène municipales au XVIII° siècle*, Mémoires de la Société des Sciences et Lettres de Loir-et-Cher, t. XVIII, p. 63) ; nous n'y reviendrons pas.

des réparations, dont le Bureau intermédiaire de Blois et Romorantin envoya l'état à la Commission provinciale, qui l'autorisa à passer sans délai l'adjudication desdites réparations (1).

Dès que l'arrivée du Royal-Comtois fut décidée, il fallut s'occuper de la fourniture des lits, ce qui fut l'occasion de plusieurs difficultés. L'administration militaire traita avec un sieur Quinier pour cette entreprise; mais celui-ci déclara ne pouvoir s'en charger avant le premier mai, de sorte que la fourniture des lits devait être à la charge des habitants jusqu'à cette époque. Cette mesure, contraire à tout ce qui avait été dit précédemment, amena de vives protestations de la part de la municipalité (2). Cependant, malgré les regrets exprimés par le commissaire des guerres (3), elle dut s'incliner. Le 7 avril, il avait été offert par les habitants 374 fournitures de lits, qu'on décida de recevoir le lendemain au château. Le 11 avril, il ne restait plus à recevoir que 10 lits, pour lesquels les ordres nécessaires avaient été donnés. La municipalité arrêta « que MM. du Royal-Comtois seraient priés de se contenter du casernement dans l'état où il est, vu l'impossibilité de faire plus » (4).

Le 17 avril, une lettre du comte de Brienne prévient la Commission intermédiaire « que M. de Villemanzy, commissaire des guerres à Blois, vient d'arrêter avec le sieur Quinier la fourniture des lits pour le régiment de Royal Comtois, à raison de 14 l. par chaque lit, et celles des ustensiles à raison de 1.680 l. » (5). Le Roi devait

(1) A. Loiret, C 894, f. 246 v°, 12 nov. 1789.
(2) A. Blois, BB 33, 2 avr. 1788.
(3) A. Blois, BB 33, 3 avr. 1788.
(4) A. Blois, BB 33, 11 avr. 1788.
(5) A. Loiret, C 894, f. 25 r° et v°, 17 avr. 1788.

payer dix livres pour chaque lit; l'excédent était à la charge de la province (1).

Enfin, le 28 avril, l'entrepreneur demande à faire recevoir ses fournitures et la municipalité se transporte au château où elle procède, avec le major du régiment et le commissaire des guerres, à la réception des objets qui remplissaient les conditions requises, et même à la réception provisoire de quelques autres, « attendu la nécessité de restituer les fournitures bourgeoises » (2).

Plus tard, le 19 août 1788, la Commission intermédiaire reçut une lettre du comte de Brienne au sujet des marchés passés pour la fourniture des lits du régiment Royal-Comtois. Elle répond : « 1° que, suivant les ordonnances, le nombre des lits d'un régiment d'infanterie ne doit monter qu'à 585, et que la Commission intermédiaire ne voit pas la raison qui a pu engager le sieur de Villemanzy à porter ce nombre jusqu'à 700; 2° que le nombre de lits de trop a obligé de louer des magasins pour les loger, et que les lits ont été détériorés par l'humidité de ces magasins, et que les entrepreneurs demandent, outre le loyer tant des magasins que des lits, une indemnité pour les dommages que les lits ont souffert » (3).

Le 23 octobre 1789, elle arrête qu'elle « ne peut consentir audit marché sans la clause pure et simple de pouvoir faire conduire aux frais de l'administration, soit à Orléans, soit dans tout autre lieu de la généralité qui sera indiqué au sieur Quinier, le nombre de lits qui ne seront pas absolument nécessaires au quartier de Blois ou que les circonstances y pourraient rendre inutiles » (4).

Enfin, le 9 novembre 1789, la Commission intermé-

---

(1) A. Blois, BB 33, 3 avr. 1788.
(2) A. Blois, BB 33, 28 avr. 1788.
(3) A. Loiret, C 894, f. 83 r° et v°, 19 août 1788. V. aussi Ibid, ff. 91 v° et 92 r°, 3 sept. 1788.
(4) A. Loiret, C 894, f. 238 r°, 23 oct. 1789.

diaire approuve et signe le marché contenant toutes les conditions convenues entre elle et le sieur Quinier et, en particulier, celle précédemment énoncée (1).

La ville d'Orléans profita de cette clause. En effet, la Commission intermédiaire, « vu que le nombre des soldats dudit régiment [Royal-Comtois] qui sont actuellement à Orléans s'élève à plus de cinq cents et qu'ils doivent rester dans cette ville pendant un assez long espace de temps », arrête « qu'il sera écrit au sieur Quinier pour le charger de donner, sans aucune perte de temps, à son garde-magasin de Blois, les ordres nécessaires pour qu'il livre trois cents lits à la première réquisition des officiers municipaux d'Orléans » (2).

Le marché passé avec le sieur Quinier donna encore lieu dans la suite à des contestations et, le 5 janvier 1790, nous voyons cet entrepreneur demander qu'il lui soit payé 6.746 l. 16 s. 3 d. sur l'exercice de 1788 et 7.872 l. 4 s. sur celui de 1789, tandis que la Commission intermédiaire prétend qu'il ne lui est dû que 4.557 l. 3 s. 2 d. pour 1788 et 6.615 l. pour 1789

Il fallut également se procurer les diverses autres fournitures. Le 5 avril 1788, le commissaire des guerres, de Villemanzy, passa un marché pour les cruches, gamelles, baquets, civières à bras, lanternes, cognées, etc., et demanda à la ville d'en payer le montant, en déclarant « que le tout serait supporté par la province » (3). Le 17 mai, la Commission intermédiaire et l'intendant s'occupèrent d'un « supplément de fournitures relatif, soit à la fabrication du pain, soit au traitement des maladies du régiment Royal-Comtois » (4).

(1) A. Loiret, C 894, f. 244 r°, 9 nov. 1789.
(2) A. Loiret, C 894, f. 244 v°, 11 nov. 1789.
(3) A. Blois, BB 33, 5 avr. 1788.
(4) A. Loiret, C 894, f. 42 r°, 17 mai 1788. V. aussi Ibid., f. 51 v°, 7 juin 1788.

La fourniture de bois et de chandelle fut adjugée au sieur Gaudron. D'après le marché passé avec le commissaire des guerres, cet entrepreneur devait jouir de l'exemption de tous droits d'entrée pour toutes les fournitures qu'il s'était obligé de faire aux troupes en garnison dans le château, et il devait lui être fourni gratis un chantier, où il pourrait déposer les fournitures de bois nécessaires pour la consommation de la troupe. Ces conditions n'ayant pas été exécutées, il adressa une demande d'indemnité au Bureau intermédiaire du département, qui la transmit à la Commission provinciale. Celle-ci en référa au ministre en le priant de pourvoir à cette dépense, « soit en donnant des ordres pour la restitution des droits perçus par les commis du fermier, soit en assignant des fonds pour subvenir à l'insuffisance de ceux de la province » (1).

Les logements des officiers étaient aussi aux frais de la province « Ces logements, disait l'instruction adressée par le contrôleur général, étant réglés par les ordonnances du Roi à raison du grade des officiers généraux et autres qui sont employés dans les provinces, l'état en sera formé par M. l'intendant, qui l'adressera double tous les trois mois, tous les six mois ou tous les ans, au ministre des finances, afin qu'il puisse en ordonner le paiement par les receveurs généraux des finances; le double de cet état approuvé sera ensuite envoyé à la Commission intermédiaire par la voie de M. l'intendant, qui le lui fera passer avec une ordonnance du montant général de la dépense, pour le paiement de laquelle la Commission intermédiaire expédiera ensuite les mandats particuliers au profit de chacune des personnes dénommées dans le bordereau général » (2).

---

(1) A. Loiret, C 894, f. 210 r°, 6 juill. 1789. V. aussi la correspondance entre le sieur Gaudron, la c. i. et le b. i. A. L.-et-Ch., C 32.
(2) Instruction concernant les fonds libres et les dépenses variables, 10 mars 1788. A. L.-et-Ch., C 32.

Pour certains officiers généraux ces frais de logement pouvaient être assez élevés. Ainsi nous voyons, le 24 mai 1788, le major du régiment Royal-Comtois demander à la municipalité pour le comte d'Autichamp, maréchal de camp, « un logement commode, décent et meublé conformément à la nouvelle ordonnance de 1788, lequel logement pour quatre mois ne peut être moins de 1.200 l., nonobstant qu'il faut loger l'officier général, son aide de camp, un secrétaire et neuf domestiques, le tout aux frais de la province ». Un des échevins arrêta à ces conditions une maison située près de la cathédrale appartenant à Mme Chalons et la municipalité demanda à l'évêque de prêter ses écuries (1).

D'autre part, la Commission intermédiaire provinciale, sur la demande de l'intendant, écrivit au Bureau intermédiaire du département, pour l'autoriser à louer un logement pour le comte d'Autichamp, au prix le plus économique et conformément aux ordonnances du 1er mars 1768 et du 17 mars 1788 (2). Le Bureau intermédiaire déclara ne pouvoir ratifier les conventions faites par la municipalité (3) et arrêta « un logement pour le comte d'Autichamp, moyennant la somme de 900 l., pour les mois de résidence que ce maréchal de camp fera à Blois » (4).

Le 1er juin 1788, le baron de Pontlabbé, colonel du régiment Royal-Comtois, demande « au nom de M. le baron de Besenval, commandant de la province, un logement qui doit être fourni en nature par la ville ou la province » (5). Et, le 11 août 1788, la Commission intermédiaire autorise le Bureau de Blois et Romorantin « à faire

---

(1) A. Blois, BB 33, 24 mai 1788.
(2) A. Loiret, C 894, ff. 48 v° et 49 r°, 3 juin 1788.
(3) A. Blois, BB 33, 9 juin 1788.
(4) A. Loiret, C 894, f. 60 r°, 28 juin 1788.
(5) A. Blois, BB 33, 1er juin 1788.

préparer un logement à M. le comte de Talleyrand, lieutenant général, commandant de la division de l'intérieur du royaume, qui doit arriver à Blois le 15 du présent mois, pour faire son inspection, et un autre logement pour M. de La Grave, commissaire ordonnateur de la division » (1).

Le logement du comte de Talleyrand fut l'occasion d'un incident assez vif entre le commissaire des guerres Goudot, chargé d'y pourvoir, et le Bureau intermédiaire. Le duc de Luxembourg, président de l'Assemblée provinciale, écrivit lui-même au comte de Talleyrand, pour se plaindre des termes dans lesquels cet officier s'était adressé « à une assemblée qui est composée des trois Ordres et les représente dans son Bureau intermédiaire », et pour lui rappeler « les égards et le respect qu'il doit sous tous les rapports à une assemblée nationale et aux membres en particulier qui la composent » (2).

Mais la question qui préoccupa le plus la Commission intermédiaire fut le paiement des dépenses occasionnées par l'établissement du Royal-Comtois, qui excédaient de beaucoup les sommes prévues pour cet article du budget.

Quand la Commission intermédiaire apprit l'arrivée du Royal-Comtois, elle écrivit au contrôleur général « pour lui demander les moyens de faire les fonds nécessaires pour cet objet de dépenses variables » (3). A l'occasion du loyer du comte d'Autichamp, le Bureau intermédiaire fut chargé expressément d'insérer dans le bail qu'il passerait la clause suivante : « Pour être le prix dudit bail payé sur les fonds qui seront assignés par M. le contrôleur général, en cas d'insuffisance des fonds ordinaires affectés au caser-

---

(1) A. Loiret, C 894, f. 79 r° et v°, 11 août 1788.
(2) Lettre du duc de Luxembourg au comte de Talleyrand, 11 août 1788 (copie). A. L.-et-Ch., C 34.
(3) A. Loiret, C 894, f. 24 r°, 12 avr. 1788.

nement des troupes dans la généralité d'Orléans, compris dans l'état des dépenses variables de ladite généralité ». « La Commission intermédiaire, ajoute le procès-verbal, frappée de l'accroissement des dépenses que le casernement des troupes exigera dans la généralité et de la crainte trop fondée de ne pouvoir acquitter toutes ces dépenses sur les fonds actuels des dépenses variables, dont elle ne peut augmenter l'étendue, a arrêté que cette clause sera insérée dans tous les marchés relatifs aux mouvements et casernement des troupes, qui seront à l'avenir passés au nom de l'administration » (1).

Le 11 juillet 1788, le duc de Luxembourg fait à la Commission intermédiaire un rapport « de tous les objets qui concernent l'établissement du régiment Royal-Comtois et les dépenses faites et à faire pour cet établissement ». La Commission arrête « que M. le duc de Luxembourg sera prié de vouloir bien interposer ses bons offices auprès du ministre des finances et du ministre de la guerre, pour qu'il soit assigné tous les fonds nécessaires au service du casernement dans la généralité, vu que le fonds des dépenses variables déterminé par M. le contrôleur général est insuffisant pour répondre à l'augmentation des dépenses occasionnées par l'établissement du nouveau régiment, et que, d'ailleurs, il est de toute impossibilité de faire sup porter ces frais à la province » (2).

A plusieurs reprises, le directeur général des finances écrit à ce sujet et le Bureau intermédiaire de département est chargé de faire des enquêtes, de donner son avis et ses observations, de faire faire des devis et détails estimatifs des ouvrages, d'examiner les marchés, etc. (3).

Le 23 mai 1789, il est rendu compte « d'une lettre de

(1) A. Loiret, C 894, ff. 48 v° et 49 r°, 3 juin 1788.
(2) A. Loiret, C 894, f. 68 v°, 11 juill. 1788.
(3) A. Loiret, C 894, ff. 75 v°, 192 r°, 31 juill. 1788, 19 mai 1789.

M. le directeur général des finances, à laquelle était joint un état des ouvrages nécessaires pour perfectionner l'établissement du casernement dans le château de Blois, dont le prix s'élève à 64.064 l. 4 s. 10 d. Le ministre annonce que le tiers de cette dépense sera acquitté sur les fonds du département de la guerre et qu'enfin, après les arrangements pris à ce sujet, il ne reste à la charge de la province que la somme de 11.783 l. 8 s. 1 d. » (1).

Le ministre ne jugea pas convenable d'assigner de nouveaux fonds pour le paiement de cette dépense. Pour l'exercice 1788, les dépenses qui n'avaient pu être acquittées sur les fonds variables furent imputées par décision du Conseil sur les fonds libres de la capitation et sur les fonds variables de 1789. Pour l'exercice 1789, le ministre envoya deux bordereaux de dépenses, l'un de 12.910 l. 18 s. 11 d. à imputer sur les fonds libres, dont le montant fut entièrement acquitté, et l'autre sur les fonds variables montant à 17.635 l. 13 s., sur lequel il n'avait encore été payé, en 1790, que 9.489 l. 12 s 9 d. (2).

Le régiment Royal-Comtois rendit à cette époque de grands services pour le maintien de l'ordre à Blois et dans les villes voisines. Dès son arrivée à Blois, la municipalité prit, avec le major du régiment et le commissaire des guerres, une série de mesures destinées à employer ces militaires au maintien de la sûreté publique et, d'autre part, à éviter les désordres que pourraient eux-mêmes causer les soldats.

En effet, le 11 avril 1788, la municipalité arrête « qu'il serait proposé à M. le major deux corps de garde, l'un

(1) A. Loiret, C 894, f. 193 v°, 23 mai 1789.
(2) Compte-rendu par la c. i. des fonds remis à sa disposition pendant les années 1788, 1789 et 1790, p. 13 et p. 15. A. L.-et-Ch., C 31.

situé près de l'hôtel de ville, qu'il ferait abandonner lors du passage des troupes, l'autre au Pied-du quartier (1); qu'il serait prié de se contenter pour le moment des lieux dans l'état où ils sont, vu qu'il n'était pas possible de faire autrement; qu'il serait encore prié de vouloir bien ordonner des patrouilles par la ville depuis la retraite battue jusqu'à dix heures du soir, pour la sûreté publique, et empêcher les buveurs de rester plus longtemps dans les cabarets ; de faire battre un ban pour défendre aux soldats d'aller se promener à travers les vignes ; de vouloir bien déterminer les limites que les soldats ne pourront passer, pour éviter qu'ils aillent dans les villages circonvoisins ; de leur défendre de rien exiger de l'habitant que de gré à gré et en payant ; de défendre aux habitants de faire aucun crédit sous peine de perdre leur dû ; de vouloir bien consigner à messieurs les officiers et sergents de garde de prêter main-forte aussitôt qu'elle sera demandée, d'arrêter sur le champ les bourgeois qui feraient du tapage, de faire mettre les bourgeois au corps de garde pour en être décidé selon le délit et par juge compétent » (2).

Ce fut surtout au moment des désordres de 1789 que l'intervention du Royal Comtois fut utile. Nous avons vu que, lors des troubles de Romorantin, un détachement de 50 hommes avait été envoyé dans cette ville (3) ; un autre détachement y fut sans doute envoyé vers la même époque. Quelque temps après, la municipalité de Romorantin écrivit à la Commission intermédiaire « pour demander le remboursement des dépenses faites pour les deux détachements du régiment Royal-Comtois ». Mais la Commission intermédiaire répondit « que cette espèce de dépense devait être à la charge des villes, et que, la partie des

(1) Aujourd'hui place du Marché-Neuf.
(2) A. Blois, BB 33, 11 avr. 1788.
(3) V. plus haut, chap. VIII, § 2

fonds de la province qui devait être employée au casernement des troupes ayant une destination fixe, la Commission intermédiaire n'avait à sa disposition aucune somme pour les dépenses extraordinaires de ce genre » (1).

Vers la même époque, un détachement du Royal-Comtois fut envoyé à Mer « pour y maintenir l'ordre et la tranquillité ». La municipalité envoya aussi à la Commission intermédiaire un mémoire de la dépense qui s'élevait à 392 l. 20 s., mais cette fois le contrôleur général des finances écrivit à la Commission intermédiaire pour l'engager de pourvoir au remboursement de cette somme. La Commission déféra cet objet au subdélégué général Le Marcis, « pour lui faire part de l'insuffisance des fonds destinés à l'acquittement des dépenses du casernement dans la généralité et lui demander si le département des subsistances ne l'aurait pas mis à portée de venir au secours des municipalités qui se trouveraient dans le cas d'acquitter des dépenses semblables » (2).

Des détachements furent même envoyés en dehors du département. Ainsi nous voyons un « détachement de 150 hommes du régiment Royal-Comtois en quartier à Blois, qui a été envoyé à Vendôme à l'effet de maintenir l'ordre et les émeutes » (3). Nous avons vu aussi, par un mémoire de la municipalité d'Orléans, qu'à la fin de 1789, plus de 500 hommes du Royal-Comtois se trouvaient dans cette ville (4).

Il semble que, dans toutes ces circonstances, le régiment intervint toujours avec beaucoup de modération, et, dans les troubles qui agitèrent alors le département, il n'y a à signaler aucune effusion du sang. D'ailleurs, les hommes

---

(1) A. Loiret, C 894, f. 228 r°, 16 sept. 1789.
(2) A. Loiret, C 894, f. 231 r°, 26 sept. 1789.
(3) A. Loiret, C 894, f. 164 r°, 20 mars 1789.
(4) V. plus haut, p. 324.

du Royal-Comtois furent parfois employés à des travaux plus pacifiques. Nous avons vu que, lors de l'inondation de 1789 et de l'ouverture de la route de Blois à Tours par la rive gauche, après la chute du pont de Tours, ils rendirent de grands services (1). « Il n'est pas douteux, écrivirent les députés de la Commission intermédiaire au ministre de la guerre, que c'est par les soins de ce régiment, par la célérité et l'activité de son travail, qu'une partie considérable de la ville a été préservée d'une submersion qui semblait inévitable. MM. les officiers donnaient eux-mêmes l'exemple, et c'est principalement au zèle de M. de La Cotterie, capitaine commandant le régiment, au bon ordre et à la discipline qu'il a fait observer dans ce travail dangereux, que l'on doit les heureux effets dont il a été suivi » (2).

En 1788, le Royal Comtois quitta la ville pendant quelque temps. En effet, les registres municipaux nous apprennent que, « le 11 août 1788, le régiment Royal-Comtois a quitté son quartier pour se rendre, par ordre du Roi, à Poitiers »; que, « le 14, le régiment de Chartres a remplacé le régiment Royal-Comtois et est entré directement à son quartier sans passer dans la ville »; et que, « le 24 septembre 1788, le régiment Royal-Comtois rentre à sa garnison au château après avoir rendu les honneurs à la ville » (3).

Le château de Chambord fut aussi, à cette époque, occupé par des militaires. Le 11 mai 1790, une lettre du subdélégué général de l'intendance « prévient la Commission intermédiaire des ordres donnés par M. le comte

---

(1) V. plus haut, p. 308.
(2) Lettre de la c. i. au comte de Puységur, ministre de la guerre. A. Loiret, C 206.
(3) A. Blois, EB 33, 11 et 14 août et 24 sept. 1788.

de La Tour du-Pin, concernant l'établissement à Chambord d'un détachement de 30 hommes du régiment Royal-Cravattes ». La Commission intermédiaire arrête « qu'il sera écrit sur le champ au Bureau intermédiaire de Blois, pour lui donner avis de l'arrivée de ce détachement, qui doit être rendu à sa destination le 17 de ce mois, afin que le Bureau intermédiaire prenne, de concert avec le commissaire des guerres résidant à Blois, les mesures convenables pour l'emplacement de ces troupes » (1).

II. *Les Milices*

L'intendant seul avait à s'occuper des milices. « Le tirage de la milice, disait l'instruction envoyée par le contrôleur général à la Commission intermédiaire, est une opération purement militaire, qui doit continuer d'être faite sous les ordres de M. l'intendant. Les frais de cette opération sont réglés par l'ordonnance du Roi ; on y ajoute quelques gratifications pour les maréchaussées qui sont employées à maintenir le bon ordre pendant le tirage. L'état de ces frais sera arrêté par M. l'intendant et le paiement sera effectué dans la forme prescrite pour toutes les autres dépenses.

« Quant à la fourniture du petit équipement, lorsque les circonstances pourront exiger qu'elle soit effectuée, M. l'intendant fera connaître à la Commission intermédiaire en quoi cette fourniture doit consister d'après l'ordonnance du Roi, et la Commission intermédiaire passera les marchés pour cet objet » (2).

L'Assemblée de département protesta contre cette

---
(1) A. Loiret, C 895, 3ᵉ cahier, 11 mai 1790.
(2) Instruction concernant les fonds libres et les dépenses variables, 10 mars 1788. A. L.-et-Ch., C 32.

instruction, qui lui déniait toute compétence sur ce sujet. Le vicomte de Beauharnais, dans son rapport présenté au nom du bureau des règlements et affaires extraordinaires, dit :

« Un extrait des instructions particulières du Conseil, que la Commission intermédiaire a fait passer au Bureau, à l'article *levée et petit équipement des régiments provinciaux*, met l'Assemblée dans le cas de faire passer par la Commission intermédiaire le vœu que le tirage de la milice soit fait dorénavant sous les ordres de l'Assemblée provinciale. Cette opération, que les instructions du Conseil regardent comme purement militaire, est plutôt une opération nationale, susceptible de profiter des avantages attachés aux Assemblées provinciales ».

Et l'Assemblée arrête « que Sa Majesté sera suppliée de vouloir bien considérer que, l'obligation de tirer à la milice étant un des impôts les plus rigoureux, puisqu'il affecte la personne, et dans la répartition duquel il conviendrait que la justice la plus rigoureuse fût observée, il serait convenable d'en confier l'exercice aux Assemblées provinciales et, par suite, à celles de département » (1).

Aucune suite ne fut donnée à ce vœu de l'Assemblée de département.

(1) A. L.-et-Ch., C 4, fl. 42 v° et 43 r°, 29 oct. 1788.

CHAPITRE XI

AGRICULTURE. — BIEN PUBLIC.

I. *Agriculture.* — Rapport sur l'agriculture à l'Assemblée provinciale. État de la Sologne. Élevage des bestiaux Insalubrité du climat. — Rôle de l'Assemblée de département au point de vue de l'agriculture. — Instructions de la Commission intermédiaire sur diverses questions agricoles (ouvrage de Parmentier et Dransy sur la conservation et mouture du blé, ouvrage de d'Aubenton sur les bergeries ; retenues d'eau, retard des semences, commerce des laines, ruches). — Enquête sur la population, l'agriculture, le commerce, les impositions, les hôpitaux et les prisons. — L'Assemblée de département s'occupe de cette enquête Réponses données par les municipalités. — Le contrôleur général des finances entreprend une enquête sur l'état de la récolte de 1789 comparée à celle de 1788. — Envoi de graines de turneps et de diverses instructions — Culture des pommes de terre. — Mesures contre la disette des grains. Proposition d'établir un grenier public à Romorantin. Établissement d'un marché à Salbris.

II. *Forêts. Industrie. Questions diverses.* — Mémoire présenté à l'Assemblée de département sur les forêts. — Échange de la forêt de Russy avec le comte d'Espagnac. — Ravages causés par les sangliers et les loups de la forêt de Russy. — Destruction des loups. — État de l'industrie dans le département. — L'Assemblée provinciale s'occupe de la manufacture de Romorantin. — Elle est menacée de perdre l'habillement des troupes. — Mémoire présenté à l'Assemblée de département sur les chirurgiens et les sages-femmes. —

Cours d'accouchement. — Epidémie causée par le poisson mort. — Mesures contre la morve. — Cimetière des non-catholiques. — Changement d'emplacement de la foire de Blois. — Traitement des curés. — Enquête sur les poids et mesures entreprise par la Commission intermédiaire. — Mémoire présenté à l'Assemblée de département sur la perception des aides.

I. *Agriculture*

L'administration provinciale ne chercha pas seulement à soulager momentanément la misère par la distribution de secours et d'ateliers de charité, elle aurait voulu développer la prospérité économique de la région par l'amélioration de l'agriculture et de l'industrie.

La sixième partie de l'instruction adressée par le Roi à l'Assemblée provinciale de l'Orléanais était consacrée à l'agriculture, et cette assemblée s'occupa longuement des questions agricoles. Le rapport du « bureau du bien public » sur l'agriculture est un travail tout à fait remarquable, où il faut sans doute reconnaître l'influence de Lavoisier, qui faisait partie de ce bureau. Une importante partie de ce rapport est consacrée à la Sologne.

« C'est ici le lieu, Messieurs, disait-il, de nous entretenir de l'agriculture de la Sologne, la partie la moins fertile et peut-être la plus pauvre de cette généralité. Un sable aride la recouvre dans presque toute son étendue; au-dessous de ce sable est une terre glaiseuse qui retient l'eau. La marne a été employée avec quelques succès pour améliorer ces terres; mais on n'en trouve pas partout de bonne qualité; elle est souvent pierreuse, et celle même qui paraît la meilleure n'est pas toujours celle qui conviendrait le mieux au terrain qu'on se propose de fertiliser.

« Une partie de cette province est en vaine pâture où l'on emblave, de loin en loin, du seigle et du blé noir;

encore serait-il à souhaiter qu'on défrichât moins et qu'on cultivât mieux; que les fumiers fussent répandus sur une moindre surface de terrain. Les propriétaires qui ont suivi cette méthode ont eu lieu de s'en applaudir ».

Le rapporteur fait ensuite ressortir la valeur de la laine de la Sologne. « Vous voyez, dit-il, que, quoique la Sologne soit une province peu fertile, elle n'est pas dénuée de tous avantages; qu'à défaut de ressources du côté du sol, elle en a trouvé dans l'éducation et dans l'entretien des bestiaux : il faut bien se garder de vouloir contredire cette indication de la nature et de chercher à y introduire un genre de culture qui serait moins bien adopté à sa localité ».

Le rapporteur recherche donc les moyens d'améliorer les pâturages et ceux de perfectionner la qualité des laines par des achats de béliers et par le choix des accouplements. Il parle aussi des épizooties, qui ravageaient fréquemment les troupeaux de cette région, et il recommande la propreté et l'aération des étables et des bergeries. Mais ce seraient, si l'opinion d'un auteur de l'époque était reconnue exacte, la taille et la gabelle les véritables causes de la décadence de la Sologne.

« Le climat de la Sologne, dit-il encore, est malsain, et, si nous ne vous en parlons pas, ce n'est pas que nous cherchions à ménager votre sensibilité. M. de La Géard, l'un de vos procureurs-syndics, nous a déjà instruits que la vie moyenne des hommes en Sologne était plus courte que dans le reste de la généralité. Quelle affligeante vérité! Mais la cause de l'insalubrité du climat est connue; elle tient à l'impénétrabilité du sol, à la stagnation des eaux, qui forme de toute cette province une espèce de marais pendant l'hiver ». Il propose, comme remède, d'établir « un canal qui traverserait cette province, rassemblerait les eaux et leur procurerait un écoulement » (1).

(1) Ass. Pr., pp. 237 à 244, 7 déc. 1787.

Il n'entre pas dans notre plan d'étudier complètement ce rapport, et, comme il a été publié avec les procès-verbaux de l'Assemblée provinciale, nous ne pouvons que renvoyer à cet ouvrage. Signalons aussi le mémoire de M. de Froberville sur la Sologne (1), dont nous avons déjà parlé, qui fut présenté à l'Assemblée provinciale et reçut ses félicitations.

Quant à l'Assemblée de département, bien que cette question de l'agriculture de la Sologne l'intéressât particulièrement, elle ne suivit pas la voie que lui avait tracée l'Assemblée provinciale, et il ne fut nullement question de ce sujet dans ses séances. Mais le Bureau intermédiaire eut dans plusieurs circonstances à s'occuper de questions agricoles ; il n'étudia toutefois que quelques points particuliers et fut loin d'exécuter le programme d'importantes réformes projeté par l'Assemblée provinciale.

Le 7 janvier 1788, le Bureau intermédiaire du département reçut des procureurs-syndics provinciaux des instructions sur diverses questions. Ils recommandaient au Bureau du département de se procurer l'ouvrage de Parmentier et Dransy, imprimé par ordre des États de Languedoc, sur la conservation et la mouture des blés. « Les principes d'économie qu'il renferme, disaient-ils, sont importants à saisir. Ils tendent à préserver la denrée des maladies et des avaries auxquelles elle est si sujette, et à tirer de sa mouture des produits et des résultats plus forts et à moins de frais que par le passé ». Ils conseillaient, en conséquence, de « le communiquer aux propriétaires des moulins qui voudraient y puiser des connaissances nouvelles sur l'art de la mouture et sur les autres parties qu'il renferme ».

Ils conseillaient aussi « l'acquisition de quelques exem-

(1) Huet de Froberville, *Vues générales sur l'état de l'Agriculture dans la Sologne et les moyens de l'améliorer*. Orléans, 1788.

plaires de l'instruction publiée par M. d'Aubenton, sur les bergeries », et recommandaient de les communiquer aux propriétaires qui faisaient valoir par eux-mêmes et aux cultivateurs aisés du département, et « de faire en sorte de les décider à se conformer aux principes donnés par l'auteur ».

Ils demandaient ensuite de prendre des renseignements dans toute l'étendue du département sur les *retenues d'eau*, « l'administration ayant reçu précédemment des plaintes réitérées de la part des propriétaires voisins qui avaient à craindre des inondations et les autres dangers qui en sont la suite ».

Au sujet des pluies continuelles qui avaient considérablement retardé les semences de l'année, « il est à craindre, disaient-ils, que ce retard et le temps pendant lequel on a été forcé de les faire, n'altèrent leur qualité et ne nuisent à leur végétation. L'Assemblée provinciale vous demande encore, Messieurs, de vouloir bien prendre des renseignements à ce sujet, de vous concerter avec les cultivateurs, et de lui faire connaître les besoins de l'agriculture et la nature des secours qu'elle pourrait attendre de l'administration ».

Enfin, ils priaient les députés du département de se faire remettre des échantillons de laines prises sur les bestiaux élevés dans le département et de les leur faire passer, et ils leur demandaient de faire faire, dans l'étendue de leur département, des états de toutes les ruches qui s'y trouvaient et d'enjoindre aux municipalités de faire appuyer ces états du certificat des curé et syndic de chaque lieu, « l'Assemblée provinciale désirant prendre les connaissances les plus précises sur ce genre de production, afin de pouvoir statuer sur les encouragements dont il pourrait avoir besoin » (1).

(1) Lettre des p.-s. pr. au b. i., 7. janv. 1789. A. L.-et-Ch., C 34.

Le 22 septembre 1788, le Bureau intermédiaire recevait une nouvelle lettre de la Commission provinciale qui établissait une vaste enquête dans les départements, sur la population, l'agriculture, le commerce, les impositions, les hôpitaux, les prisons (1). Voici quelles étaient les questions posées sur ces différents points :

Population

« Demander à chaque syndic de municipalité un état de population divisé par sexe et par deux époques d'âge, celui d'adulte et celui de l'enfance.

« S'il y a des maladies qui se manifestent dans certain temps de l'année ; à quoi on les attribue, et si le local est sain.

« Le nombre à peu près des enfants trouvés et où on les envoie.

« La quantité d'hommes que chaque municipalité fournit à la milice.

Agriculture

« Quelle est l'agriculture de chaque canton ou municipalité ; les distinguer d'abord en pays de grande ou petite culture ; puis spécifier toutes les espèces de récoltes qu'on y fait.

« S'il y a quelque vice dans la manière d'agriculturer.

« Quels sont les instructions ou les encouragements qu'il faudrait donner.

« Le nombre des marchés, ceux qu'il faudrait établir, et s'il y aurait des communications à ouvrir qui, en donnant des débouchés ou par des canaux ou par des chemins, procureraient une plus grande prospérité.

(1) Lettre de la c. i. au b. i., 22 sept. 1788. A. L.-et-Ch., C 35.

Commerce

Spécifier, autant qu'il se pourra, l'espèce, la force et l'étendue du commerce qui a lieu dans le département, soit en denrées, soit en objets d'industrie.

« L'espèce et le nombre des manufactures, la quantité de bras qu'on y emploie, et où s'exporte le produit.

« Faire connaître si elles sont dans un état de dépérissement, et quelles en sont les causes. Indiquer les entraves ou règlements abusifs qui empêchent leur accroissement, et en même temps les remèdes qu'on pourrait solliciter auprès du gouvernement.

[Nous avons déjà rapporté les questions concernant les impositions (1).]

Hôpitaux

« Quel est le nombre des hôpitaux, hospices ou établissements de charité ou de correction qui se trouvent dans le département.

« La quantité, à peu près, des malades qui y sont reçus pendant l'année.

« A qui ces maisons sont confiées, et si le régime n'a rien en quoi il puisse être perfectionné.

Prisons

« Le nombre des prisons civiles ou criminelles, leur situation, leur régime.

« Examiner s'il y a des distributions particulières pour les criminels malades : enfin s'il ne se trouve rien dans cette partie, tant pour la forme que pour le fond, qui puisse blesser l'humanité » (2).

A la session de l'Assemblée de département de 1788, le

---

(1) V. p. 96.
(2) Questionnaire adressé par la c. i. au b. i., A. L.-et-Ch., C 35.

vicomte de Beauharnais, dans un rapport présenté au nom du bureau « des règlements et affaires extraordinaires » (1), mit l'Assemblée au courant des différentes demandes et recommandations adressées par l'administration provinciale.

« Beaucoup de lettres, dit-il, ont été déjà adressées aux municipalités. Les réponses qui sont arrivées indiquent surtout pour la Sologne une dépopulation effrayante et rapide, et offrent des vœux pour les chemins et des moyens de salubrité pour l'écoulement des eaux ».

L'Assemblée arrêta : « qu'on se procurerait l'ouvrage de M. Parmentier, qu'on écrirait à diverses municipalités pour avoir des échantillons de laines et des notions sur les ruches » (2).

Les renseignements fournis par quelques paroisses sont conservés aux archives de Loir-et-Cher (3) ; d'autres se trouvent dans les cahiers de délibérations municipales. Ils indiquent la population de la paroisse en hommes et femmes, enfants et adultes. Ils donnent des renseignements sur la qualité des terres, le genre de culture qui y est pratiqué, le mode d'exploitation (propriétés exploitées par les propriétaires de la paroisse, par les propriétaires étrangers, par des fermiers), contiennent des réclamations sur les chemins. Mais les paroisses dont nous connaissons les réponses sont trop rares et les indications données trop peu précises pour pouvoir en tirer des conclusions.

En 1789, le Contrôleur général fit entreprendre dans toute la France, par les Commissions et Bureaux intermédiaires, une enquête générale sur les récoltes de l'année. Il jugeait impossible de connaître « le produit réel de la ré-

(1) A. L.-et-Ch., C 4, f. 42 v°, 29 oct. 1788.
(2) A. L.-et-Ch., C 4, f. 43 r°, 29 oct. 1788.
(3) A. L.-et-Ch., C 15, 16-17.

colte », mais ce qu'il désirait, c'était, disait-il, « que l'on pût connaître jusqu'à quel point notre position sur l'objet des récoltes pouvait être plus avantageuse en 1789 qu'en 1788 ».

Pour cela il proposait de choisir « deux champs de la même étendue, de la même fertilité, et tous deux situés dans le même canton, l'un ensemencé en blé en 1788, l'autre aussi ensemencé en blé en 1789 ». « Si l'on constatait, disait-il, que l'arpent récolté en 1788 a produit 50 gerbes, qui ont donné 240 livres pesant en grains, et que celui récolté en 1789 a produit 100 gerbes, qui ont donné en grains 360 livres pesant, alors on pourrait en conclure que dans tel canton le produit des gerbes a été double, mais que la récolte en grains n'a été que la moitié en sus de l'année précédente... La même opération, répétée sur un certain nombre de points de la superficie d'une province, pourrait mettre à portée de comparer les récoltes de cette même province pour les deux années 1788 et 1789 » (1).

La Commission intermédiaire provinciale arrêta « que, pour empêcher le retour des maux causés par l'imprévoyance, toutes les municipalités formeraient, d'après la plus juste appréciation, des états de la dernière récolte ; qu'elles adresseraient lesdits états aux Bureaux intermédiaires, qui les feraient parvenir à la Commission intermédiaire provinciale, afin qu'elle puisse faire la comparaison des ressources avec les besoins et solliciter à temps des secours s'il était nécessaire » (2). Mais nous ignorons quel fut le résultat de cette enquête ; nous n'avons trouvé aucune pièce relative à ce sujet.

L'administration provinciale ne se contenta pas de

---

(1) Lettre du contrôl. gén. à la c. i., 31 août 1789 (copie). A. L. et-Ch., C 34.
(2) A. Loiret, C 894, f. 227 r° et v°, 9 sept. 1789.

recueillir des renseignements sur l'état de l'agriculture ; elle prit différentes mesures pour l'améliorer et notamment pour encourager certaines cultures nouvelles.

En 1788, elle fut chargée par le gouvernement d'une distribution de graines de turneps. La Commission intermédiaire provinciale en envoya 50 livres au Bureau du département, qui fut chargé de les distribuer gratuitement dans les paroisses. « Si vous ne trouviez pas dans les cultivateurs, écrivaient les députés de la Commission intermédiaire, de l'empressement à s'en procurer, soit parce que les prairies ont donné l'année dernière d'abondantes récoltes, soit parce que la saison s'annonce sous d'heureuses apparences, vous leur persuaderez aisément qu'il est de leur intérêt de chercher à multiplier les ressources qui assurent une nourriture saine aux bestiaux, que c'est le seul moyen de faire des élèves et de se procurer des engrais pour former les terres. Cette culture des turneps paraît d'autant plus importante, qu'ils se sèment dans les jachères, que leur racine ameublit le sol et le rend propre à recevoir le blé... » (1).

Le controleur général avait envoyé en même temps à la Commission intermédiaire « plusieurs instructions destinées particulièrement à éclairer les habitants des campagnes :

« 1° sur la culture des turneps ;

« 2° sur les prairies artificielles ;

« 3° sur la culture, l'usage et les avantages de la betterave champêtre ;

« 4° sur le parcage des bêtes à laine ;

« 5° sur les moyens de secourir les noyés, etc. ».

Des exemplaires de petit format furent distribués ;

---

(1) Lettre de la c. i. au b. i., 15 mai 1788. A. L.-et-Ch., C 34.

d'autres furent affichés dans les lieux où les municipalités tenaient leurs séances (1).

L'année suivante ce fut la culture des pommes de terre, toute récente encore, qui attira l'attention de l'administration provinciale.

« Le gouvernement, attentif à saisir tout ce qui peut être avantageux et utile aux hommes en multipliant les moyens de subsistance, écrivaient les procureurs-syndics provinciaux, vient de faire imprimer un traité sur la culture des pommes de terre, de la patate et du topinambour, composé par M. Parmentier. Cet ouvrage est terminé par un résumé, qui contient tout ce qu'il y a d'essentiel dans le livre. Il forme une instruction pratique à l'usage des habitants de la campagne, et la Commission intermédiaire a cru devoir le faire imprimer, afin de lui donner la plus grande publicité. Nous avons, en conséquence, l'honneur de vous envoyer ci-joints des exemplaires, afin que vous puissiez en faire passer à chacune des municipalités de votre département, en chargeant les syndics de prendre des mesures pour mettre les habitants des paroisses à portée de profiter des avantages que présente cette culture » (2).

L'administration du département eut aussi à s'occuper de certaines mesures proposées pour remédier à la disette des grains. En 1788, le Bureau intermédiaire de Blois et Romorantin propose « un règlement qui autorise les décimateurs de la Sologne à payer cette année en argent le gros des curés, qui doit être fourni en nature, et fasse défense à ceux qui auraient du seigle de la récolte de 1788 de l'employer à tout autre usage qu'à la semence de l'année prochaine ». Mais la Commission intermédiaire arrêta

(1) Lettre de la c. i. au b. i., 15 mai 1788. A. L.-et-Ch., C 34.
(2) Lettre des p.-s. pr. au b. i., 27 avr. 1789. A. L.-et-Ch., C 34.

« que l'objet de cette demande était étranger à l'administration provinciale et que d'ailleurs le règlement proposé porterait atteinte aux droits de la propriété et serait injuste dans son principe » (1).

Il fut aussi question à cette époque de l'établissement de greniers publics à Romorantin. C'est un propriétaire des environs de cette ville, M. de Ramaceul, seigneur de La Gaudinière, qui avait pris l'initiative de ce projet dans une lettre adressée au contrôleur général. Après avoir rappelé que les pluies de l'hiver précédent avaient détruit toutes les récoltes et que les cultivateurs n'avaient pas même recueilli leurs semences, « Sa Majesté, disait-il, pourrait faire établir des greniers publics à Romorantin, où les préposés à cet effet feraient serrer des *blés seigles*. (N. B. Il ne faudrait point de blé froment) au compte du gouvernement. Il serait libre aux propriétaires d'aller y recevoir ce qui leur serait nécessaire pour leurs semences, et même pour celles de leurs fermiers et colons, sous la garantie néanmoins des dits propriétaires. Les quotités fournies seraient réglées sur les besoins connus et discutés de chaque cultivateur qui se ferait inscrire. Les propriétaires se soumettraient de rendre dans lesdits greniers, à la récolte prochaine, pareille quantité de grains ; il serait facile de prendre des précautions pour assurer au Roi la rentrée de ses avances et frais de magasinage, en établissant en faveur de Sa Majesté des privilèges, dus au bienfait qu'il accorderait à ses cultivateurs, et quelques droits, dont la modicité pût indemniser le Roi sans grever les propriétaires » (2).

La Commission intermédiaire provinciale arrêta « qu'il serait répondu sur cet objet à M. le directeur général,

(1) A. Loiret, C 894, f. 78 v°, 6 août 1788.
(2) Lettre de M. de Ramaceul au dir. gén., 5 sept. 1788 (copie). A. L.-et-Ch., C 34.

d'après les renseignements fournis par le Bureau intermédiaire et ses avis et observations » (1). Nous ne croyons pas cependant qu'il ait été donné suite à ce projet.

L'année suivante ce furent les habitants de Salbris qui, « vu les refus qu'on leur faisait dans les marchés circonvoisins de leur permettre de s'approvisionner des grains nécessaires à leur subsistance », établirent un marché, qui eut lieu avec succès, et demandèrent, en conséquence, « d'être autorisés à le continuer » (2). Nous ignorons la réponse du Bureau intermédiaire.

II. *Forêts. Industrie. Questions diverses*

Les questions forestières préoccupèrent aussi l'Assemblée de département. En 1788, elle examina un mémoire intitulé : « Réflexions sur les bois et les moyens de procurer au royaume un approvisionnement plus favorable des bois de chauffage et de construction et un produit plus considérable en argent ».

« Ce mémoire, dit le procès-verbal de l'Assemblée, pour remplir son objet, traite successivement : de la réunion au domaine de toutes les grandes forêts du royaume propres à être réglées en futaies de cent ans et au-dessus, attendu que le Roi seul peut, avec avantage, n'avoir égard qu'à l'utilité publique dans le règlement des coupes de ces forêts ; il traite ensuite des moyens de pourvoir à la conservation des bois, à leur amélioration, à leur aménagement ; il passe ensuite à des observations sur la réserve des baliveaux, aux moyens de pourvoir à l'approvisionnement des bois de chauffage, et, à cet article, il expose un tableau, duquel il paraît résulter que plus le bois approche

(1) A. Loiret, C 894, f. 130 r°, 6 déc. 1788.
(2) Lettre des p.-s. pr. au b. i., 31 déc. 1789. A. L.-et-Ch., C 34.

de sa maturité et a acquis de grosseur et d'élévation par le plus grand âge que la qualité du sol peut permettre, plus il donne de pieds cubes de bois, de manière que, d'après ce tableau, deux arpents de bois de 30 ans donnent moins de pieds cubes qu'un arpent de 60 ans, que trois arpents de 30 ans en donnent moins qu'un arpent de l'âge de 90 ans, d'où il s'ensuivrait que l'approvisionnement du bois de chauffage gagnerait beaucoup si les forêts étaient coupées à l'âge le plus avancé que leur sol et la qualité des arbres peut le permettre. Ce mémoire est terminé par des observations sur des moyens pris dans la nature de rendre beaucoup plus favorable l'approvisionnement des bois de construction et de procurer aux arbres la densité qui leur manque dans la plupart des terrains » (1).

Certaines circonstances attirèrent particulièrement l'attention de l'Assemblée de département sur la forêt de Russy. La moitié de cette forêt, voisine de Blois, avait été donnée en 1785, ainsi qu'un grand nombre d'autres domaines, au comte d'Espagnac, en échange du comté de Sancerre, dont la valeur était bien inférieure. Il paraît, au dire de M. Fleury, procureur du Roi en la maîtrise de Blois, que le mode d'exploitation entrepris par le nouveau propriétaire fut désastreux (2). La maîtrise des eaux et forêts ne fut pas seule à protester contre cette mesure ; la ville de Blois fit rédiger un mémoire pour être présenté à la Commission chargée de cette affaire, et elle écrivit aux paroisses voisines de la forêt « pour les engager de s'assembler et d'arrêter combien cet échange pouvait devenir préjudiciable à leur paroisse », à en dire les motifs, et y détailler « tous les droits qu'ils y avaient et sur quoi ils se

---

(1) A. L.-et-Ch., C 4, f. 43 r° et v°, 30 oct. 1788. Nous n'avons pu retrouver ce mémoire.
(2) Réponse de M. Fleury au mémoire du sieur d'Espagnac. Bibl. de Blois, Ms. 100.

fondaient, pour leur présente délibération être par eux rapportée et jointe aux représentations et mémoire de la ville, et pour être le tout communiqué à une prochaine assemblée, ensuite envoyé à nos seigneurs de la commission établie à cet effet » (1). Heureusement l'échange n'était pas définitivement consommé au moment de la Révolution, et il put être annulé (2).

L'Assemblée de département, pendant sa session de 1787, eut à se prononcer sur cette question à l'occasion d'un mémoire que lui avaient adressé les paroisses intéressées. Mais elle arrêta seulement « que le mémoire présenté par les paroisses riveraines de la forêt de Russy serait envoyé à l'Assemblée provinciale avec les observations faites sur ledit mémoire par le bureau chargé de l'examiner » (3), et nous ne pensons pas que l'Assemblée provinciale se soit occupée de cette question.

Le Bureau intermédiaire du département eut seulement à intervenir, pendant l'hiver 1788-89, dans une question relative à la propriété du comte d'Espagnac ; il s'agissait d'un mémoire des habitants de Cellettes sur « les ravages occasionnés dans leurs champs par les sangliers et les lapins, qui s'étaient extrêmement multipliés depuis deux ans dans la partie de la forêt de Russy qui avoisinait cette paroisse ». La Commission intermédiaire provinciale en référa d'abord au comte d'Espagnac (4) ; mais, celui-ci ne paraissant nullement disposé à donner satisfaction à ces habitants, elle fit passer à l'intendant la requête de la municipalité de Cellettes, et ce magistrat voulut bien « autoriser les habitants de cette paroisse à se pourvoir par

---

(1) A. Blois, BB 33, 9 et 16 fév. 1788, et BB 31, ff. 69, 70 et 71, 13 fév. 1788.
(2) Cf. Bergevin et Dupré, *Histoire de Blois*, t. I, p. 590.
(3) A. L.-et-Ch., C 4, f. 24 r°, 10 nov. 1787.
(4) Lettre des p.-s. pr. au b. i., 23 déc. 1788. A. L.-et-Ch., C 34.

les voies de droit, à l'effet de faire cesser les ravages occasionnés par les lapins et sangliers de la forêt de Russy ». Mais les procureurs-syndics ajoutaient : « Les formalités prescrites par ces règlements pourront présenter quelques difficultés, et l'incertitude de réussir jointe à la longueur de la procédure feront peut-être abandonner aux habitants de Cellettes le dessein de se pourvoir en justice » ; et ils leur conseillaient de s'adresser directement au directeur général des finances (1).

Le Bureau intermédiaire s'occupa aussi de la destruction des loups. « Il nous est parvenu de plusieurs parties de la généralité, écrivaient les procureurs syndics provinciaux, des plaintes sur le refus qui a été fait de payer les récompenses promises pour les têtes de loups. La Commission intermédiaire nous charge, Messieurs, de vous engager à vous entendre pour cet objet avec les receveurs particuliers des finances de votre département, pour qu'ils payent comme par le passé les récompenses accoutumées » (2).

Mais il paraît que, si les récompenses n'étaient pas toujours payées, il n'était pas rare que les fraudeurs touchassent leur prime plusieurs fois pour la même tête. En effet les procureurs syndics écrivent de nouveau quelques jours plus tard : « Quelques Bureaux intermédiaires de la généralité nous ont fait observer qu'il serait nécessaire de prendre des mesures pour se garantir des détours de la mauvaise foi de ceux qui demanderont les récompenses promises aux destructeurs de loups. La Commission intermédiaire pense qu'il est expédient d'exiger que chaque tête soit présentée au président du Bureau intermédiaire ou à [un] autre membre, qui fera couper une oreille à la tête et

---

(1) Lettre des p.-s. pr. au b. i., 3 mars 1789. A. L.-et-Ch., C 34. Voir aussi : Lettre des p.-s. pr. au b. i., 13 juin 1789. A. L.-et-Ch., C 34, et A. Loiret, C 894, f. 201 v°, 10 juin 1789.
(2) Lettre des p.-s. pr. au b. i., 22 sept. 1788. A. L.-et-Ch., C 34.

délivrera au porteur un bon, sur lequel le receveur particulier paiera la somme promise » (1).

Le commerce et l'industrie, peu actifs dans cette région, n'occupèrent guère l'Assemblée de département et son Bureau intermédiaire.

« On est réduit, disait le rapporteur du bureau du bien public à l'Assemblée provinciale, pour montrer quelque commerce .... à Blois, de citer quelques tanneurs, mégissiers, fabricants de gants, couteliers et faiseurs de dés à coudre.....

Enfin, Messieurs, Romorantin, l'ancien séjour de nos Rois, attirera votre attention par le déchet de sa grandeur et de sa population, qui diminue sensiblement. On y convertit les laines de la Sologne en tapis de billards et autres draps propres à l'habillement des troupes. Saint-Aignan en offre de plus communs, qui reçoivent leur apprêt à Orléans et à Paris.

« En général, ajoutait-il, il y a peu de ces manufactures, sur lesquelles nous venons de promener nos regards, en les présentant sous l'aspect le moins défavorable, qui n'aient besoin, pour ainsi dire, de votre providence, pour être, ou tirées d'un espèce de néant, ou augmentées, ou vivifiées » (2).

Le principal établissement industriel de cette région était la manufacture de Romorantin dont nous avons déjà parlé à plusieurs reprises. L'Assemblée provinciale s'intéressa à la situation critique dans laquelle se trouvait cette industrie, et, pour lui permettre de mieux apprécier la valeur de ses produits, on lui présenta deux cartes d'échantillons de draps de cette manufacture.

---

(1) Lettre des p.-s. pr. au b. i., 1ᵉʳ oct. 1788. A. L.-et-Ch., C 34.
(2) Ass. Pr., pp. 256 et 258, 7 déc. 1787.

L'Assemblée arrêta :

« 1° Que l'une des deux cartes serait remise à M. le duc de Luxembourg, qui serait prié d'employer ses bons offices auprès du gouvernement en faveur de la manufacture de Romorantin ;

« 2° Que l'autre carte serait déposée au greffe de l'Assemblée provinciale, pour mettre l'administration à portée de juger des progrès de cette manufacture et des encouragements dont elle pourrait être susceptible » (1).

La manufacture de Romorantin avait d'autant plus besoin de l'aide de l'Assemblée provinciale qu'il était alors question de lui supprimer la plus importante de ses ressources, l'habillement des troupes du Roi.

Le 31 mai 1788, « la Commission intermédiaire reçut une députation de la manufacture de draps de Romorantin, qui lui présenta un mémoire sur le dommage irréparable qu'éprouverait cette manufacture, si, comme elle en est menacée, elle ne fournissait plus de draps pour l'habillement des troupes du Roi ». L'Assemblée arrêta « que ce mémoire serait envoyé à M. le comte de Brienne et que la Commission intermédiaire interposerait ses bons offices auprès de ce ministre pour que les manufactures de Romorantin obtiennent l'objet de leur demande » (2).

Le 18 juillet 1788, « M. le duc de Luxembourg fait part à la Commission intermédiaire de ses démarches auprès du ministre de la guerre pour que les draps de la manufacture de Romorantin soient employés à l'habillement des troupes » (3).

Il faut encore parler d'un certain nombre de questions

---

(1) Ass. Pr., p. 404, 22 déc. 1787.
(2) A. Loiret, C 894, f. 47 r° et v°, 31 mai 1788.
(3) A. Loiret, C 894, ff. 69 v° et 70 r°, 18 juill. 1788.

n'ayant entre elles aucune connexité et qui étaient du ressort du bureau de « bien public. »

Parmi les mémoires reçus par l'Assemblée de département en 1788, il en est un concernant les chirurgiens et les sages-femmes. Ce mémoire « expose, dit le procès verbal de l'Assemblée, la nécessité de pourvoir à la conservation des hommes et propose des moyens de procurer aux habitants des campagnes des chirurgiens et des sages femmes d'une capacité reconnue. La base de ces moyens est une contribution volontaire montant à la somme de 400 l. pour quatre paroisses, réparties entre elles dans la proportion combinée de la population et des contributions. »

L'Assemblée « regrette, ajoute le procès-verbal, que [le mémoire] concernant les chirurgiens et les sages-femmes ne puisse être exécuté quant à présent que par le moyen d'une contribution, mais le poids des charges actuelles et la misère qui désole les campagnes sont si considérables qu'elle est forcée de remettre à s'en occuper dans des conjectures plus favorables » (1).

A défaut de cette mesure, la Commission intermédiaire provinciale s'occupa activement du cours de sages-femmes, organisé à Orléans depuis quelques années. Les procureurs-syndics provinciaux écrivaient au Bureau intermédiaire de département, le 11 avril 1789 :

« La conservation des hommes a dans tous les temps fixé l'attention du gouvernement, et sa bienfaisance a cru devoir s'en occuper dès l'instant de leur naissance. Le Conseil a pris des mesures pour prévenir les accidents occasionnés par l'impéritie de la plupart des personnes qui exercent à la campagne l'état de sages-femmes et par l'insuffisance de quelques chirurgiens qui les remplacent.

« Il a, en conséquence, été formé à Orléans, depuis plu-

---

(1) A. L.-et-Ch., C 4, f. 43 v°.

sieurs années, un établissement connu sous le nom de *Cours gratuit sur l'art des accouchements*, dont le succès a rempli les vues de l'administration.

« Les circonstances n'ont pas permis que les leçons et les séances ordinaires eussent lieu pendant l'année 1788; mais la Commission intermédiaire a arrêté qu'un établissement aussi avantageux ne serait plus dorénavant interrompu, et qu'il serait repris cette année aux époques accoutumées, au printemps et à l'automne » (1).

Les procureurs-syndics demandent ensuite au Bureau de département de prévenir au plus tôt les municipalités et d'envoyer à la Commission intermédiaire la liste des sujets qu'elles choisiraient pour suivre ce cours, dont l'ouverture était fixée au 15 mai.

Mais il semble que le département ne mit guère d'empressement à seconder les efforts tentés dans ce sens par l'administration provinciale, car, le 15 mai, le Bureau intermédiaire reçoit des procureurs-syndics provinciaux la lettre suivante :

« La Commission intermédiaire s'étant fait rendre compte des différentes délibérations prises par les municipalités à l'effet de présenter des sujets au cours gratuit sur l'art des accouchements, qui devait s'ouvrir à Orléans le 15 mai présent mois, avait reconnu que de tous les départements celui de Blois était le seul qui ne lui eut rien adressé à ce sujet. Elle a, en conséquence, remis au 20 de ce mois l'ouverture du cours et différé jusqu'au 15 la nomination des sujets qui devaient y être admis. Mais, comme vous ne lui avez encore rien fait parvenir, elle a pensé que vous n'aviez pas jugé à propos de faire jouir les deux élections de Blois et de Romorantin de ce bienfait du gouver-

---

(1) Lettre des p.-s. pr. au b. i., 11 avr. 1789. A. L.-et-Ch., C 34. — Une autre lettre du 24 oct. 1789 (A. L.-et-Ch., C 34) nous apprend que, contrairement à cette décision, le cours n'eut pas lieu en automne.

nement, et elle s'est déterminée à arrêter son travail à ce sujet. Elle nous charge, en conséquence, de vous prévenir, Messieurs, qu'à compter d'aujourd'hui, aucun sujet ne peut plus être admis à suivre les leçons du premier cours de cette année. Si vous croyez devoir en proposer pour ceux qui suivront, elle sera toujours empressée d'entrer dans vos vues à cet égard » (1).

Mais en 1789 nous voyons chaque municipalité, sur les ordres du Bureau intermédiaire, faire choix d'une femme pour aller à Orléans suivre le cours gratuit d'accouchements (2).

Le Bureau intermédiaire du département prit quelques autres mesures concernant l'hygiène publique. Il s'occupa notamment de la destruction des poissons des étangs de Sologne par la gelée. On attribuait aux exhalaisons des poissons morts une épidémie qui régnait dans cette région. « La Commission intermédiaire..., écrivirent les procureurs-syndics provinciaux au Bureau intermédiaire, nous charge de vous répondre, Messieurs, qu'elle approuve les mesures que vous avez prises pour apporter un prompt remède aux progrès de l'épidémie et vous autorise à faire enterrer, ainsi que vous le proposez, tout le poisson mort qui pourrait se trouver encore dans la Sologne, toutes les fois que les propriétaires refuseront de le faire. Quant aux frais qu'occasionnera cette opération, la Commission intermédiaire pense, comme vous, Messieurs, qu'ils peuvent être imputés sur les secours de 3.500 l. envoyés à votre département pour les semences de mars » (3). Le poisson mort fut, en effet, enterré et la plupart des étangs vidés (4).

(1) Lettre des p.-s. pr. au b. i., 15 mai 1789. A. L.-et-Ch., C 34.
(2) Délibérations de ces municipalités. A. L.-et-Ch., C 33.
(3) Lettre des p.-s. pr. au b. i., 3 mars 1789. A. L.-et-Ch., C 34.
(4) Lettres des subdélégués de Blois et de Romorantin à l'intendant. A. Loiret, C 261.

Au mois de juillet 1789, les procureurs-syndics provinciaux furent informés qu'une grande partie des chevaux de Romorantin et de ses environs étaient atteints de la morve. Ils chargèrent le sieur Peigné, vétérinaire à Chevilly, de se rendre sur-le-champ à Romorantin, pour prendre des mesures nécessaires (1) ; mais celui-ci constata que quatre chevaux seulement avaient été atteints, et il suffit de les tuer pour arrêter le progrès de la contagion (2).

Le vicomte de Beauharnais parla à l'Assemblée de département de la sépulture des non-catholiques, dont on s'occupait à ce moment. Il ne croyait pas « que le contrôleur général eût reçu encore, pour la partie de notre département, les renseignements qu'il souhaitait ». L'Assemblée arrêta « qu'on s'occuperait des cimetières pour les non-catholiques dans la ville de Blois et dans les autres lieux où ils pouvaient être nécessaires » (3). Cependant il semble, d'après les délibérations municipales de la ville de Blois sur cette question, que seuls l'intendant et son subdélégué s'en soient occupés, et on ne voit pas intervenir l'Assemblée de département et son Bureau intermédiaire. Le cimetière fut établi dans un terrain voisin de l'ancien cimetière Chambourdin (4).

L'Assemblée étudia aussi un projet tendant à changer l'emplacement de la foire de Blois. « Nous vous présenterons, Messieurs, disait le vicomte de Beauharnais, un projet de changement d'emplacement pour la foire, auquel vous trouverez un avantage d'agrément et d'utilité, qui ne peut souffrir d'autres objections que celle de la fictive

---

(1) A. Loiret, C 894, f. 212 r°, 13 juill. 1789.
(2) A. Loiret, C 894, f. 221 r°, 11 août 1789.
(3) A. L.-et-Ch., C 4, ff. 42 v° et 43 r°, 29 oct. 1788.
(4) A. Blois, BB 33, 21 et 28 juin 1788

propriété des habitants de la place de la Cathédrale qui, depuis beaucoup d'années, ont les boutiques devant leurs maisons. Il nous a paru que l'Assemblée était fondée à prononcer si cet usage était un droit, et, en conséquence, à le respecter, ou bien à choisir un lieu plus favorable à ce commerce ».

L'Assemblée arrêta « que le Bureau intermédiaire s'occuperait incessamment d'un travail relatif au mémoire proposé sur la translation de la foire, ainsi que des autres objets qui y sont compris » (1). Mais il faut croire que le Bureau intermédiaire ne poursuivit pas cette étude avec beaucoup d'activité, ou que les habitants de la place de la Cathédrale obtinrent gain de cause, car ce n'est qu'en 1804 que la foire de Blois fut transportée sur le Mail, qui était le lieu proposé comme nouvel emplacement et où elle se tient encore aujourd'hui (2).

Le traitement des curés fut aussi l'objet d'une délibération de l'Assemblée de département. « Il y a, dit le vicomte de Beauharnais, des demandes des deux Assemblées municipales de Maslives et de La Ferté-Beauharnais, pour que leurs curés puissent avoir 700 l. de revenu, conformément au taux de la déclaration du Roi du 2 septembre 1786. L'égard que nous devons à la juste réclamation des membres des Assemblées municipales, nous engage à vous prier, Messieurs, d'arrêter qu'il sera écrit à M. l'évêque de Blois pour le curé de Maslives et à M. l'évêque d'Orléans pour le curé de La Ferté-Beauharnais ». L'Assemblée arrêta, à cet effet, « que M. le président voudrait bien se charger de solliciter, vis-à-vis de MM. les évêques de Blois et d'Orléans, un traitement qui portât les cures de

---

(1) A. L.-et-Ch., C 4, f. 43 r°, 29 oct. 1788.
(2) Cf. Bergevin et Dupré, *Histoire de Blois*, t. II. p. 85.

Maslives et de La Ferté-Beauharnais au taux de 700 l., conformément à l'édit du Roi du 2 septembre 1786 » (1).

La question des poids et mesures attira aussi l'attention de l'administration provinciale. Peu de temps après la création des nouvelles assemblées, la Commission intermédiaire provinciale entreprenait, auprès des Bureaux des départements, une enquête à ce sujet.

« La Commission intermédiaire provinciale, écrivaient les procureurs-syndics, nous charge, Messieurs, en conséquence de l'arrêté pris par elle dans sa délibération du dimanche 23 décembre 1787, de vous demander des renseignements relatifs aux mesures de longueur, aux mesures superficielles, à celles de contenance et à celles des liquides, usitées dans toute l'étendue de votre département.

« Nous vous prions donc, Messieurs, de vouloir bien nous faire rendre compte de la capacité et de la jauge de toutes les mesures ci-dessus énoncées, en usage à Paris, c'est-à-dire : 1° quant à la mesure de longueur, des toises, pieds et aunes ; 2° pour la mesure superficielle, de l'arpent et perche ; 3° pour la mesure de contenance, des muids, minots, septiers et boisseaux ; 4° et enfin quant aux mesures de liquides, des muids, poinçons, septiers, pots et pintes.

« Toutes ces différentes mesures, telles qu'elles ont cours à Paris, doivent servir de bases au rapport que vous demande la Commission intermédiaire provinciale; vous voudrez bien, en conséquence, Messieurs, vous faire donner la contenance et la dénomination exacte de toutes les différentes sortes de mesures en usage dans l'étendue de votre département, nous en envoyer la jauge précise avec leurs noms particuliers, celui de leurs divisions et subdi-

(1) A. L.-et-Ch., C 4, f. 43 r°, 29 oct. 1788.

visions, et leur rapport ou leur différence d'avec celles usitées à Paris... » (1).

Le Bureau intermédiaire, pour pouvoir donner avec exactitude les renseignements demandés, entreprit une enquête auprès des municipalités ou du moins auprès de quelques-unes. Mais, sauf une seule, celle de La Chaussée-Saint-Victor (2), nous n'avons pu retrouver les réponses envoyées.

Enfin, puisque dans le chapitre consacré aux impositions nous n'avons eu à parler que des impôts directs, il nous faut signaler ici un mémoire reçu par l'Assemblée de département sur la perception des aides. Ce mémoire « a pour objet, dit le procès-verbal de l'Assemblée, de faire disparaître trois formalités employées dans la perception des droits d'aides qui, sans nécessité pour la perception, occasionnent des poursuites odieuses, qui portent le plus grand préjudice au commerce des eaux-de-vie et des vins. Ces trois formalités sont : 1° les certificats de décharge des eaux-de-vie vendues et transportées ; 2° la manière d'avoir les congés des vins qui s'enlèvent des celliers dans les campagnes pour être livrés chez les négociants commissionnaires ; 3° la nécessité, d'après la perception actuelle, imposée à un propriétaire de vignes, qui a plusieurs closeries voisines, de prendre un congé, coûtant environ dix-

---

(1) Lettre des p.-s. pr. au b. i., 29 déc. 1787. A. L.-et-Ch., C 34.
(2) Lettre de Daudin, syndic de La Chaussée, à Pajon de Chambeaudière, p.-s. dép., 12 fév. 1788. A. L.-et-Ch., C 16-17. Voici les renseignements donnés par cette paroisse : « La perche est composée de quatre toises qui disent 24 pieds de Roi. L'aune dont on fait usage est la même que celle de Paris de 3 pieds 8 pouces. L'arpent de terre contient 400 perches qui font 1.600 toises carrées superficielles ; en division et subdivision, l'usage est que c'est un demi-arpent, un quartier, un demi-quartier, une boisselée, qui font toujours la même mesure que l'arpent par proportion ». Pour les poids et mesures des grains et les mesures des liquides, il est seulement indiqué que ce sont les mêmes qu'à Blois.

huit sols par poinçon, pour transporter son vin d'une de ses closeries dans une autre, sans qu'il y ait ni vente ni aliénation d'aucune espèce » (1).

Ce mémoire, ainsi que ceux dont nous avons déjà parlé, ut remis à l'Assemblée de département par un membre du bureau du bien public à la dernière séance de la session de 1788. « L'Assemblée, dit le procès-verbal, considérant que ces mémoires renferment des vues très utiles, a arrêté qu'ils seront déposés dans ses archives et a engagé le Bureau intermédiaire à s'en occuper ». Mais ils ne sont malheureusement pas parvenus jusqu'à nous.

(1) A. L.-et-Ch., C 4, f. 43 v°, 30 oct. 1788.

CHAPITRE XII

LA CONVOCATION
DES ÉTATS GÉNÉRAUX

L'arrêt du Conseil du 5 juillet 1788 demande aux Assemblées provinciales et de département d'émettre un vœu sur la convocation des États généraux. Les Assemblées de département seules émettent ce vœu. — Discours du président de l'Assemblée de département. — Travaux de l'Assemblée de département au sujet de la convocation. — Vœu de l'Assemblée de département : La convocation se fera-t-elle par bailliages ou par généralités ? — Le nombre des députés doit être fixé d'après les impositions. — Représentation double du Tiers état. — Convocation du Clergé. — Convocation de la Noblesse. — Convocation du Tiers état. Conditions censitaires. — Assemblées successives pour l'élection des députés aux États généraux. — Présidence des assemblées. — Cahiers de doléances et pouvoirs à donner aux députés. — Conclusion.

Dans sa seconde session, en 1788, une question des plus importantes fut soumise à l'appréciation de l'Assemblée de département, celle de la convocation des États généraux. On sait que l'arrêt du Conseil du 5 juillet 1788, qui prescrivait aux officiers municipaux, officiers de juridictions, syndics et Commissions intermédiaires des Assemblées provinciales et de département, etc., de rechercher les procès-verbaux, pièces et renseignements relatifs à la convocation, ordonnait aussi aux Assemblées provinciales et de département d'émettre un vœu à ce sujet. Le vœu des Assemblées de département devait être remis, avec toutes les pièces qui y seraient jointes, à l'Assemblée provinciale, qui devait le transmettre au Garde des sceaux. Si, dans l'Assemblée, il y avait diversité d'avis, le Roi demandait « que les avis différents soient énoncés avec les raisons sur lesquelles chacun pouvait être appuyé. » (1).

Par arrêt du Conseil du 5 octobre 1788, le Roi convoqua l'Assemblée des notables pour prendre leur avis sur cette question ; mais les Assemblées provinciales et de département n'en demeurèrent pas moins chargées d'émettre leur vœu à cet égard. L'Assemblée des notables devant se réunir au même moment que les Assemblées provinciales, il fut décidé ultérieurement que ces dernières ne tiendraient pas leur session cette année. Les Assemblées de département seules purent donc émettre leur vœu sur la convocation.

La convocation des États généraux était un événement si considérable que le président de l'Assemblée de département proposa à l'Assemblée d'étudier cette question avant d'entreprendre tout autre travail.

« Messieurs, dit-il à l'ouverture de la session de 1788 (le lundi 20 octobre), lors de notre dernière séance, je vous témoignai le regret que m'inspirait notre séparation prochaine ; trouvez bon que je commence celle qui nous rassemble aujourd'hui en vous témoignant toute la sensibilité que m'inspire cette nouvelle réunion.

« Elle est d'autant plus vive, Messieurs, que des événements, qu'il était presque impossible de prévoir alors, ont

---

(1) Arrêt du Conseil d'État du Roi concernant la convocation des États généraux du royaume, 5 juill. 1788 (art. 4, 5 et 7). *Recueil des documents relatifs à la convocation des États généraux de 1789* par **A. Brette.** Impr. nationale, 1894, t. I, pp. 21-22.

tellement changé la face des affaires publiques, qu'on peut dire que nous touchons peut-être à l'époque la plus glorieuse de la monarchie, et que le souverain daigne vous consulter lui-même sur les moyens de hâter cette heureuse révolution.

« Je veux parler, Messieurs, de la convocation des États généraux prochaine, sur la formation desquels le Roi a ordonné que chaque Assemblée de département donne son vœu général et particulier.

« Cet objet, il est vrai, va être incessamment soumis à une nouvelle Assemblée de notables, dont le Roi vient d'ordonner la convocation ; mais vous verrez, Messieurs, par une lettre de la Commission intermédiaire, que nous ne devons pas moins nous en occuper et qu'elle vous engage même à y porter la plus grande célérité.

« Un autre, qui n'est pas moins intéressant, Messieurs, c'est celui qui concerne la formation des Assemblées d'arrondissement.

« J'ai donc cru, Messieurs, ne pouvoir commencer mieux le cours de nos travaux qu'en vous invitant à traiter ces deux objets dans l'ordre proposé, et je me flatte que vous agréerez cette disposition. .

« L'acceptation des places est une dette sacrée, que vous avez contractée envers la Nation, de vous occuper de ses plus chers intérêts, aux dépens même de votre tranquillité, et quand pourront-ils jamais vous l'être davantage qu'au moment où le souverain s'unit en quelque manière avec vous pour les défendre ?

« Je m'estime heureux, Messieurs, en vous indiquant la marche des objets que vous devez traiter, de partager avec vous le zèle patriotique dont vous êtes animés » (1).

On procéda ensuite à la lecture des différents arrêts,

(1) A. L.-et-Ch., C 4, ff. 26 v⁰ et 27 r⁰ et v⁰, 20 oct. 1788.

règlements et projets concernant la convocation des États généraux et la réunion des Assemblées d'arrondissement.

« Ces matières ont paru si importantes, ajoute le procès-verbal, qu'il a été arrêté que tous les bureaux s'en occuperaient avant de se partager le travail qui les concerne chacun en particulier » (1).

Et, en effet, le jour même et le lendemain, l'Assemblée se réunit pour travailler dans ses bureaux. Le 22 octobre, l'Assemblée s'étant réunie au complet, un rapport fut présenté sur ces questions par de L'Arche pour le bureau des tailles, par l'abbé Rahoux pour le bureau des travaux publics, et par le vicomte de Beauharnais pour le bureau des règlements et affaires extraordinaires (2).

Le jour même, une seconde séance fut consacrée à la discussion de ces rapports.

Enfin, le lendemain, 23 octobre 1788, « l'Assemblée, dit le procès-verbal, s'est réunie pour la discussion des avis sur la forme de la convocation des États généraux, et, après avoir recueilli les voix, l'Assemblée, pénétrée de respect et de reconnaissance de la nouvelle preuve de confiance que Sa Majesté veut bien donner à ses peuples, en daignant les consulter sur la meilleure forme de convocation des États généraux prochains, a arrêté à la pluralité qu'elle serait suppliée de vouloir bien ordonner... » (3).

Le procès-verbal donne ensuite le vœu de l'Assemblée (4), qu'il fait suivre, conformément aux prescriptions de l'arrêt du Conseil du 5 juillet 1788, des observations des membres dont l'avis était sur quelque point différent de celui de la majorité (5).

(1) A. L.-et-Ch., C 4, f. 27 v°, 20 oct. 1788.
(2) A. L.-et-Ch., C 4, f. 28 r° et v°, 22 oct. 1788.
(3) A. L.-et-Ch., C 4, f. 28 v°, 23 oct. 1788.
(4) A. L.-et-Ch., C 4, ff. 28 v°, 29 r° et v° et 30 r°, 23 oct. 1788.
(5) A. L.-et-Ch., C 4, ff. 30 r° et v°, 31 r° et v° et 32 r°. 23 oct. 1788.

Sans rapporter *in extenso* le vœu de l'Assemblée de département et les observations qui y sont jointes, il nous suffira d'en indiquer les points principaux.

D'abord l'Assemblée demandait que la convocation se fît par généralités et non par bailliages (art. 1er). Bien qu'il eût, en effet, paru plus logique de suivre, pour cette opération, les anciennes divisions financières et administratives, plutôt que les divisions judiciaires, et que cette manière de faire eût évité bien des difficultés, on sait que cette mesure ne fut pas adoptée et que le pouvoir royal, dans son règlement du 24 janvier 1789 sur la convocation des États généraux (1), crut devoir conserver l'ancien usage, qui chargeait les grands baillis et sénéchaux d'épée de la convocation des États généraux.

L'Assemblée de département demandait ensuite que le nombre des députés de chaque généralité fût fixé « d'après la quotité d'impositions de toutes espèces que paie chacune d'elle » (art 2). Cependant, quelques députés furent d'avis « qu'il semblait plus convenable d'en fixer le nombre, en raison composée de la population et de la contribution ». C'est ce dernier avis qui fut adopté par le résultat du Conseil du 27 décembre 1788 (2).

L'Assemblée de département de Blois et Romorantin demanda, comme la grande majorité de la Nation, la double représentation du Tiers état (art. 3). On sait que cette mesure fut adoptée par le résultat du Conseil du 27 décembre (3) et avec quel enthousiasme fut accueillie

---

(1) Cf. Brette. *Ouv. cit.*, t. I, pp. 66 à 103.
(2) Résultat du Conseil d'État du Roi tenu à Versailles le 27 déc. 1788, § 2. Cf. A. Brette, *Ouv. cit.*, t. I, p. 37. — C'était d'ailleurs une vague promesse, et en fait le Roi ordonna, dans son règlement du 24 janvier 1789, de « suivre les anciens usages autant qu'il était possible », et dut reconnaître que cette préoccupation rendait « l'ensemble de l'organisation des États généraux, et toutes les dispositions préalables, très difficiles et souvent imparfaites ».
(3) Résultat du Conseil. § 3.

cette décision du pouvoir royal. Certains membres de l'Assemblée de département allèrent même plus loin. Ils dirent que le Tiers état ne paraissait pas ainsi « représenté dans une proportion convenable avec celle des deux autres Ordres, et qu'il paraîtrait plus juste d'établir cette proportion en raison composée de leur nombre respectif ou de ce qu'ils payent d'impositions, ou enfin en combinant l'une et l'autre de ces deux bases ».

Le projet de l'Assemblée de département exigeait pour les électeurs des différents Ordres des conditions plus restrictives que celles qui furent demandées par le pouvoir royal. Pour le Clergé, ce projet n'admettait à prendre part au vote, outre les prieurs et curés, que les ecclésiastiques « possédant un bénéfice de valeur au moins de 700 livres de revenu dans l'élection » (art. 4). Le règlement royal admit, au contraire, tous les ecclésiastiques possédant bénéfice sans exception (1). Quant aux corps ecclésiastiques (chapitres, ordres religieux), l'Assemblée de département n'accordait à chacun d'eux qu'un seul député pour les représenter aux assemblées d'élection dont nous parlerons plus loin (art. 5). Ce vœu fut suivi par le règlement excepté pour les chapitres, les chanoines pouvant nommer un député à raison de dix d'entre eux et les autres prêtres attachés au chapitre un député à raison de vingt d'entre eux (2).

Pour la Noblesse, l'Assemblée de département demandait qu'on convoquât tout noble possédant un fonds dans l'étendue de l'arrondissement (art. 6). On convoqua seulement les nobles possédant fief; mais tous les nobles non possédant fief étaient également tenus de se rendre à l'assemblée (3). Si le projet que nous étudions accordait à

(1) Règlement du 24 janv., art. 9 et 12.
(2) Ibid., art. 10 et 11.
(3) Ibid., art. 9, 12 et 16.

tout anobli ou noble le droit de voter, il ajoutait : « Nul ne sera éligible s'il n'est dans le cas de prouver cent ans de noblesse ou quatre générations » (art. 7). Il ne fut tenu aucun compte de cette motion, contre laquelle protestèrent, d'ailleurs, quelques-uns des membres de l'Assemblée de département.

Enfin, pour le Tiers état surtout, l'Assemblée de département fut beaucoup moins libérale que ne devait l'être le pouvoir royal. Elle demandait, en effet, aux électeurs de cet Ordre « de posséder un fonds dans la paroisse » et « d'y payer, pour être votant, la somme de vingt livres au moins de toutes espèces d'impositions, et pour être éligible, celle de vingt [livres] au moins d'impositions foncières » (art. 9). Ces conditions, comme nous l'avons montré au début de cette étude et comme le firent observer quelques députés de la minorité, auraient beaucoup restreint le nombre des électeurs et surtout celui des éligibles. Le règlement du 24 janvier n'exigea, au contraire, aucune condition censitaire, sinon celle d'être compris au rôle des impositions : c'était à peu près le suffrage universel (1).

C'est dans le même esprit que l'Assemblée demanda que le nombre des députés nommés par chaque paroisse soit fixé d'après la quotité de leurs impositions (un député pour les moins imposées et trois pour les plus imposées) (art. 11). Il fut décidé, au contraire, qu'il serait déterminé par le nombre de feux, c'est-à-dire à peu près d'après la population (2).

Les gentilshommes, nobles ou anoblis, ne devaient être électeurs ou éligibles à ces assemblées du Tiers-état, quand même l'assemblée y aurait consenti, et le curé, ni le seigneur, ni autre personne noble ne devait pas même avoir le droit d'y assister (art. 9).

(1) Règlement du 24 janvier, art. 25.
(2) Ibid., art. 31.

Les électeurs ainsi déterminés dans les trois Ordres devaient, par une série d'élections dans des assemblées successives, arriver à la nomination des députés aux États généraux. Les électeurs de l'Ordre du Clergé devaient d'abord se réunir dans une assemblée d'arrondissement pour nommer des députés à une assemblée d'élection (art. 4 et 5). Il en était de même pour les membres de la Noblesse (art. 6). Quant au Tiers état, les électeurs de cet Ordre devaient d'abord se réunir dans chaque paroisse (art. 9). Les députés élus par ces assemblées de paroisse devaient eux-mêmes se réunir dans chaque arrondissement pour nommer des députés à l'assemblée d'élection (art. 12).

Dans les assemblées d'élection (art. 15), « les députés de tous les Ordres, disait le projet de l'Assemblée de département, s'étant réunis au lieu indiqué, procéderont conjointement à la nomination, c'est-à-dire que l'on commencera par élire un premier membre pour le Clergé, un pour la Noblesse et deux pour le Tiers état, ensuite un second pour le Clergé, puis pour la Noblesse et ainsi de suite » (art. 16). Cependant certains membres de l'Assemblée observèrent « qu'il semblerait plus convenable de procéder par Ordres séparés à l'élection de ses députés, attendu que chacun a droit de ne donner sa confiance qu'à celui qui la lui inspire, ce qui n'arrivera pas si les députés sont choisis par Ordres réunis... » Le règlement concilia ces deux opinions en déclarant que « chaque Ordre rédigerait ses cahiers et nommerait ses députés séparément, à moins qu'il ne préférât d'y procéder en commun, auquel cas le consentement des trois Ordres, pris séparément, serait nécessaire » (1).

Enfin, les députés élus par les assemblées d'élections

---

(1) Règlement du 24 janvier, art. 43.

devaient se réunir dans chaque généralité pour procéder à l'élection des députés aux États généraux (art. 18).

Le pouvoir royal, tout en conservant le principe des élections à plusieurs degrés, simplifia la méthode longue et compliquée proposée par l'Assemblée de département. Au lieu de quatre assemblées électorales successives pour le Tiers état et de trois assemblées pour les deux autres Ordres, il n'y eut, dans les bailliages ayant des secondaires comme celui de Blois, que trois assemblées pour le Tiers état (assemblée de paroisse, assemblée préliminaire du bailliage secondaire ou du bailliage principal ayant des secondaires, assemblée générale des trois Ordres) et une seule pour le Clergé et la Noblesse (assemblée générale des trois Ordres).

D'après le projet de l'Assemblée de département, les assemblées d'arrondissement devaient être présidées pour le Tiers état par le premier élu des députés de la paroisse la plus imposée (art. 12), pour les deux autres Ordres par le doyen d'âge (art. 13), et les assemblées d'élection et de généralité par les plus âgés des députés de la Noblesse et du Clergé (art. 17 et 18). Quelques membres demandèrent, au contraire, que chaque assemblée choisît elle-même son président. Mais il est à remarquer que l'Assemblée de département ne réservait à ses membres et à ceux de l'Assemblée provinciale la présidence d'aucune assemblée électorale. Les procureurs-syndics provinciaux et de département étaient seulement chargés de la convocation des différentes assemblées. Au contraire, le pouvoir royal, en décidant que la convocation se ferait par bailliages, confia aux officiers de justice la présidence des différentes assemblées : les assemblées de paroisse furent présidées par le juge du lieu, et, à l'assemblée des trois Ordres, le bailli présida les trois Ordres réunis et la Noblesse, et le lieutenant général présida le Tiers état (1).

L'Assemblée de département ne demandait pas, comme le règlement du 24 janvier (2), aux assemblées de paroisse de formuler leurs doléances. Les cahiers de doléances seront, disait-elle, rédigés « par les députés des trois Ordres qui auront été élus par l'Assemblée d'élection sur les mémoires qui leur seront fournis par les municipalités » (art. 19).

Enfin, les observations et avis particuliers qui suivent le vœu de l'Assemblée de département demandent que les électeurs donnent à leurs représentants « une procuration spéciale à l'effet de voter sur les impositions qui pourraient être demandées », et insistent longuement sur l'utilité de cette mesure.

En somme, le vœu de notre Assemblée de département, s'il avait été adopté, aurait peut-être évité certaines difficultés en substituant à la convocation par bailliages la convocation par arrondissements, élections et généralités. Mais, en multipliant, outre mesure, le nombre des assemblées électorales successives, et surtout en prenant comme première base des opérations la quotité d'impositions payées par les électeurs, les paroisses, les généralités, en prescrivant pour avoir le droit d'exprimer un suffrage dans les assemblées électorales des conditions censitaires très restrictives, elle tombait dans des abus que sut éviter le règlement royal.

Cette manière de voir de l'Assemblée de département s'explique facilement, si l'on considère, comme nous l'avons fait, que cette assemblée était composée en majorité de privilégiés; et, bien que nous ne connaissions pas les

---

(1) Règlement du 24 janv., art. 40 et 41.
(2) Ibid., art. 24.

noms des députés qui firent ajouter leur avis au vœu voté par cette majorité, il est facile de penser que plusieurs de ces propositions (par exemple les modifications proposées à l'art. 2, à l'art. 3, à l'art. 9) ont été soutenues par les membres du Tiers état non privilégiés, désireux de défendre les intérêts de leur Ordre contre les Ordres privilégiés et peut-être même contre quelques-uns des leurs.

CONCLUSION

Bien que l'Assemblée de département ne se soit plus réunie après 1788, son Bureau intermédiaire continua ses fonctions et le département de Blois et Romorantin ne cessa d'exister que le 31 juillet 1790. En effet, à cette date, il est fait lecture à la Commission intermédiaire provinciale d'une lettre du contrôleur général des finances, du 28 juillet 1790, « portant envoi d'une expédition de l'instruction envoyée par ordre du Roi au directoire du département de Loir-et-Cher, pour prévenir la Commission intermédiaire qu'à partir du moment où elle recevra cette lettre, toute la portion du territoire qui entre dans la composition de ce département cessera de lui appartenir, et concernant la remise à faire à ce directoire des papiers qui lui sont particulièrement relatifs ». L'Assemblée arrête « qu'il serait envoyé des exemplaires de cette instruction aux Bureaux intermédiaires qui comprennent dans leur arrondissement des paroisses dépendantes du département de Loir-et-Cher, conformément aux instructions du ministre » (1).

Le lendemain, 1er août, mêmes mesures furent prises pour le département de l'Indre, et le 3 août, pour le département du Cher, qui comprenaient aussi une partie de l'ancien département de Blois et Romorantin. Le 13 août

(1) A. Loiret, C 495, 4° cahier, 31 juill. 1790.

il fut fait remise au sieur Marchand, administrateur du département de Loir-et-Cher, des papiers concernant ce département et dont la Commission intermédiaire pouvait se dessaisir sur-le-champ (1).

L'organisation de la nouvelle administration départementale s'inspirait largement de celle des assemblées de 1787. Le pouvoir royal, poussé par l'opinion publique, contraint par les circonstances, avait, en confiant à des assemblées délibérantes l'administration des provinces, réalisé une réforme administrative considérable que reprenait l'Assemblée constituante. Les principaux rouages et la hiérarchie des assemblées étaient conservés ; le conseil et le directoire des départements et des districts, avec leurs procureurs-syndics, rappelaient les Assemblées provinciales et de département avec leurs Commissions et Bureaux intermédiaires et leurs procureurs-syndics, et les municipalités de 1790 remplaçaient dans chaque paroisse celles de 1787.

Cependant, les changements des circonscriptions territoriales n'étaient pas les seules réformes apportées par l'Assemblée nationale. Aux assemblées de 1787, qui devaient, en principe, être élues par les habitants des villes et des paroisses, mais dont, en fait, quelques membres avaient été nommés par le pouvoir royal et qui s'étaient ensuite complétées elles-mêmes, succédaient des assemblées totalement électives. A ces assemblées, où les représentants des Ordres privilégiés étaient en nombre égal à ceux du Tiers état, succédaient des assemblées où, comme l'avaient déjà proposé Turgot et Calonne, des citoyens égaux, sans distinction d'Ordres, n'avaient d'autre titre que le choix des électeurs. Le nombre des électeurs et leur choix étaient cependant encore limités par des conditions censitaires.

(1) A. Loiret, C 895, 4º cahier, 13 août 1790.

Les attributions de la nouvelle administration furent aussi beaucoup plus étendues : elles n'étaient plus limitées par le pouvoir des intendants et subdélégués qui partageaient avec les Assemblées provinciales et de département l'administration du territoire, et le pouvoir central, si puissant quelques années auparavant, se trouva ainsi complètement désarmé.

D'autre part, le rôle des assemblées de 1790 fut quelque peu différent de celui de leurs devancières et leurs pouvoirs furent plus limités. En effet, un des principaux reproches que l'on ait fait à l'organisation des assemblées de 1787 est de n'avoir pas tenu compte du principe, encore bien méconnu à cette époque, de la séparation des pouvoirs. Ces assemblées, par elles mêmes ou par leurs Commissions et Bureaux intermédiaires, émettaient des vœux sur les questions les plus diverses et faisaient connaître au pouvoir central leurs avis et les besoins de leur province ; elles étaient préposées à la gestion des intérêts particuliers de leur circonscription et prenaient elles-mêmes des décisions sur un grand nombre de questions ; d'autre part, elles étaient chargées de l'exécution des mesures qu'elles avaient décidées, aussi bien que des ordres qui leur étaient transmis par le pouvoir central ; enfin, sur un grand nombre de points, elles étaient juges au contentieux.

L'opinion publique aurait désiré, semble-t-il, étendre encore les pouvoirs des assemblées locales, et, en 1789, de nombreux cahiers de doléances, dans notre région comme partout ailleurs, demandent la création d'États provinciaux semblables à ceux du Dauphiné. L'Assemblée constituante en décida autrement, et les Conseils généraux et directoires de 1790 furent uniquement, du moins dans la pensée du législateur, des assemblées administratives. Bien qu'élus par le peuple, ils n'avaient plus aucun pouvoir de représentation des contribuables vis-à-vis du pouvoir central, ils ne jouissaient plus de la liberté d'action des assemblées de 1787 ; leur rôle se bornait à exercer, sous l'autorité du Roi, des fonctions administratives, qui devaient être uniformes dans tout le royaume. En fait, le Roi avait peu d'action sur ces collectivités chargées du pouvoir exécutif dans les départements, comme d'ailleurs sur l'Assemblée nationale elle-même, et c'est en réalité sous la dépendance immédiate de celle-ci que se trouvèrent les assemblées locales.

Après la tentative de la constitution de l'an III, la loi du 28 pluviôse an VIII fut, sous certains rapports, un retour vers l'organisation de 1787. Les Conseils généraux reprennent alors en partie le rôle des Assemblées provinciales et de département ; représentants de leur circonscription, ils veillent à la juste répartition des impôts, ils s'occupent de la gestion des intérêts de leurs administrés, dont ils font connaître au pouvoir central les besoins et les vœux ; d'ailleurs, les conseillers généraux de l'an VIII, comme les membres des assemblées de 1787, sont nommés par le chef de l'État (1). A côté de ces assemblées, un fonctionnaire nouveau, dépendant directement du pouvoir central, rappelle l'intendant de l'ancien régime : c'est le préfet. Mais les attributions des préfets et des Conseils généraux ne sont plus déterminées d'une façon imprécise et arbitraire, comme celles des intendants et des Assemblées provinciales.

Comme les intendants, les préfets sont les représentants du pouvoir central et sont responsables envers lui, reprenant ainsi le rôle qui, depuis 1787, avait été confié, en partie ou complètement, à des autorités collectives et irresponsables, sur lesquelles l'action du pouvoir central était

(1) Ces fonctions ne devinrent de nouveau électives qu'en 1833 ; soumises alors au suffrage censitaire, elles ne furent confiées au suffrage universel qu'en 1848.

forcément très limitée. De plus, comme les Commissions et Bureaux intermédiaires vis-à-vis des Assemblées provinciales et de département, ils sont chargés d'exécuter les décisions des Conseils généraux ; mais là, contrairement à ce qui se passait en 1787, ils n'ont pour ainsi dire aucune responsabilité devant le pouvoir local. Dans la commune, au contraire, la responsabilité du maire de nos jours, comme celle des syndics de 1787, est bien plus grande envers sa municipalité qu'envers le pouvoir central, et il s'établit ainsi une sorte de compensation. Le régime de 1787, intermédiaire entre le système de centralisation à outrance de l'ancien régime et le système de décentralisation excessive qui fut celui de la Révolution, se rapprochait en somme, comme on le voit, par bien des points, du régime actuel, auquel on est arrivé après de nombreux tâtonnements.

Si nous envisageons maintenant, non plus l'organisation des Assemblées, mais les travaux qu'elles ont entrepris, il est bien certain que les réformes accomplies par l'administration départementale de 1790 sous la direction de l'Assemblée nationale, ne sont pas comparables aux travaux exécutés par les Assemblées provinciales et de département.

On a pu se rendre compte, cependant, au cours de cette étude, que le travail de ces assemblées représente un effort considérable et que les réformes qu'elles ont tentées ou auxquelles leur création a donné lieu, sont loin d'être négligeables. La surveillance des municipalités et les nombreuses démarches faites pour leur organisation, les recherches entreprises et les mesures adoptées pour amener plus de justice dans la répartition des impôts, le remplacement des collecteurs pour cette répartition par les nouvelles municipalités et leurs adjoints, l'abonnement des vingtièmes et les enquêtes poursuivies pour soumettre à cet impôt les vastes domaines qui en étaient exempts, la répression de l'abus des contraintes, toutes les mesures prises pour donner du travail et des secours aux indigents et améliorer le sort des malheureux dans ces années de terrible misère, les réformes destinées à perfectionner les travaux publics, à protéger l'agriculture, sont de sérieuses améliorations apportées aux institutions anciennes.

Là même où aucune innovation importante n'est tentée, le travail persévérant des Commissions et Bureaux intermédiaires cherche à apporter plus de justice, plus d'ordre dans les divers objets de leur administration ; ils adoptent une règle, quand l'ordre ne leur paraît pas suffisant ; ils font appliquer les règlements, quand ils les trouvent méconnus.

Nous avons vu les difficultés auxquelles se heurtaient les Assemblées dans une pareille tâche, l'incapacité de beaucoup de municipalités à les seconder, l'hostilité de quelques pouvoirs publics, la complexité même des règlements à appliquer et sur lequels nos Assemblées se trouvaient parfois insuffisamment renseignées Mais leur durée éphémère fut le plus grand obstacle à l'accomplissement de leurs projets.

Les délibérations de l'Assemblée provinciale de l'Orléanais en 1787 ne sont guère qu'un vaste plan de réformes, qui devaient être étudiées et exécutées dans l'avenir ; l'Assemblée ne s'étant plus réunie, elles se trouvèrent définitivement ajournées. L'Assemblée de département, bien qu'elle se soit réunie une seconde fois en 1788, n'eut guère non plus le loisir de mettre à exécution la plupart de ses projets. Quand à la Commission intermédiaire provinciale et aux Bureaux intermédiaires de département, simples mandataires des Assemblées, ils n'avaient pas de pouvoirs suffisants pour prendre l'initiative d'importantes réformes. D'ailleurs, quelques mois après la création des Assemblées provinciales et de département, la convocation des États généraux fut décidée, et l'administration provinciale pensa, au sujet de bien des points importants, qu'il valait mieux s'en remettre aux décisions de l'assemblée des députés de la Nation.

Aussi, bien des projets restèrent-ils sans exécution : c'est le renouvellement par les élections des Assemblées d'arrondissement, qui n'a jamais lieu ; c'est, malgré l'inégalité certaine de la répartition de la taille et l'absence de règle pour l'établir, l'adoption d'une base commune qui est renvoyée à plus tard ; c'est l'abonnement des vingtièmes consenti par le Roi, adopté en principe, qui n'est finalement jamais appliqué ; c'est la division des grandes routes en différentes classes ; et d'autres que nous avons signalés.

Les projets des Assemblées provinciale et de département pouvaient donc faire espérer l'accomplissement d'une série de réformes plus importantes que celles qui furent mises à exécution par ces assemblées, et l'opinion de Tocqueville (1), qui les accuse « d'achever de tout confondre en voulant tout améliorer », nous semble bien sévère. Faut-il aller plus loin ? Faut-il penser, avec quelques auteurs, que le seul fonctionnement des assemblées de 1787 aurait de lui-même amené une révolution pacifique, que, suivant le mot de M. de Luçay, « un 4 août successif et raisonné se serait accompli sans secousses et sans regrets dans tout le royaume (2) ? »

Il nous semble bien difficile d'admettre une pareille conclusion. Certes ces assemblées, réunissant les représentants des trois Ordres pour s'occuper en commun du bien public, de l'administration de la province, devaient amener un rapprochement salutaire entre les diverses classes de la population, qui depuis plus d'un siècle devenaient de plus

(1) *L'Ancien Régime et la Révolution*, Levy, 1856, p. 302.
(2) De Luçay, *Les Assemblées provinciales sous Louis XVI*. Paris, Georges de Graet, 1871, p. 272.

en plus étrangères les unes aux autres. Dans les paroisses, le seigneur ou son représentant et le curé pouvaient collaborer à l'administration municipale avec les élus de la population rurale. Le seigneur, le curé ou les plus riches propriétaires sollicitaient souvent la direction d'un atelier de charité ou quelqu'autre emploi public.

Mais, entre ces députés dont les intérêts étaient si différents, souvent opposés, faut-il croire que l'entente ait toujours été parfaitement cordiale, et fallait-il espérer que cet accord arriverait à réaliser les réformes rêvées par le Tiers état ? Dans les paroisses, nous avons cité plusieurs exemples de vifs conflits survenus entre seigneurs, curés et municipalités. Dans les Assemblées provinciale et de département, la rédaction officielle des procès-verbaux ne laisse pas facilement deviner les discussions qui purent suivre la lecture des rapports et précéder le vote des décisions. Cependant dans certaines délibérations, comme celles concernant la convocation des États généraux, où les avis des députés de la minorité devaient être consignés au procès-verbal, les nombreuses divergences d'opinion montrent que l'accord était loin d'être toujours unanime.

Si la durée des Assemblées avait permis le remplacement de ces premiers députés par les élus de la population, ces représentants y auraient-ils apporté des revendications plus hardies ? C'est ce qu'il est impossible d'affirmer. Mais ces assemblées isolées dans leur province auraient-elles pu réussir, même à force de temps et de patience, à faire triompher ces idées pour lesquelles les députés de l'Assemblée constituante, forts de leur union, représentants assemblés de tout le royaume, durent lutter avec tant d'adresse et d'énergie ? Enfin un pareil résultat aurait-il été accompli « sans secousses et sans regrets dans tout le royaume » ? C'est ce qui paraît assez peu probable.

Quoi qu'il en soit, et quelqu'importantes qu'aient été

les réformes apportées par notre Assemblée de département et par l'Assemblée provinciale de l'Orléanais, rien parmi toutes ces mesures ne permettait de prévoir l'immense révolution qui se préparait. Nos députés cherchent à améliorer autant que possible les anciennes institutions, à en réprimer les abus, mais ils les conservent et ne songent pas à leur substituer une organisation nouvelle. A propos de la nomination des représentants des trois Ordres aux États généraux ou aux diverses assemblées de 1787 et de la présidence de ces assemblées, on discute les droits respectifs des trois Ordres, et la possibilité de leur suppression n'est même pas entrevue ; les droits dont jouissent les Ordres privilégiés semblent les bases indispensables de l'État. Au point de vue des impôts, nos députés cherchent évidemment avec beaucoup de zèle à diminuer les charges des petits contribuables et à imposer plus justement les personnages qui usent de leur influence pour obtenir quelque diminution, mais ils ne contestent nullement les exemptions de taille des nobles, des privilégiés, des villes franches, consacrées par le temps et par les lois, les plus importantes en somme, qui faisaient peser si lourdement le poids de ces impôts sur le peuple des campagnes. Ils obtiennent l'abonnement des vingtièmes, ils demandent celui de la taille, ils voudraient donner une base plus stable à ces impositions ; mais leur principe même n'est pas contesté, on ne songe pas à leur en substituer de nouvelles. De même, les anciennes divisions territoriales sont conservées et on n'a pas idée du grand remaniement du territoire qui va bientôt s'opérer. Sur bien d'autres questions, bien qu'il fût « loisible auxdites Assemblées provinciales, au dire de l'édit de juin 1787, de nous faire toutes représentations, et de nous adresser tels projets qu'elles jugeront utiles au bien de nos peuples », sur les impositions indirectes, sur les gabelles cependant si impopulaires, sur l'organisation de la justice, sur celle de l'armée, etc., il n'est émis aucun vœu, prononcé aucune parole qui indique le désir d'institutions nouvelles.

Au reste, les Assemblées provinciales et de département étaient des assemblées administratives, jouissant, il est vrai, d'une certaine indépendance, mais dont les pouvoirs étaient cependant assez limités. On ne pouvait attendre d'elles les réformes législatives accomplies par l'Assemblée nationale. Là n'était pas leur rôle ; leur but fut différent. Tout au plus les vœux émis par elles auraient-ils pu être une indication pour le pouvoir royal. Mais si les événements avaient évolué plus lentement et leur avaient laissé le loisir de poursuivre leurs travaux pacifiques, elles auraient sans doute pu rendre plus acceptables les institutions de l'ancien régime.

D'autre part, la révolution administrative de 1787 bouleversait tellement toutes les institutions locales, depuis celles des provinces jusqu'à celles des moindres villages, qu'elle ne fut certainement pas sans influence sur les événements politiques qui suivirent. Les édits et les règlements de 1787, en appelant, dans toutes les classes de la société, de simples citoyens à l'administration des paroisses, des départements et des provinces, initiaient les populations au maniement des affaires publiques. Mieux peut être que les dissertations des théoriciens, les travaux des Assemblées entourés d'une certaine publicité montraient à l'élite intellectuelle de la population quels étaient les défauts et les abus des institutions anciennes, quelles réformes pouvaient être tentées, et préparaient ainsi l'œuvre de la Révolution.

TABLE DES MATIÈRES [1]

	Pages
Sources historiques et bibliographie	3
Introduction	7

Chapitre Premier. — Formation et réunion de
    l'Assemblée de département..... ... 13
    I. Formation de l'Assemblée de département. 14
    II. Composition et renouvellement de l'Assemblée de département.............. 30
    III. Réunion de l'Assemblée de département.. 43
    IV. Division du territoire.................. 51

Chapitre II. — Les Assemblées municipales... 61
    I. Élections des municipalités. Conditions censitaires........................... 62
    II. Difficultés de fonctionnement des municipalités............................. 71
    III. Présidence des Assemblées municipales.. 80
    IV. Les anciennes municipalités............ 83

Chapitre III. — Questions relatives aux impositions. La taille et ses accessoires. 88
    I. Répartition de la taille entre les élections et les paroisses..................... 91
    II. Répartition de la taille entre les contribuables........................... 101
    III. Recouvrement de la taille.............. 124

[1] Pour plus de détails, voir les sommaires en tête de chaque chapitre.

Pages

Chapitre IV. — Questions relatives aux impositions. La Capitation des non-taillables. Les Vingtièmes. Les Rôles de supplément des privilégiés. La Contribution patriotique................. 134
    I. La Capitation des non-taillables......... 135
    II. Les Vingtièmes....................... 148
    III. Les Rôles de supplément des privilégiés.. 160
    IV. La Contribution patriotique............ 167

Chapitre V. — Questions relatives aux impositions. Frais de recouvrement. Remises, décharges et modérations. Dépenses locales...................... 170
    I. Les Frais de recouvrement............. 171
    II. La Remise du Roi..................... 175
    III. Décharges et modérations.............. 181
    IV. Dépenses de la province et du département. 186
    V. Dépenses des municipalités. Impositions locales............................... 193
    VI. Tableau des impôts royaux directs des paroisses du département de Blois et Romorantin............................ 195

Chapitre VI. — Les Calamités de l'été 1788 et de l'hiver 1788-89. Les Secours... 203
    I. Situation économique du département et en particulier de la Sologne avant la Révolution............................. 204
    II. Les Grêles de 1788..................... 207
    III. L'Hiver 1788-89....................... 213
    IV. L'Inondation de la Loire................ 220

	Pages
Chapitre VII. — La Misère dans les campagnes. Les Ateliers de charité.....	227
I. La Misère dans les campagnes en 1789...	228
II. Les Ateliers de charité..................	242
Chapitre VIII. — La Misère dans les villes..	253
I. La Misère à Blois......................	254
II. La Misère à Romorantin...............	263
Chapitre IX. — Les Travaux publics.........	275
I. Fonds des ponts et chaussées et prestation représentative de la corvée......	276
II. Adjudications, surveillance et réception des travaux de routes..................	284
III. État des routes. Projets de travaux......	295
IV. Travaux divers...	308
V. Constructions et réparations d'églises et de presbytères.......................	311
Chapitre X. — Affaires militaires...........	317
I. Casernement des troupes. Installation du régiment Royal-Comtois à Blois.......	318
II. Les Milices.	333
Chapitre XI. — Agriculture. Bien public....	335
I. Agriculture............................	336
II. Forêts. Industrie. Questions diverses....	347
Chapitre XII. — La Convocation des États généraux	361
Conclusion...	372

BLOIS, IMPRIMERIE C. MIGAULT ET C°

www.ingramcontent.com/pod-product-compliance
Lightning Source LLC
Chambersburg PA
CBHW060606170426
43201CB00009B/922